네 안의 늑대에 맞서라

두려움을 이기는 네이비씰의 강철멘탈 리더십 트레이닝

네 안의
늑대에 맞서라

마크 디바인Mark Divine 지음

엄성수 옮김

미래의창

STARING DOWN

| 차 례 |

THE WOLF

두려움을 인지하라

낡은 지도와 나침반은 집어 던져라

사업과 기술 환경의 변화는 그동안 우리를 성공으로 이끌었던 지도를 쓸모없게 만든다. 그래서 최고경영자와 조직 내의 핵심 리더들은 변화에 맞춰 사업의 새로운 수입원과 수익 창출을 위해 사력을 다한다. 당신의 팀과 조직문화도 이 혼란스러운 상황 속에서 살아남고자 안간힘을 쓰고 있을 확률이 높다. 하지만 문제의 핵심을 놓치고 있다는 생각이 들지 않는가. 기업체의 인사팀은 직원 개개인을 하나의 자원처럼 보도록 훈련되어 있다. 그들은 단순히 사람을 채용하거나 해고하고, 평가하거나 승진시키는 일 그리고 설문조사를 하는 일 등에는 능숙하지만, 가장 중요한 정서적이고 도덕적인 방식으로 리더를 키우는 일에는 어려움을 겪고 있다.

어쩌면 당신은 자신이 일개 자원으로 취급되는 것에 분노하거나 멍청한 사람이 조직의 수장이라는 사실에 화가 나서 제대로 일에 집중하지 못하는 젊은 리더 중 하나일 수 있다. 규모가 큰 조직일수록 대부분 끝없는 업무에 시달리기 때문에 새로운 변화를 이끄는데 꼭 필요한 문화를 만들어낼 시간이 별로 없다. 이로 인해 당신의 조직은 전쟁터와 같은 비즈니스 세계에서 심각한 부상을 당하거나 죽음에 이르는 길을 가게 될지도 모른다.

새로운 전쟁터에서 개인이 가지고 있는 정서적인 힘과 마음가짐은 전쟁을 이길 수 있는 창의적인 에너지의 원천이라고 할 수 있다. 외부 환경의 급격한 변화와 불확실성 문제를 효과적으로 해결하기 위해 냉전 이후 미국 육군대학원은 변동성Volatility, 불확실성Uncertainty, 복잡성Complexity, 애매성Ambiguity이 지배하는 환경을 뜻하는 VUCA라는 용어를 만들어냈다. VUCA 환경에서 리더들이 제대로 일을 수행하기 위해서는 정서적·도덕적·영적인 힘을 가지고 팀원들을 올바른 방향으로 이끌 새로운 나침반이 필요하다. 리더들은 자신에게 필요한 것보다는 자신이 속한 팀과 임무를 더 중시하면서 세계중심적이고 통합된 의식을 가지고 움직이는 '온전한whole' 리더로 거듭나야 한다. 온전한 리더로 향하는 과정에서 리더들은 자신의 팀과 깊은 관계를 맺게 되고, 의미 있는 성공을 바라볼 수 있을 것이다. 이것이 오늘날의 리더가 꼭 갖춰야 하는 절대적으로 필요한 능력이다.

그런데 이를 방해하는 것이 바로 '피어 울프fear wolf(당신의 성장을 막는 두려움)'다. 피어 울프란 정서적 또는 감정적으로 우리의 발목을 잡는 것들이나 깊이 뿌리내린 두려움, 부정적인 반응 패턴 그리고 각종 편견에 대한 비유다. 피어 울프는 리더가 팀을 온전히 지지하지 못하도록 만들고, 진정한 자아를 찾지 못하게 방해한다. 우리는 이 책에서 피어 울프에 당당히 맞서고, 부정적인 상황을 극복하며, 자신의 능력을 100퍼센트 발휘할 수 있는 방법을 배울 것이다. 이는 우리의 숨겨진 잠재력을 이끌어낼 수 있는 유일한 방법이기도 하다.

새로운 전쟁터에서는 더 이상 사람들의 희생을 바탕으로 이익을 추구할 수 없다. 시장이나 변동성, 경쟁자들, 투자자들 또는 고객들의 탓이나 하고 앉아 있을 수 없다. 이 새로운 비즈니스 세계 속에서 변화할 것인지 아니면 그냥 죽을 것인지는 리더에게 달렸다. 변동성이니 복잡성이니 모호성이니 이런 것들 때문에 그 자리에 얼어붙어 있을 수는 없지 않은가. 물론 비즈니스 세계는 실제 전쟁터와 달리 진짜 죽을 일은 없을 것이다(네이비씰에서는 결코 기대할 수 없는 일이다). 나는 최근 5년여 동안 몸담고 있는 조직의 리더와 팀들이 한계에 도달했다는 것을 알게 됐다. 다들 무력감에 사로잡히기 시작한 것이다. 언제부터인가 그간 잘 통하던 것들이 더 이상 통하지 않게 됐고, 그들이 훈련을 받고 사용해온 무기들 역시 위력을 발휘하지 못했다. 대학원, 끝없는 워크숍과 강좌들, 직장 내 훈련 등을 통해 쌓은 전문 지식들도 원하는 결과들을 이끌어내지 못했다. 그들은 이 새로운 전쟁터의 특성들을 너무도 생생히 보고 느끼고 있었지만, 어찌해야 좋을지 몰라 우왕좌왕했다. 제2차 세계대전에서 연합군을 구원한 아이젠하워 장군과 패튼 장군과 같은 영웅이 간절히 필요한 순간이었지만, 유감스럽게도 이번에는 그런 구세주는 나타나지 않을 것이다. 이런 변혁기에 우리를 대신해 '문제를 해결해줄' 외부의 리더나 컨설턴트는 없다. 우리를 구해줄 리더는 우리 자신뿐이다. 일단 자신부터 변혁해야 팀을 변혁할 수 있다. 효과도 없고 더 나은 결과를 기대할 수도 없는 일들을 계속하고 앉아 있을 순 없지 않은가.

이 책이 당신의 문제들을 한 번에 해결해줄 마법처럼 멋진 전략과 빛나는 전술을 제시하진 못하겠지만, 대신 당신에게 팀을 발전시킬 수 있는 통찰력을 줄 것이다. 이는 도덕적·영적 용기, 믿음, 존경, 뛰어난 리더십과 융통성, 지속적인 성장, 회복력, 목적의 조정 능력, 비전 그리고 임무 등의 형태로 나타난다. 이것이 바로 팀 전체의 참여를 이끌어낼 수 있는 7가지 리더십 원칙이다. 이런 능력들을 개발하려면, 내면을 깊이 탐색해 직관력과 창의력 그리고 연결력을 제대로 활용하지 못하게 가로막는 부정적인 특성들을 극복해야 한다. 또한 이와 같은 리더의 그림자를 팀에 드리우는 일을 해서는 안 된다. 그림자는 부정적으로 형성된 행동으로, 대부분 정서적 트라우마를 안겨준 어린 시절의 경험들과 관련되어 있으며, 현재의 인간관계는 물론 팀의 실적에도 악영향을 준다. 그림자는 투영, 전이, 공격적 행동 또는 수동적-공격적 행동, 수동적 행동, 형편없는 소통 능력 등의 형태로 나타난다. 이런 행동들은 팀원들이 리더를 완전히 믿거나 존경하지 못하게 만든다. 성공을 가로막는 제한 요소가 되는 것이다.

7가지 리더십 원칙에 집중하기 위해서는 VUCA 환경을 뚫고 나가야 한다. 원칙을 실천하면 리더십의 성장은 가속화되어 가장 높은 수준까지 올라가게 된다. 이 모든 것은 '피어 울프'와 그림자에 대한 자기 인식과 매일매일의 극기 훈련을 통해 이루어진다. 정서적 그림자 문제들을 다 정리하고 영적인 존재로서의 본질을 깨닫게 되면서 온전한 리더가 될 수 있는 것이다. 이는 분명 힘든 일이지만, 해내야 한다. 조직과 팀의 미래가 거기에 달려 있기 때문이다. 뿐만 아니라 인류 전체의 도전 과제들을 생각해보면 인류 모두의 미래도 여기에 달려 있다고 볼 수 있다. 그러므로 우리는 반드시 '피어 울프'를 물리쳐야 한다.

5가지 고원

발달 심리학 분야에서는 잘 알려진 사실이지만, 인간은 현실에서 다양한 내적 지도에 따라 움직인다. 하지만 이로 인해 복잡한 문제가 생기고는 하는데, 그 이유는 VUCA 환경으로 인해 외적인 환경이 계속해서 변화할 뿐만 아니라 팀원 개개인이 가지고 있는 내적 지도가 리더와 다르기 때문이다. 그러나 대부분의 리더들은 팀원들이 다른 내적 지도를 가지고 있다는 것을 알아차리지 못하고, 불완전한 지도 안에 갇혀 나무들만 보고 숲은 보지 못한다. 따라서 자기 변화를 꾀하기 위해서는 현실을 바라보는 관점에 대한 새로운 인식이 필요하다.

내가 지금까지 만나온 임원급 고객들이 공감하는 5가지 관점이 있다. 이 책에서는 이를 '5가지 고원Five Plateaus'이라 하겠다. 이 고원들은 그들의 세계관, 다른 사람들에 대한 반응과 믿음들의 뼈대가 되는데, 고원 하나하나가 내적으로는 일관된 세계관들이지만 이 모든 관점들이 통합되는 다섯 번째 고원을 제외하고는 포괄성이나 온전성 면에서 모두 불완전한 요소들이다. 게다가 각 고원 안에서 서로 다른 그림자 요소들이 나타나 성장에 부정적인 영향을 미칠 수도 있다. 이 고원들은 유동적이어서 리더는 어떤 환경에서는 합리적인 신념을 고수하기도 하지만 또 다른 환경에서는 잠재의식 속의 그림자 패턴대로 반응하기도 한다. 그래도 희소식이 있다면, 매일 지속적으로 '전투 리듬battle rhythm(기업 또는 군 조직 안에서 계속 반복되는 일상)'을 바탕으로 훈련할 경우, 그림자를 없애고 빠른 속도로 다섯 번째 고원(온전한 또는 통합적인 발달 단계)에 오를 수 있다. 이 단계에서 리더는 더 나은 연결과 잠재력, 실적 그리고 서비스 감각을 발휘할 수 있게 되고, 나아가 효과적으로 팀을 이끌 수 있게 되며, 큰 성공과 만족감을 맛볼 수 있게 된다.

성장은 다섯 번째 고원을 넘어서도 계속된다. 다만 유감스럽게도 살아 있는 동안 그 단계까지 나아갈 수 있는 사람들은 불과 몇 퍼센트밖에 되지 않는다. 그러니 우리는 리더와 팀을 이 다섯 번째 고원으로 이끌어 가고 그 과정에서 그들뿐만 아니라 세계 문화까지 변화시키는 것을 우리의 임무로 삼자.

미국 철학자 켄 윌버Ken Wilber는 5가지 고원에 큰 영향을 미친 사람이다. 나는 영광스럽게도 켄 윌버와 함께 연구할 기회가 있었다. 켄은 '통합 이론'의 창시자로, 인간 경험의 완전한 지도를 그리는 데 필요한 동양의 초월적 발달 모델들을 서양의 철학 모델들에 접목시켜주는 일종의 성장 틀을 제시했다. 나는 오랜 시간 참선^{Zen}과 요가 그리고 각종 무술을 배워왔기에 켄이 "인간의 임무는 스스로 각성하고 성장하고 정화되어 진정한 자신으로 거듭나는 것이다"라고 말할 때 그 뜻을 제대로 이해할 수 있었다. 각성한다는 것은 자신의 생각과 감정으로부터 분리되어 자신의 영원성과 세상 만물과의 통합성을 깨닫는 것을 의미한다. 각성에 이르는 길들은 영적 전통들에서 발견할 수 있다. 그러나 성장은 다르다. 성장한다는 것은 온전하고 포괄적인 단계들로 진화해간다는 뜻이다. 그 결과, 큰 포괄성과 더 나은 리더십 능력에 다가가게 된다. 마지막으로 정화된다는 것은 피어 울프에 당당히 맞서는 정서적인 '섀도 워크^{shadow work}(대가가 없지만 해야 하는 활동)'를 말하는 것으로, 이는 결코 쉬운 일이 아니다. 정화에 필요한 틀과 영감을 제공하여, 당신이 계속 성장해 다섯 번째 고원에 도달하여 큰 리더십을 갖도록 하는 것이 이 책의 목적이다.

당신의 고원은 무엇인가

인간의 발달 단계는 문화와 부모에 의해 큰 영향을 받는다. 이상적인 출생 환경에서 자라는 사람들은 4가지 고원을 거치면서 자연스럽게 발달한다. 앞서 말했듯이 각 고원을 거치면서 자신과 타인에 대한 감각은 점점 더 광범위하고 포괄적으로 변해가는 것이다. 첫 번째 고원은 자기중심적인 단계로, 오로지 자신이 필요로 하는 것들에만 집중한다. 두 번째 고원은 민족중심적인 단계로 자기 민족에만 집중하며, 세 번째 고원 역시 대체로 민족중심적인 단계지만 세계적인 일에 개입되거나 세계 여행 같은 일을 경험해본 사람들의 경우 세계중심적인 단계로까지 발전될 잠재력이 있다. 네 번째와 다섯 번째 고원은 세계중심적인 단계로, 모든 인류와 지구 그 자체에 대한 관심과 우려가 점점 더 커져간다. 유감스럽게도, 켄 윌버가 다섯 번째 고원에 있다고 추산한 사람들은 세계 인구의 약 5퍼센트밖에 안 된다. 다음 장의 표를 보면 각 단계의 지도를 살펴볼 수 있다.

많은 사람들은 성장에 필요한 지식이나 욕구, 시간, 기회 그리고 에너지가 충분하지 않다. 그리고 대부분의 사람들은 자신들이 속한 고원에 안주한다. 만일 별다른 동기 부여가 없고 과중한 부담을 안고 있으며 우울하거나 생존 모드에 들어가 있을 경우에는 오히려 자신의 안전지대 안에 틀어박혀 있는 것이 안전할 것이다. 사람들은 자신의 종족이나 그 이야기들 속에 안주하고 있을 때 굳이 성장하려 하지 않는다. 그러면서 다른 사람들의 관점을 자신의 관점과 동등한 상대적 가치를 갖는다고 생각하지 않으려고 한다. 이것이 바로 캐럴 드웩Carol Dweck이 책 《마인드셋Mind Set》에서 이야기하는 전형적인 '고착형 사고방식fixed mindset'이다. 나는 지금 이 책을 읽고 있는 당신이 고착형 사고방식을 갖고 있지 않으며, 빠른 속도로 성장하길 바란다고 믿는다.

설사 '성장형 사고방식growth mindset'을 갖고 있다 하더라도, 통계학적으로 볼 때 다섯 번째 고원에 있을 가능성은 거의 없다. 그러니 우리에게는 성장할 여지가 얼마든지 있다. 나는 내면의 불완전한 지도 때문에, 세 번째 고원 '성취자'와 두 번째 고원 '보호자'에 머물러

고원	지배적인 요소	관심 분야	동기	건강한 감정	그림자 측면
첫 번째 **생존자**	육체적	• 에고 • 자신	• 생존 • 가족, 팀 우선 • 힘	• 자긍심 • 대담함 • 사랑	• 수치심 • 지나친 두려움
두 번째 **보호자**	정서적	• 에고 • 자신/팀 • 민족 현지인 • 민족	• 근본주의적 • 전통적 • 규칙적 • 위치/계층 • 안전	• 용기 • 사랑	• 죄책감 • 질투
세 번째 **성취자**	정신적	• 에고 • 자신 • 지역 • 민족 • 국가	• 자기 의존적 • 독립 • 물질주의적 • 성공	• 야망 • 추진력 • 창의성 • 사랑	• 경솔함 • 무모함 • 탐욕
네 번째 **균형자**	직관적	• 민족 • 국가 • 세계 • 인류	• 민감함 • 평등주의적 • 연계 • 용인	• 보살핌 • 연결 • 기증 • 치유 • 사랑	• 영적인 이기주의 • 인종 차별주의 • 계급 질투 또는 분노
다섯 번째 **통합자**	마음적	• 세계중심적 • 인류 • 지구 • 우주	• 과정 • 상호의존성 • 연민 • 풍부함 • 너그러움 • 봉사	• 온전함 • 평화 • 사랑	• 발달에 대한 과대 집중 • 지나친 편협함 • 지나친 폭넓음 • 영적인 이기주의 • 관계분리 • 첫 번째~네 번째 고원 그림자를 인식하지만 통합하지 못함

있게 만든 그림자들 때문에, 여러 해 동안 '발달'이라는 틀에 갇혀 있었다. 그러나 매일매일 자각 훈련을 하고 '피어 울프'에 당당히 맞서면서, 스스로 만든 한계들에서 벗어나 가장 높은 단계로 진화할 수 있었다. 자, 이제 당신도 각성하고 성장하고 정화되어 팀 앞에 나설 때다. 지금 어떤 고원에 가장 동질감이 느껴지는가?

다섯 번째 고원에 가장 동질감을 느낄 수 있더라도 '피어 울프'가 울부짖을 때면, 둔감한 성취자가 되어 세 번째 고원으로 물러나거나 두 번째 고원으로 후퇴할 수도 있다. 우리가 고원들 사이를 이동해 나아가는 동안 개인의 성장 및 그림자 측면들이 지대한 영향을 미치는데, 이는 스스로 통제할 수 있는 것들이 아니다. 자신을 판단하려 하지 말고, 의기소침해지지도 말아라. 그 누구도 개인 발달과 관련해 등급을 매길 수는 없다. 스스로 성장하고 정화되기 위한 첫걸음은 자신의 발목을 잡고 있는 불완전한 지도들과 그림자 요소들을 제대로 인식하는 것이다. 그런 다음에야 '초월하고 포함하는' 방식으로 온전한 통합이 일어날 때까지 훈련할 수 있다. 그리고 그 과정에서 다양한 사람들과 환경들을 경험하며, 고원들 사이를 오가는 방법에 능숙해지게 되는 것이다. 피어 울프에 당당히 맞섬으로써 각 고원에서 그림자 측면들이 사라지게 되면, 우리는 인식이 점점 더 진화되어가는 것을 알게 될 것이다.

늑대에 당당히 맞서기
요약하자면, 늑대에 당당히 맞선다는 것은 인간의 가장 깊은 곳에 숨어 있는 부정적인 특성들과 두려움들에 맞서고, 그것들이 인간의 삶에 미치는 영향을 줄인다는 의미다. 부정적인 특성들과 두려움들을 퇴치해 성장을 가로막거나 다섯 번째 고원의 온전한 통합을 방해하지 못하도록 해야 한다. 그러다 보면 강력한 리더로 성장할 수 있을 것이다. 앞서 언급한 대로 각종 편견들과 잠재의식에 자리 잡고 있는 패턴들 그리고 최선을 다하지 못하게 만들고 인간관계를 망가뜨리는 반동적인 행동들이 그림자 측면들이다. 우리가 인정하든 인정하지 않든 우리에게는 그런 측면들이 있으며, 그런 측면들 때문에 최고의 리더가 되지 못하고 있다.

자아발견의 긴 여행을 통해 나는 성공한 리더가 됐고, 그림자 측면들을 제거함으로써 VUCA 환경을 극복하는 성공을 맛보았다. 그림자 측면들을 제거하자 위대한 진정성이 드러났고, 그 결과 이 책에서 이야기하고자 하는 '7가지 리더십 원칙'에 집중하는 엘리트 팀들을 만들 수 있었다. 그리고 그 원칙들은 나를 온전히 구현하는 데 쓰인 특성들이기도 하다. 팀원들의 마음을 움직이려면 리더가 솔선수범해야 한다.

살아가면서 우리가 겪는 두려움들 중 상당수는 실존적인 두려움들이다. 즉, 주로 죽음에 대한 두려움이며 네이비씰의 관점에서 보자면 어두운 수중 공간들에 대한 두려움 같은 것이다. 그러나 위험에 대한 두려움, 실패에 대한 두려움, 심판에 대한 두려움, 불편에 대한 두려움, 독특함에 대한 두려움, 장애물들에 대한 두려움 등 다른 두려움들은 어린 시절에 겪은 유기, 불안정, 자격지심 등과 관련이 있다. 첫 번째 고원의 두려움을 다루는 전술들이 있고, 많은 사람들이 실제 그 전술들을 활용한다. 그러나 무지막지한 이 감정 통제 전술들은 두 번째 고원의 그림자에는 별 도움이 되지 않는다. 오히려 그 패턴들이 계속 떠올라 당신의 발전을 방해할 수 있다. 각 고원에서 나타나는 그림자 문제들의 예는 다음과 같다.

- **첫 번째 고원:** 트라우마의 희생양이 됨. 단기적인 생존 사고를 함. 충동적으로 행동함. 지나치게 미신이나 의식을 믿음. 앙심을 품음. 다른 사람들을 수치스럽게 만들고 스스로도 쉽게 수치심을 느낌. 수동적-공격적인 행동과 중독성 있는 행동을 함. 불안정하다고 느끼며 스스로를 무가치하다고 느낌. 다른 사람들과 단절되어 있다고 느낌.

- **두 번째 고원:** 쉽게 죄책감을 느끼고 남들에게 책임을 돌림. 다른 사람들의 성공이나 몸매, 부 또는 위치를 질투함. 공격적이거나 수동적-공격적인 행동 혹은 지배하려는 행동을 함. 도덕적 절대주의를 만들어냄. 가식적임. 오만하고 인종차별적이며 성차별적이고 극단적인 신앙심을 갖고 있음.

- **세 번째 고원:** 과도하게 경쟁적이거나 물질주의적임. 일중독이나 무모함, 탐욕 또는 과도한 위험 감수 성향을 보임. 도움을 원하지 않음(혼자 하는 것이 더 안전하다고 느낌). 갈등과 중요한 대화를 피함. 존경을 받아야 하는 '미스터 퍼펙트Mr. Perfect' 또는 '미즈 퍼펙트Ms. Perfect'가 많음.

- **네 번째 고원:** 과민한 모습을 보임. 중요한 문제들을 다루는 데 감정적 불편을 느껴 그 문제들을 감추려 함. 다른 사람들을 판단하려 함. 자신의

네 번째 고원 관점들이 유일하게 옳은 길이라며 다른 사람들 또는 집단에게 그 관점들을 강요함.

- **다섯 번째 고원:** 다른 고원들에서 넘어온 오래된 그림자들을 인식함. 부모의 문제들을 이성이나 권위 있는 사람들의 문제로 바꾸려는 경향이 있음. 자신이 싫어하거나 포기한 것들을 다른 사람들에게 투영함.

이 모든 것들은 리더십 능력을 훼손할 수 있는 그림자다. 각 고원에서 나에게 영향을 준 피어 울프의 모습과 그 근본 원인은 다음과 같다.

- 나는 스스로 똑똑하다고 생각하지 않았기 때문에 다른 사람들에게 똑똑한 사람이라는 것을 보여주기 위해 별 도움도 되지 않는 학위들을 따려고 애썼다. 리더로서의 역할들을 수행하면서 나는 늘 옳아야 했고, 늘 최종적인 결론을 내려야 했으며, 다른 사람들의 관점들을 받아들여서는 안 됐다. 지적 능력에 대한 나의 자신감 결여는 어린 시절 부모님으로 인해 부정적인 자아 개념을 갖게 된 것과도 관련이 있다.
- 나는 어린 시절 겪은 빈약한 인간관계와 학대 행위 때문에 정서적으로 폐쇄적인 태도를 취하게 되었다. 그 결과 내성적인 사람이 됐고, 인간관계에서 계속 실패를 맛보며 딜레마에 빠졌다. 리더십에서 이런 정서적 인식 부족은 문제로 작용했다.
- 젊은 시절에는 상호의존을 배웠고, 그 결과 완벽한 '리더'로 인정받게 됐다. 그래서 늘 뛰어난 사람으로 소개됐다. 사실상 나는 모든 것, 모든 사

람들에게 '예스'라고 말했다. 리더로서 '노'라고 말하기 힘들었으며, 무엇이 (그리고 누가) 내게 잘 맞는지를 제대로 평가할 수 없었다. 그로 인해 제대로 집중도 못했고 나를 이용하려는 사람들을 거절하지 못했으며 에너지 고갈 상태에 빠졌다.

- 나는 타고난 지혜와 가치를 믿지 못했다. 권위 있는 사람들에게 주눅 들었고 나보다 성공한 것 같아 보이는 사람들을 질투했다. 그래서 끊임없이 스스로를 입증해야만 했다.

- 늘 나의 발달에 만족하지 못했던 나는 끈질기게 개인적 발달과 직업적 발달 그리고 영적 발달을 추구함으로써 끊임없이 '나 자신을 고치려' 했다.

나는 네이비씰 훈련과 수년간의 명상에도 불구하고 리더십 능력에 부정적인 영향을 미치는 것들을 뿌리 뽑지 못했고, 더 이상의 성장이 불가능했다. 여러 해 동안 두 번째와 세 번째 고원의 사고방식에 갇혀 지낸 것이다. 나는 내 피어 울프에 당당히 맞서야 했고, 그 늑대를 떨쳐 내기 위해 '섀도 워크'를 해야 했다. 그리고 마침내 모든 상황에도 불구하고, 피어 울프에 당당히 맞섬으로써 행복한 가정 속에서 성장하는 축복을 누렸고, 여러 사업에서 성공했다. 내가 운영하는 팟캐스트는 유명해졌고, 여러 권의 베스트셀러 책들을 써냈다. 나는 내가 갖고 있는 결점들을 인정했으며, 지도를 업그레이드했고, 그림자 문제들을 해결하려 애썼다. 그런 다음 리더로서 팀원들 앞에 당당히 모습을 드러냈다. 그들 역시 이런 과정이 필요했고, 또 이런 과정을 밟을 자격이 있었다. 내가 진심으로 겸손하게 그들에게 다가

가자 그들도 내게 다가온 것이다. 이러한 경험을 바탕으로 성공한 여러 기업가를 코칭하면서 그들 역시 모두 피어 울프에 대한 부담을 안고 있다는 사실을 알 수 있었고 그들은 내 조언을 받고 더 행복해 졌다는 것을 확신하게 되었다.

내 안의 늑대: 긍정적인가 부정적인가

'피어 울프'는 인간의 마음속에 살고 있다는 부정적인 늑대에 대한 아메리칸 원주민의 이야기에서 유래했다. 그 늑대는 늘 두려움 속에 움직이며, 드라마처럼 극적인 사건들에 굶주려 있고, 늘 최악의 상황을 상상하며, 끊임없이 부정적인 혼잣말을 한다. 그러나 인간의 마음속에는 긍정적인 늑대도 살고 있다. 그 늑대는 사랑과 연결을 좋아하며, 극적인 사건들에 집착하지 않고, 낙관적이며, 다른 사람들에게 집중한다. 피어 울프는 우리의 관심을 끌기 위해 애쓰며 우리를 지배하려 하지만, 긍정적인 늑대, 즉 용기 있는 늑대courage wolf는 존경심을 함양시켜줄 음식을 찾아다니며 그저 자신을 알아봐 줄 것을 요구한다. 전해오는 이야기에 따르면, 이 두 늑대 중 우리가 가장 잘 먹여 살리는 늑대가 우리를 지배하는 늑대가 된다.

만약 '할 수 있었더라면', '해야 했는데', '했을 텐데', '할 수 없어' 같은 부정적인 생각들을 하면서 끊임없이 두려움을 키워나간다면, 자신이 겪은 일련의 사건이나 이야기 등으로부터 부정적인 믿음과 태도 그리고 행동을 받아들인다면, 피어 울프가 점점 더 강해지게 된다. 결국 부정적인 늑대가 너무 강해져 긍정적인 늑대는 저항 한

번 제대로 못하고 움츠러들 수밖에 없다. 그러므로 우리는 피어 울프에 당당히 맞서 더 이상 부정적인 상태에 빠지는 것을 막아야 한다. 긍정적인 늑대에게 필요한 양질의 음식을 꾸준히 제공해서 용기 있는 늑대를 파트너로 삼을 수 있도록 하라.

이 책에서는 7가지 리더십 원칙에 집중하기 위해 다른 사람들이 피어 울프에 어떻게 맞서고 있는지를 보여줄 것이다. 또한 내가 어디에서 실패했는지 그리고 또 어디에서 스스로 집중하는 법을 배웠는지 나의 경험도 알려주고자 한다. 이 책을 읽어보면 내가 리더십을 얻기까지 많은 우여곡절을 겪었다는 것을 알 수 있을 것이다. 하지만 당신은 나처럼 리더십을 얻고자 네이비씰이 될 필요도 없고, 25년간 명상을 할 필요도 없으며, 20년간 이런저런 요법들을 찾을 필요가 없길 바란다. 당신은 나보다 목표에 훨씬 빨리 도달하고, 엘리트 팀을 구축하고 다섯 번째 고원에서 팀원들을 이끌게 될 것이다. 팀과 함께 7가지 리더십 원칙에 집중함으로써 마음 중심적이고 세계중심적인 리더가 되리라 믿는다. 그리고 현재 상상할 수 있는 것보다 더 큰 잠재력을 발휘해 VUCA 환경이 지배하는 비즈니스 전쟁터를 정복하게 될 것이다. 그 비결은 간단하다. 바로 자신의 자질을 발전시켜 다른 리더들을 이끄는 데 있다.

"피어 울프에 당당히 맞서자!"라는 문장을 머리에서 끄집어내 마음속에 주문처럼 넣어 놓고 되뇌어보라. 이를 실천할 때 비로소 자신의 한계에서 벗어날 수 있으며, 강력한 팀을 구축할 수 있다. 물론 말은 쉽지만 실천으로 옮기긴 어려운 일이다. 하지만 내 말을 믿어도 좋다. 이 일은 충분한 가치가 있다. 팀원들은 리더인 당신이 당당한 모습으로 나타나길 기다리고 있다.

마지막으로, 이 책에 소개된 네이비씰 리더들의 이야기들은 7가지 리더십 원칙에 집중한 리더의 예를 들기 위함이다. 이 이야기들은 내가 직접 목격한 일들이거나 팀원들이 들려준 이야기다. 역사적인 기록을 참고한 것은 아니며, 100퍼센트 정확하지 않을 수도 있다. 그렇지만 내가 알고 있는 한도 내에서는 최대한 정확하게 표현하기 위해 노력했다.

시작

두려움을 이길 마음의 준비가 됐는가?

우리는 완벽하지 못하다

● ● ●

네이비씰에 들어가기 전 나는 몇몇 기업에서 일을 했었는데, 이때는 좋은 팀을 만드는 데 필요한 것이 무엇인지에 대해 잘 알지 못했다. 나는 톱니바퀴의 톱니 하나에 지나지 않았지만, 늘 눈을 크게 뜬 채 최선을 다하고자 했다. 아서 앤더슨, 쿠퍼즈 앤 라이브랜드 그리고 페인 웨버 같은 큰 회사들에서 일하면서 내 눈에 띈 것은 주로 자기 잇속만 챙기는 행동들이었다.

조율된 팀, 탁월함의 문화 그리고 도덕적 품성은 관심을 끌지 못했다. 직원들은 자기 한 몸 챙기기에 바빴고, 지위를 올리는 데만 관심이 많았으며, 자신이 조직과 회사 문화에 미칠 수 있는 영향에 대해선 전혀 관심이 없었다. 언급한 세 회사 중 현재까지 존재하는 회사는 단 하나뿐이며, 이는 나머지 회사들이 리더십의 실패를 겪었음을 은연중에 말해준다.

그 당시 나는 내 팀들과의 유대감을 느끼지 못했고, 조직문화도 리더십에 대한 나의 생각들과 일치하지 않았다. 그 기업의 리더들은 비즈니스 환경에서 진정한 리더가 된다는 것은 전혀 승산 없는 일이라고 생각했다. 그럼에도 불구하고 나는 충분한 시간을 쏟고 전략적인 기술들을 익히면서 다양한 관리의 세계를 엿보고자 노력했다. 하지만 그리 고무적인 리더는 되지 못했다. 그래서 나는 기업을 떠나 미군 네이비씰에 들어갔다.

엘리트 팀을 만들다

● ● ●

월 가에서 경영학 석사MBA 과정과 공인회계사 시험CPA을 위해 보낸 4년은 내 삶을 바꿔놓은 참선의 위대한 지혜를 직접 접할 수 있었던 소중한 기회였다. 나는 훈련을 통해 제멋대로인 내 마음을 통제할 수 있게 됐고, 가족과 소도시 교육에 의해 프로그래밍된 내 정신적 고리들을 업그레이드할 필요가 있다는 사실도 깨닫게 됐다. 나는 참선을 통해 고리들을 업그레이드하고자 노력했고, 이를 통해 서서히 각성하여 나의 성장을 이끌어줄 새로운 지형과 지도에 접근할 수 있었다. 그리고 그때 처음으로 진정한 자아를 만나게 됐다.

참선 이후 내가 한 일은 인생에 별로 도움이 안 되는 행동을 하게 만드는 내면의 이야기들을 탐구하는 것이었다. 이를 통해 자아 개념이 극적으로 확대되기 시작했으며, 창의적이고 반응이 빠르고 자발적인 사람이 되어갔다. 또한 미래를 명료하게 볼 수 있게 됐고, 삶이 던지는 도전들에 부정적으로 반응하지 않게 됐다. 지금 돌이켜보면 참선 마스터가 말한 '초심자의 마음'을 획득하고 있었다.

스물다섯 살에는 내가 배운 것들 가운데 사업과 관계 없는 것들은 거의 다 비웠으며, 네이비씰 장교가 됐고, 진정한 리더가 됐다. BUD/S(네이비씰 기초 수중 폭파 훈련)에서 나는 도전적인 사람들과 어울리면서 그들이 모두 나만큼이나 야심 찬 리더들이라는 사실을 알게됐다. 그리고 리더와 팀들을 개발하는 네이비씰의 방식이 아주 체계적이라는 사실도 깨달았다. 몇 개월 전에 경험한 월 가와는 아주 다른 세상이었다. 마치 전혀 다른 행성에 착륙해 전혀 다른 종들에 대해 배우고 있는 기분이었다. 네이비씰은 젊은 리더들의 성장에 많은 관심을 보였지만, 감정적인 앙금을 비워내는 일은 각자에게 맡겼다. 그리고 그 앙금들 중 일부는 팀원의 실수로 인해 드러났다.

나는 '보트 크루boat crew(팽창되는 소형 고무보트를 머리에 이고 훈련하는 팀)'라 불리는 작은 팀을 이끌고 있었는데, 팀원들에게 우리는 한 몸이나 다름없으며, 나는 리더지만 언제나 팀을 먼저 생각하고 네이비씰을 졸업하는 날까지 팀원들을 도울 것이라고 강조했다. 이는 내가 기업에서 겪은 리더십과는 전혀 다른 것으로, 머리가 아닌 마음으로 사람들을 이끄는 것 같아 기분이 좋았다.

9개월간 계속되는 BUD/S는 일종의 선발 과정으로, 이 과정에서 팀에 합류할 때 필요한 리더십 특성이 부족한 사람들을 골라낸다. 자신을 이끌 특성과 다른 사람들을 이끌 특성 그리고 다른 사람에게 이끌릴 특성이 부족한 사람들을 추려내는 것이다. BUD/S에서는 리더십의 이 3가지 특성을 계속 체크한다. 이 3가지 특성 중 한 가지라도 부족한 후보는 바로 훈련에서 탈락하기 때문에 '보트 크루'는 거의 매일 재편성된다. 이 훈련은 우리가 얼마나 강인한지를 입증해 보이는 것이 아니라 좋은 리더로, 혹은 좋은 팀원으로 성장하려는 자신의 의지를 입증해 보이는 과정이었다.

나는 BUD/S 클래스 170을 아주 강인해 보이는 185명의 청년들과 시작했다. 훈련이 끝났을 때 남은 리더는 겨우 19명이었다. 졸업식 날 내 보트 크루에 속했던 리더 7명은 모두 당당히 서서 환하게 웃었고 나는 BUD/S 클래스 170의 우등생으로 뽑혔다. 이렇게 나는 내 첫 번째 엘리트 팀을 구축했다. 육체적·정신적·정서적으로 가장 힘겨운 훈련을 견뎌낼 능력을 가진 엘리트 팀이었다. 팀원들은 용기를 보여주었고, 믿음을 만들어냈으며, 존경심을 키워냈고, 더 나은 사람으로 성장했으며, 우리의 미션에 집중했다.

나는 네이비씰의 리더로서 이와 비슷한 일을 여러 차례 반복해서 경험했고, 진정한 리더가 되는 법을 알아냈다고 확신했다. 그래서 네이비씰을 떠나 처음 사업을 시작했을 때, 네이비씰에서 이뤘던 것과 같은 성공을 이루는 데 아무 문제가 없을 것이라 자신했다.

빠르게 찾아온 실패

● ● ●

네이비씰 현역 복무를 마친 1996년에 나는 기업가로서 첫발을 내디뎠다. 내 계획은 처남과 함께 네이비씰의 본고장인 캘리포니아 주 코로나도에 '코로나도 양조회사Coronado Brewing Company, CBC'라는 양조 회사 겸 술집을 여는 것이었다. 사업적인 면에서 '수제 맥주craft beer (대기업이 아닌 개인이나 소규모 양조장이 자체 개발한 제조법에 따라 만든 맥주)' 는 훌륭한 아이템이었고, 샌디에이고의 네 번째 맥주 양조장이었으니 그 분야에 일찍 진출한 셈이었다. 다만 이 맥주 사업 아이디어가 왜 괜찮은지에 대해서는 많은 생각을 하진 않았다. 그저 맥주 양조장을 소유한다는 사실 자체가 너무 좋았던 것이다.

나는 대기업으로 되돌아갈 생각이 전혀 없었고, 그렇다고 집안 사업에 끼어들 생각도 전혀 없었다. 물론 맥주 만드는 법이나 레스토랑 운영하는 법, 사업을 시작하는 법에 대해 아는 것이 전무했지만, 네이비씰에서의 경험은 내게 혼자 힘으로 해낼 수 있다는 큰 자신감을 주었다. 사업을 시작하는 법에 관한 한 (네이비씰 팀원들이 흔히 말하듯) 길은 찾아내거나 만들어갈 수 있다는 것을 알고 있었기 때문이다.

내 사업 파트너인 처남은 또 다른 사업을 운영하고 있어서 매일 신경 써야 하는 사업은 하고 싶어 하지 않았다. 결국 내가 그 역할을 맡기 위해 네이비씰을 떠날 것인지 남을 것인지를 결정해야 했다. 고민 끝에 나는 코로나도 양조회사의 최고경영자 역할을 맡기 위해 네이비씰 엘리트 팀을 떠나 새로운 전쟁터로 향했다.

나는 네이비씰에서 내가 집중한 것들과 내가 입증해 보인 리더십 기술들이 사업에서도 성공할 수 있는 비법이 되어줄 것이라고 생각했다. 완전 무장한 상태로 준비가 다 된 나는 개인 은퇴 계좌를 해지하고 가족과 친척들 그리고 팀 동료들한테서 초기 투입 자본으로 60만 달러를 모금했다. 그런 다음 이전에 따둔 MBA와 CPA 자격증과 사업 계획을 제출하여 중소기업청으로부터 추가로 80만 달러를 더 빌렸다. 이후 건물을 빌려 네이비씰 작전 본부처럼 꾸민 뒤, 성대한 개업 파티와 함께 문을 열었다. 네이비씰을 그만둔 지 6개월 만이었다.

곧 문제가 발생하기 시작했다. 내가 네이비씰에 있으면서 배운 것은 큰 그림을 놓치지 않으면서 정해진 목표들에 집중하는 것이었고, 주어진 임무를 명확히 인지하며, 늘 전쟁터를 직시해야 한다는 것이었다. 그러나 어떻게 된 일인지 비즈니스 세계라는 새로운 전쟁터에서 나는 그렇게 하지 못했다. 무언가를 놓치고 있었던 것이다. 나는 현금 흐름과 기업 운영에 있어서 발생하는 문제에만 집착했고, 변화하는 전쟁터를 보지 못했다.

내게는 'to check my six(‘뒤를 돌아보다’는 의미를 지닌 군대 용어)'라고 외쳐줄 네이비씰 팀이 없었다. 더 이상 네이비씰의 훈련과 문화 그리고 그 시스템들은 내 편이 아니었다. 그래서 나는 매일매일 '타불라 라사tabula rasa(텅 빈 석판, 판단력이 없는 상태)'에 빠져 빠른 속도로 부정적인 소리들을 채우고 있었다. 내 피어 울프가 입맛을 다시기 시작한 것이다.

회사 문을 열기도 전에 내 파트너는 권력을 휘둘렀다. 자기 동생을 사업 파트너로 팀에 합류시킨다고 발표한 것이다. 상호의존성이 강한 나는 이의를 제기하지 않았다. 상호의존성은 내게 큰 그림자였기 때문이다. 갑자기 코로나도 양조회사를 세운 사람들은 '세 형제three brothers'가 됐고, 나는 나머지 두 형제에게 '아웃사이더'였다. 우리는 '세 형제 페일 에일Three Brothers Pale Ale'이라는 이름의 맥주를 만들었고, 나는 그렇게 계속 앞으로 나아가기만 했다.

그 와중에 내 소유 지분과 투표권은 50퍼센트에서 33퍼센트로 떨어졌고, 외부 주주들이 참여하면서 20퍼센트까지 떨어졌다. 나는 저축한 돈을 다 쏟아부었고, 외부 자본을 유치했으며, 풀타임으로 일했지만, 내 두 파트너는 그 당시 자기 돈은 하나도 투자하지 않았고, 외부 자본을 단 한 푼도 유치하지 못했으며, 풀타임으로 일하지도 않았다.

당신은 아마 이렇게 물어볼 것이다. "대체 무슨 생각을 하고 있었던 거야?" 좋은 질문이다. 나는 뭐가 어떻게 돌아가는지 전혀 모르는 상태였다. 내게는 그들의 전횡을 통제할 기술들이 없었고, 그들과 싸워야 했으나 그것조차 제대로 하지 못했다. 나는 나의 맹점들을 하나씩 드러내고 있었고, 피어 울프가 내면을 지배하고 있다는 것을 깨달았다.

대체 무엇을 어떻게 하려는 것인지 명확히 알지도 못하면서 처남들이 교전 수칙들을 정하고 자연스럽게 조직문화까지 만들게 내버려 둔 것이었다. 나는 이 책에서 말하는 7가지 리더십 원칙들을 무시한 채 전술에만 집중하며 내 강점들 안에만 머물러 있었는데, 그것은 파트너들이 회사 전체에 부정적인 영향을 미치도록 허용한 것이나 마찬가지였다. 나는 두 사람을 상대로 직접 부딪히진 않았다. 충돌을 피하는 것이 내가 아직 다뤄보지 못한 두려움 조건 형성 요소들의 일부였기 때문이다. 그래서 나는 이사회를 소집해 회사 지도부가 엉망진창이라고 고백했다.

'그들이 해결해 주겠지'라고 기대했지만 어림없었다. 이사회는 문제를 영구화시키는 역할만 했다. 파트너들은 그 소식을 접하자마자 전투태세를 갖춘 채 사람들에게 자신들의 이야기와 전투 계획을 늘어놓았다. 그 사이 회사의 자금은 떨어져 가고 있었고, 나는 자금 문제를 해결해주고 사업 확장에도 충분한 도움을 줄 또 다른 큰 손을 끌어들였다. 두 형제가 내게 노골적으로 사업 확장에 반대하며 대신 투자자들을 끌어들이고 싶다고 했을 때, 나는 마침내 우리의 관점과 기준 사이에 큰 격차가 있다는 것을 깨달았다. 갑자기 단순한 성격 차이 이상의 사태로 발전된 것이다. 나는 두 사람을 설득하려고 애썼고, 투자자들한테는 넉넉한 투자 수익을 보장해주려 노력했다.

그러나 아무 소용 없었다. 두 사람은 투자자들과 집안 식구들까지 자기편으로 만들어 나를 상대로 전면적인 공격을 감행했다. 값나가는 자산을 놓고 벌어진 싸움에서 두 사람은 자신들의 누이(내 아내)는 물론 아버지(전직 해병대 요원으로 주주들을 보호해주려는 내 노력을 지지해주었다)까지 나와 멀어지게 만들었다. 그들의 '초토화 작전'으로 가족들 간에 거리감이 생겼고, 그 거리감은 오늘날까지도 치유되지 않고 있다. 그야말로 대실패였다.

나는 회사를 팔려고 했으나, 그 누구도 법적으로 복잡하게 얽혀 있는 회사에 손을 대려 하지 않았다. 아내는 계속 내게 그냥 떠나라고 호소했고, 나는 결국 손을 들었다. 회사 가치보다 훨씬 낮은 가격으로 처남들과 매수 협상을 한 뒤, 회사를 떠났다. 수백만 달러 가치를 지닌 기업을 만들었지만 고스란히 두 사람에게 넘겨준 것이다.

네이비씰에서 적과 정면으로 맞서는 데 필요한 온갖 훈련을 다 받았음에도 불구하고, 나는 감정적 격차를 알아보는 능력이나 가장 내밀한 잠재의식 속의 두려움들에 맞서는 능력이 부족했다. 이 같은 리더십의 실패는 내 전술적 기술들 때문이 아닌 내 반응에 따른 조건 형성 요소들 때문이었다. 성장 과정에서 생겨난 부정적인 조건 형성 요소들로 인해, 내가 결코 다뤄본 적 없는 그림자들로 함정에 빠진 것이다. 이 실패 이후 수천 명의 리더들 및 수백 개의 팀들과 일하면서 알게 된 사실은 부정적인 조건 형성 요소들은 리더와 팀들이 실패하는 주요 원인이라는 것이다.

여기서 바로 리더십의 취약점을 알 수 있다. 그러나 이에 대한 해결방법을 아는 사람은 얼마 되지 않는다. 당신이 아무리 똑똑하고 숙련되어 있다 해도, 리더로서의 특성을 규정하는 것은 당신의 발달 및 정서 인식 단계다. 그리고 팀이 당신에게 어떻게 반응하는지 규정하는 것은 당신의 특성이다. 당신이 만일 해결되지 않은 부정적인 조건 형성 요소들을 갖고 있다면, 당신이 목표로 설정한 수준의 성공은 거두지 못할 것이다. 내가 관찰해본 리더들 역시 자신도 모르는 부정적 조건 형성 요소들을 갖고 있었다. 그렇게 되면 결국 어떤 장애물에 부딪히거나 실패를 거듭할 수밖에 없다. 어쨌든 실패는 하게 되어 있다. 당신은 어떠한가? 실패할 준비가 되어 있는가?

리더들의 리더가 돼라

● ● ●

TV에 나오는 네이비씰 대원들은 아주 강도 높고 전략적인 기술들을 선보인다. 네이비씰 대원들은 상어들이 득실거리는 바다에서 몇 킬로미터를 헤엄친다거나, 1.6킬로미터 정도 떨어진 표적들을 총으로 쏴 정확히 맞춘다거나, 무언가를 폭파해 날려버린다거나, 비행기에서 뛰어내린다거나, 달리는 고속정 위에서 빠른 속도로 회전한다거나, 적들이 매복 중인 해변을 돌파한다거나, 더없이 사악한 적들을 웃으며 무력화시킨다.

그러나 그런 그들도 정신적·정서적 통제 기술들을 발전시키는 데는 상당히 많은 시간이 필요하다. 하지만 네이비씰의 표준운영절차Standard Operating Procedure, SOP(효율적인 업무 처리를 위한 기준 및 규칙)는 잔인할 정도로 정확하고 솔직해서 누군가가 어떤 기준에 미달될 경우 즉시 공개적으로 교정 조치가 취해진다. 모든 것을 비밀에 부칠 수는 없는 일이며, 감정적인 문제들을 다루려면 일시적인 불편을 감수해야 하지만 그 문제들을 무시하면서 장기간 고통을 겪어야 하는 것보다는 낫다.

미국특수작전부대Special Operations Force, SOF(세계 각 지역에서 발생하는 중대한 군사적 상황에 대처하기 위해 창설된 미국특수부대) 세계에서는 모두가 리더이자 팀원이다. 모든 대원들은 자신의 역할을 다 해야 하며, 팀원의 특성이 가장 중요하게 여겨진다. 만일 당신이 팀의 기능을 망가뜨리는 원인이고 단점을 극복하지 못한다면, 지휘봉을 내려놔야 한다. 이런 원칙은 선발 및 훈련이 이루어지는 가장 초기 단계부터 적용되며, 이후에도 계속 적용된다. 감정 통제력은 다양한 실패들을 통해 발달한다. 그리고 조직의 구조는 개인의 특성 발달에 일정 수준 영향을 미친다. 팀원의 특성과 팀 문화에 대한 철저한 기준은 미국특수작전부대의 성공의 핵심이다.

그러나 특수부대원들 또한 완벽하지 못하며 다른 사람들과 똑같은 인간적 결점들을 가지고 있다. 나도 분명 그랬고, 내 팀원들도 전부 그랬다. 자신의 마음과 감정들을 통제하는 훈련을 아무리 잘 받았다 해도 결국에는 자기 자신의 피어 울프와 맞서 싸워야 한다. 그럼에도 불구하고 많은 리더와 팀들은 특수작전에 몰입하면 정신력과 전략들로 적을 지배한다. 이는 네이비씰이 이 책에서 말하는 7가지 리더십 원칙들을 바탕으로 조직문화를 형성하도록 구조화되어 있기 때문이다.

조직문화는 팀원과 팀의 용기, 믿음, 존경, 성장, 탁월함, 회복력, 조정 능력 등에 영향을 주며, 그 결과 어떤 특정 리더의 부정적인 조건 형성 요소들로 인해 발생한 여러 가지 문제들을 해결할 가능성이 훨씬 더 커진다. 조직은 변동성에 반발하기보다는 그 변동성에 탄력적으로 대처하게 되는 것이다. 훈련된 조직은 유연하며 복잡한 상황을 헤쳐 나갈 수 있다. 빠른 속도로 실패를 딛고 나아가 불확실성을 극복하는 것이다. 이것이 바로 특수부대들이 VUCA 환경을 극복해 나가는 방식이다.

코로나도 양조회사라는 내 첫 실패는 고통스러웠지만, 그 덕분에 나는 한 걸음 물러나 스스로에게 물어볼 수 있었다. 나는 실패를 통해 내면 깊은 곳에서 무엇이 잘못되고 있는지 깨달았으며, 또 그것이 외적인 움직임들까지 제한하고 있다는 것을 알았다. 그때 나는 '통합 개발'을 공부하기로 그리고 또 내 필생의 사업인 리더십을 감정적으로 이해하기로 마음먹었다.

어쩌면 내 입장에서는 '내가 얼마나 형편없는 네이비씰 리더였는가' 라는 이야기로 책을 시작해, 그런 다음 다른 엘리트 네이비씰 리더들의 이야기들을 들려주는 것이 훨씬 더 편했을지도 모른다. 그러나 시간이 지나면서 비즈니스 세계라는 또 다른 전쟁터에서 리더들과 팀들을 이끄는 것이 특수작전 세계에서 리더들과 팀들을 이끄는 것보다 훨씬 더 어렵다는 것을 배웠다. 또한 군인 세상에서의 실패보다 민간인 세상에서 경험한 실패들이 진정한 리더십에 대해 더 많은 것을 알게 해줬다. 실패는 누구나 하게 되어 있다. 다만 실패할 준비가 되어 있는지 아닌지의 차이일 뿐이다.

인정사정없는 자기 평가

1. 어떤 문제들이 당신에게 영향을 미치고 있는가?
   a. 신체 단련 및 건강
   b. 애인 또는 배우자와의 개인적 관계들
   c. 직업상 상사와 부하들 그리고 주변 사람들과의 관계

2. 이 책의 서론을 떠올려보라. 어떤 문제들이 당신의 그림자라고 생각하는가?
   a. 첫 번째 고원
   b. 두 번째 고원
   c. 세 번째 고원
   d. 네 번째 고원
   e. 범주화할 수는 없다(다만 당신은 각각의 그림자가 어디에 있는지 알 것이다).

3. 이제 이 책에서 말하는 리더십의 7가지 원칙에 집중하도록 하자. 그리고 다섯 번째 고원에 완전히 정착하고 그곳을 뛰어넘어 더 나아가기까지는 절대 중단하지 말라.

리더십 원칙 1

용기

위험을 감수하라

STARING DOWN THE WOLF

위험에 대한 두려움에 맞서라

• • •

용기는 모든 미덕들 가운데 가장 중요한 미덕이다. 용기가 없다면,
다른 어떤 미덕도 꾸준히 발휘할 수 없다.

마야 안젤루, The Art of Fiction No. 119, 《파리 리뷰(*The Paris Reviw*)》

미국이 소말리아에 평화를 정착시키려고 노력 중이던 1993년
10월, 우리 군대는 소말리아의 수도 모가디슈에 있었고, 평화 유지
지원 임무를 위해 모하메드 파라 아이디드라는 현지 군벌과 일하고

있었다. 당시 유엔 평화유지군 영내에는 통신 및 행정, 군수 분야 요원들과 정보 장교 등 제75 레인저 연대 대원들로 이루어진 합동 특수작전 태스크 포스 팀이 주둔해 있었다. 현장에는 소수의 다른 특수부대원들도 있었는데, 그중 한 사람이 네이비씰의 리더 에릭 올슨 Eric Olson이었다. 레인저 대원들은 자신들의 존재를 과시하고 숨겨진 무기고와 잔당들을 찾아내기 위해 수시로 모가디슈 순찰에 나섰다. 그러던 어느 날 군벌 아이디드와의 관계가 갑자기 틀어지면서 모가디슈에서는 서부 영화에서나 볼 법한 예측 불가능한 총격전이 벌어졌다. 당시 소말리아에서는 어린아이들을 비롯한 대부분의 사람들이 무기를 갖고 있었다. 무기를 들고 있는 것이 커피 한 잔 들고 있는 것처럼 흔한 풍경이었고, 무기를 구하는 것 또한 그만큼 쉬웠다. 주민들은 요가 매트를 둘러매듯 어깨에 총을 메었다. 한 가지 중요한 점은 그들 대부분이 무기 다루는 법에 대해 아무 훈련도 받지 않았다는 것이다. 그래서 실수로 친구들이나 심지어 자기 자신에게 총을 쏘는 경우가 비일비재했다. 한 마디로 무법천지였다.

레인저 대원들은 순찰 도중 불시착한 한 헬리콥터로부터 구조 요청을 받았다. 헬리콥터 조종사들은 적지에 고립돼 있었다. 그런데 불만이 있던 현지인들이 레인저 대원들과 헬리콥터 조종사들에게 총을 난사하면서 생사가 걸린 전투가 시작됐다. 총소리가 나자 불을 향해 날아드는 나방들처럼 총을 든 소말리아 '자유의 전사들'이 속속 몰려들었다. 그리고 오래지 않아 다수의 현지인들이 총을 든 채 총격전 현장으로 달려왔다. 레인저 대원들은 고도의 훈련을 받은 전사들이었지만, 당시의 상황은 매뉴얼에도 없는 특수한 상황이었다. 그들은 총을 쏘고, 움직이고, 교신하고, 상황을 지배하는 훈련을 받았지만 갑자기 벌어진 상황에 우왕좌왕하다가 사상자가 속출했다. 현지인들 중에서도 부상자가 속출했고, 치료도 제대로 받지 못한 채 피를 흘렸다. 헬리콥터 조종사들의 상황도 나을 것이 없었다. 이 사건은 훗날 영화 〈블랙 호크 다운Black Hawk Down〉의 소재가 되기도 했다. 그러나 이 사태의 뒷이야기는 그리 널리 알려지지 않았을 것이다. 지금부터의 이야기는 소수의 엘리트 특수부대원들이 어떻게 자신들의 '피어 울프'를 억누르고 맡은 바 임무를 완수했는가에 대한 이야기다.

유엔 평화유지군이 주둔하고 있던 합동 특수작전 본부에는 기동타격대QRF가 있었다. 이 부대는 연합군에서 만들어진 부대로, 임무 수행 중 위기 상황이 벌어질 경우 지원 임무를 맡았다. 병력 수송용 장갑차들도 갖추고 있는 이 부대는 언제든 명령만 떨어지면 출동할 준비가 되어 있었다. 미군에는 철칙이 하나 있는데, 그것은 절대 전우들을 위험에 빠지게 내버려 두지 않는다는 것이다. 아무리 위험하더라도 동료를 지원하거나 구출하기 위해 할 수 있는 일을 해야 한다. 그런데 당시 기동타격대는 그 철칙을 지키지 않는 듯했다. 그들은 상황이 극도로 위험하다고 보았고, 지휘부는 기동타격대가 안전하게 영내에 머무는 쪽을 택했다. 레인저 대원들은 홀로 치열한 전투를 치러야 했다. 네이비씰 장교를 비롯한 다른 미군들은 이 상황을 고통스럽게 지켜봐야만 하는 상황이었다. 네이비씰의 리더 에릭 올슨은 레인저 대원들이 죽어가는 것을 지켜보느냐 아니면 같이 전투에 뛰어들어 그들을 돕느냐 둘 중 하나를 선택해야 했다. 간단한 문제였다.

좋은 소식은 소말리아인들은 사격 훈련을 전혀 받지 못했다는 것이고, 안 좋은 소식은 문자 그대로 소말리아인들이 수백 명이나 된다는 것이었다. 4명의 미군이 더 투입된다고 해서 상황을 바꿀 수는 없었다. 그저 그들의 표적이 4개 더 늘어날 뿐이었다. 그러나 에릭 올슨을 포함한 4명의 미군은 다년간의 전투 훈련으로 단련된 전사들이었다. 그들은 전투의 대가들이었으며, 그야말로 온갖 환경 속에서 수없이 많은 사격 훈련을 했고, 위기가 닥칠 때 어떻게 한계 상황을 뚫고 나가야 하는지 잘 알았다. 능력과 무기 그리고 전술 측면에서 자신들에게 어떤 이점들이 있는지도 잘 알고 있었다. 이처럼 위험 속에서도 확신이 되는 점들이 있을 경우, 위기에 닥쳤을 때 용기를 내서 '적'과 맞서 싸우는 것이 한결 수월해진다.

그렇다고 해서 이 사람들이 두려움을 겪어보지 않았다는 이야기는 아니다. 그것은 정상적인 일이 아닐 것이다. 실패할 가능성이 높은 상황에서는 생존에 대한 두려움이 늘 존재한다. 그러나 에릭 올슨을 비롯한 미군들은 고도로 위험한 상황들에 대비한 훈련들을 받아왔고, 어떤 상황 속에서도 즉석에서 만들어진 팀과 함께 효율적인 작전을 펼 수 있었다. 그들 모두 공통된 배경과 훈련, 목적 그리고 군인 정신을 공유하고 있었다. 이 같은 경험과 목적의 공유는 7번째 리더십 원칙인 조정 능력에서 확인할 수 있다(여기서 이 책에 소개된 7가지 리더십 원칙은 서로를 보강한다는 것을 알 수 있다). 조정 능력을 통해 팀원들은 육체적 용기를 뛰어넘어 도덕적·정신적 힘까지 발휘할 수 있게 된다. 그리고 결정적인 행동을 취해야 할 순간이 오면 주저 없이 싸움에 돌입한다. 그들은 자신이 살아남을 수 있을지 없을지 확신할 수 없는 상태에서도 팀원들을 살리기 위해 해야 할 일을 하는 것이다.

4명의 미군은 전투 장비들을 챙겼고 각자 들고 갈 수 있는 최대한 많은 수류탄과 로켓탄 그리고 탄약들도 챙겼다. 기동타격대 리더와 잠시 이야기를 나눈 뒤, 이들은 험비 지프(다목적 고기동 차량으로 미군이 1980년대부터 사용하고 있는 대표적인 소형 전술 차량)에 올라 타 보호구역을 벗어났다. 기동타격대 리더가 서서 그 모습을 지켜보고 있었다. 핀 떨어지는 소리도 들릴 만큼 조용했다. 나는 당시 기동타격대가 부끄러움을 느꼈을 것이라고 생각한다. 그들은 자신들의 첫 번째 고원의 그림자에 따라 반응했다. 물론 에릭 올슨이 그들을 부끄럽게 만들려고 한 것은 아니지만, 그들은 부끄러웠을 것이다. 그러나 바로 눈앞에 다른 길이 제시되자, 그들은 바로 관성을 극복해냈다. 행동은 의구심을 없애주는 유일한 길이다. 기동타격대 팀은 위기에 빠진 레인저 대원들을 돕기 위해 합류했다. 용기는 가끔 자기 보호를 위한 부정적인 조건 형성 요소들과 두려움에 의해 가려지기도 한다. 용기를 내어 피어 울프에 당당히 맞서기 위해서는 위험에 대한 내성을 발달시키고 현실에 맞는 훈련을 해야 하며 행동 수칙을 토대로 움직여야 한다.

위험에 대한 내성을 길러라

• • •

초기 소말리아 수도 모가디슈는 비교적 안정적인 것처럼 보였고, 현지 군벌 아이디드는 통제 가능한 인물 같았다. 하지만 그는 그렇지 않았고, 소말리아는 서서히 혼돈 속에 빠져들었다. 비슷하게도 이후 베네수엘라가 혼돈 속에 빠져들었고, 시리아, 이라크, 수단, 아프가니스탄이 그 뒤를 이었다. 다음 국가는 어디가 될 것인가? 비즈니스 세계에서도 밤새 어떤 산업들이 사라지고, 또 어떤 산업들이 그 뒤를 이을 것인가?

변동성과 불확실성은 예측 가능한 가까운 미래에도 그리고 어쩌면 먼 미래에도 영원히 계속될 것이다. 기동타격대는 변동성이 불러오는 불확실성과 두려움에 무력해졌다. 레인저 대원들은 순찰을 돌다가 총격전을 벌이고 있었고, 헬리콥터 조종사들은 일상적인 출격에 나섰다가 혼돈에 빠진 도시의 한복판에서 목숨을 건 싸움을 벌이고 있었다. 높은 수준의 위험에 대비할 수 있는 훈련을 받지 않았다면, 이 정도 규모의 불확실성 속에서는 무력해질 수밖에 없다.

불확실성을 줄이고 위험에 대한 잠재적 두려움을 극복하려면 훈련을 받아야 한다. 아주 위험한 환경에서 작전을 벌이지 않더라도, 실질적 위협들을 극복하고 급격한 변화에 대처할 수 있는 훈련을 할 수 있다. 이를 '위기 대응'이라 해도 좋고 '위험 완화' 또는 '시나리오에 따른 훈련'이라 해도 좋다. 미국의 종합 석유회사 셸 오일Shell Oil

의 리더들은 위험에 대비한 훈련이 필요하다는 것을 잘 알고 있다. 그들은 경험을 통해 위험 훈련을 하지 않을 경우 기업과 조직문화에 부정적인 영향을 미친다는 것을 잘 알고 있다. 그들에게 위험 훈련은 유전들에 대한 표준운영절차로, 매일 적용된다. 그 덕분에 오늘날 셸 오일은 세계에서 가장 회복력 있는 기업들 중 하나로 성장할 수 있었다. 변동성과 불확실성은 앞으로도 사라지지 않겠지만, 셸 오일의 직원들은 위기가 닥칠 때 부정적으로 반응하지 않고 잘 통제되고 훈련된 방식으로 반응할 것이다. 셸 오일에 대한 이야기는 리더십 원칙 중 하나인 회복력을 다루는 7장에서 더 자세히 설명하겠다.

특수작전 분야에는 이런 유명한 말이 있다. "평화로울 때 땀을 더 흘리면, 전쟁이 일어났을 때 피를 덜 흘린다." 네이비씰에서의 나의 멘토 윌리엄 맥레이븐William McRaven은 만일 큰 실수를 저지르게 된다면 그 실수에 대한 훈련을 해보는 것이 가장 좋다고 말했다. 이 훈련을 통해 당신은 위기 속에서 자신감과 지략을 갖게 될 것이다. 두려움에 짓눌려 얼어붙지 않을 뿐만 아니라, 자신의 입장을 고수하면서 끝까지 용기 있게 대처할 수 있게 된다. 이런 과정을 거치다 보면 당신은 신중함을 잃지 않은 채 점점 더 많은 위험을 감수할 수 있게 된다. 스트레스와 두려움을 통제할 수 있게 되며, 넓은 시야를 갖게 되고, 상황 대처 능력이 있다는 사실에 감사함을 느낄 것이다.

네이비씰에서는 위험한 임무를 맡기기 위해 위험에 대한 내성을 조금씩 키워주는 '기다가-걷다가-달리기crawl-walk-run' 방법을 사용한다. 예를 들어 낙하산 점프를 배울 때는 먼저 91센티미터 높이의 나무 탁자에서 뛰어내리는 것으로 시작한다. 지면에서 낙하산 강하 훈련을 한 뒤 식탁 위에서 점프를 하는 것이다. 그리고 9.1미터짜리 타워 위로 올라가고, 그 다음에는 60미터가 넘는 타워 위로 올라간다. 낙하산을 메고 일종의 고공활강을 하는 것이다. 여기서부터 304미터 높이에서 '자동 열림 줄static line (낙하산을 싼 주머니와 비행기를 연결하는 줄로, 자동으로 낙하산이 열리게 한다)' 점프를 하게 된다. 수많은 점프를 통해 위험에 익숙해지면 자유낙하 훈련을 받는다. 자유낙하 훈련을 통해 어떻게 상황 인식을 하고, 몸을 안정시키고, 적절한 높이에서 낙하산 펼치는 줄을 당기고, 기능 장애 문제를 해결하는지에 대한 방법들을 배우게 된다. 그리고 이 모든 과정을('기다가-걷다가-달리기' 방법을) 되풀이한다. 이 훈련을 마치기 전에는 큰 위험이 따르는 자유낙하 점프를 절대로 시작하지 않는다.

위험에 대한 내성을 한 단계씩 키워나가는 것은 개구리를 따뜻한 물이 담긴 냄비에 넣은 뒤 불을 점점 더 뜨겁게 조절하는 것과 같다. 이 멋진 전략은 변동성과 불확실성이 존재하는 상황에서의 대처 능력 개선에 큰 효과가 있다. 이 전략을 통해 위험한 상황을 헤쳐 나감으로써 팀의 능력이 향상되게 된다. 팀원 개개인에게는 용기 있는 습관을 길러 주는 것이지만 팀의 입장에서는 표준운영절차에 해당하는 것이다. 용감해지려면 용기 있는 일들을 해야 한다.

현실을 직시하라

• • •

그리스 철학자 아리스토텔레스는 용기를 리더가 발전시켜야 할 핵심적인 덕목으로 생각했다. 저서 《니코마코스 윤리학Nicomachean Ethics》에서 그는 용기가 두려움과 대담함의 중간 형태라고 설명한다. 너무 두려워하면 겁쟁이가 되고, 너무 대담하면 무모해지기 쉽기 때문이다.

훈련에는 현실성이 필요하다. 우리가 훈련에 위험을 추가하려는 이유는 단지 위험에 대한 내성을 키우기 위해서가 아니라, 가능한 한 많은 현실성을 가지고 훈련을 하기 위해서다. 이런 훈련을 통해서 용기 있는 생각과 행동을 습관화할 수 있는 환경을 조성하고, 허세와 비겁함 간의 경계를 찾아낼 수 있다. 또한 훈련과 실패를 통해서 자신의 피어 울프에 당당히 맞설 수 있게 될 것이다. 팀원들은 당신을 지켜볼 것이며 그러다 필요할 경우 도움의 손길을 내밀 것이다. 그들은 당신이 용기 있는 사람이 되길 원하며, 당신을 응원한다. 아리스토텔레스는 이렇게 말한다.

용기 있는 사람은 그럴 만한 이유가 있을 때, 또는 무언가를 두려워하거나 견뎌내는 것이 필요할 때 그리고 또 대담한 사람이 되어야 할 때, 두렵지만 이를 견뎌낸다.

따라서 리더들은 그럴 만한 이유가 있을 때 두려워하면서도 대담해질 수 있다. 두려움으로 인해 무력화되지 않고, 적절한 때 그리고 적절한 이유가 있을 경우 용기 있게 행동하게 되는 것이다. 용기를 낼 적절한 이유가 있는 상황에서 현실성 있는 위험 대처 훈련을 하는 것은 용기를 키우는 데 도움이 된다. 당신은 자신의 개인적 결함들은 물론 팀과 시스템의 결함들까지 면밀히 관찰할 수 있는데, 이러한 결함들로 인해 임무를 망칠 수 있다. 이런 결함들을 '크리티컬 노드critical node'라고 부르기로 하자. 하지만 큰 위험이 따르는 훈련을 통해 신속하게 반응하는 연습을 하면 '연쇄 오류cascading failure', 즉 한 가지 오류가 다른 오류로 이어져 시스템 전체가 망가지게 되는 상황을 피할 수 있다.

예를 들어 낙하산의 경우 여러 가지 '크리티컬 노드'들이 있다. 땅과의 접촉도 그중 하나다. 땅과 접촉하는 순간 두 무릎을 구부리지 않는다거나 제대로 된 낙하산 착지PLF를 하지 못할 경우, 뼈가 부러지거나 심한 부상을 입을 수 있다. 임무를 망치는 건 물론이다. 그러나 이것이 가장 중요한 크리티컬 노드는 아니다. 최악의 시나리오는 낙하산이 전혀 펴지지 않거나 또는 일부만 펴지는 경우다. 그런 순간에는 어떻게 해야 하는가? 그런 상황에 대비한 훈련을 철저히 하고 또 되풀이해야 한다.

모든 크리티컬 노드에는 '비상 계획contingency plan' 또는 '비상 조치contigency actio'가 필요하다. 당신의 팀이 뛰어난 전문가 집단이라고 해도 변동성에 직면할 경우 일이 잘못될 때를 대비한 계획을 갖고 있어야 불확실성과 두려움을 줄일 수 있다. 위험 수준을 점차 높이는 훈련을 통해 용기의 습관화와 확실성 확보가 가능하다. 평화로울 때 땀을 더 흘려라.

에릭 올슨은 소말리아에서의 사건 이후 4성 장군이 되어 특수작전사령부SOCOM 사령관을 역임했다. 그는 특수작전사령부 사령관 시절 "당신이 하는 일들과 참는 일들이 당신의 기준들을 가장 잘 보여준다"라고 말했다. '당신이 하는 일들'이란 당신 스스로 솔선수범을 함으로써 기준을 보여준다는 이야기다. 만일 에릭 올슨이 다른 팀원들에게 출동하라고 지시하면서 자신은 위험을 감수하지 않았다면, 출동을 하더라도 그다지 열의는 없을 것이다. 위험이 큰 상황에서 "이봐, 모두들 나가! 솔선수범들 해야지. 장담하건대, 기동타격대가 곧 뒤따를 거야. 나는 여기를 지키고 있을게"라는 얘기는 잘 통하지 않을 것이다. 특수부대의 리더들은 평소 부대원들과 함께 위험 대비 훈련을 하고 함께 위험 속에 뛰어듦으로써 모범을 보이고, 부대원을 이끌어야 한다는 것을 잘 안다. 에릭 올슨 또한 자기 팀원들과 기동타격대 대원들 모두에게 용기를 불어넣어주려면 자신이 먼저 솔선수범해 용기 있는 행동을 보여주어야 한다는 것을 알고 있었다.

그러기 위해서는 사람들 앞에서 참고 견디는 모습을 보여줄 필요가 있다. 에릭 올슨은 기동타격대 대원들에게 출동하라고 지시할 수 없었다. 그들은 자신의 부하들이 아니라 전략적인 동반자들이었기 때문이다. 그러나 그는 경험을 통해 사람은 다른 사람들의 행동에서 영감을 받아 행동에 나설 수 있다는 것을 알고 있었다. 그래서 소규모 팀의 리더로서 모범을 보였고, 기동타격대에게 새로운 기준을 제시했다. 그가 솔선수범하지 않았다면, 아마도 기동타격대의 참여를 이끌어내지 못했을 것이다.

우리는 대부분 최선의 것이 아니라 옳다고 '느끼는' 것을 지지한다. 그리고 옳다고 느끼는 것은 5가지 고원들과 그 그림자들에 의해 영향을 받고 또 왜곡된다. 또한 대부분의 사람들은 스스로의 편견은 보지 못하면서 (또는 인정하지 않으면서) 다른 사람들의 편견에는 민감하게 반응한다. 사람들이 동의하는 용기 있는 행동의 기준을 따르지 않을 경우 문제가 된다는 것을 알기 때문이다. 매 순간 당신이 원하는 일을 하거나 기분을 좋게 만드는 일을 하는 것이 용기 있는 행동은 아니다. 그건 두려움에 기반을 둔 반응일 가능성이 더 많다. 반동적인 생각에 이르게 하는 행동들을 면밀히 살펴보기 전까지는 우리에게 진정한 용기란 없을 것이다.

용기가 부족한 것은 당신이 아닐지도 모른다. 확신하건대, 이 책을 읽고 있는 많은 사람들이 용기에 대해서 극도로 높은 기준을 고수하고 있을 것이다. 그러나 당신의 팀은 두려움에 사로잡혀 있을 수 있다. 다음 위기가 닥쳐올 때도 그들이 리더인 당신을 지지한다고 확신할 수 있는가? 조직의 관료적 형식주의 문화가 과감한 행동을 억제하고 있는가? 당신은 팀원들에게 당신의 기준을 보여주면서 전진하는 모습을 보여줄 수 있겠는가? 그리고 또 그들이 당신을 따를 거라고 확신할 수 있겠는가? 아니면 코로나도 양조회사 시절에 내가 그랬듯이 결국 내가 속한 집단의 낮은 기준에 굴복하고 말 것인가? 때로는 사람들의 마음을 불편하게 만들고 싶지 않을 것이고, 현재 모든 것이 잘 돌아가고 있는데 굳이 평지풍파를 일으키고 싶지 않을 수도 있다. 어쩌면 성별 문제나 나이 문제 또는 인종 문제 등이 신경 쓰일 수도 있다. 팀원에게 새로운 기준을 제시할 때 네 번째 고원에 위치한 팀원들로부터 편파적이라거나 차별적이라는 비난을 받을 수도 있다.

이는 탁월함에 대한 전반적인 기준들을 약화시켜서 용기 있는 행동을 하는 것을 더 어렵게 만들기도 한다. 네이비씰에서는 위험한 일이 워낙 많기 때문에 이러한 문제의 중요성은 떨어진다. 말과 행동을 통한 소통은 잔인할 만큼 명료하고 정직해야 한다. 명료성과 정직성은 엘리트 팀들의 특징이며, 용기는 행동을 통해 팀의 입장을 표명함으로써 나타난다. 나는 피어 울프에 당당히 맞설 경우, 나이나 인종, 성별 또는 성적 취향과 관계없이 모든 사람이 용기 있는 행동을 할 잠재성을 갖고 있다고 믿는다. 또한 누구든 현실성 있는 훈련을 통해 믿기 힘들 만큼 큰 위험도 참고 견뎌낼 수 있다고 믿는다.

용기를 구축하는 것은 결코 쉬운 일이 아니지만, 그만한 가치가 있는 일이다. 용기는 마음으로부터 나오며, 따라서 긍정적인 늑대가 마음속에 살고 있다고 믿어지는 것도 무리는 아니다. 나는 내 회사 씰핏SEALFIT에 '코코로(마음心의 일본어 발음)'라는 일본어를 적용했는데, 이는 '마음가짐을 행동으로 옮긴다'는 뜻이다. 용기의 개념에 다섯 번째 고원의 행동의 통합 개념을 합친 것이다. 당신의 행동들은 당신이 어떤 사람이며 왜 이러한 행동을 하는지에 대한 깊은 이해로부터 나오며 이는 부정적인 조건 형성 요소들을 극복할 때 가능하다.

'용기'를 뜻하는 영어 단어 courage의 뒷부분이 age라는 것을 생각해보라. 나는 우리가 '마음heart의 시대age'에 살고 있다고 말하고 싶다. 이는 에릭 올슨이 전쟁터에서 행동으로 보여준 것이기도 하다. 당신은 리더들의 리더로서 또한 한 팀원으로서 당신의 마음가짐을 용기 있는 행동들로 통합시켜야 한다. 그럴 때 비로소 위기 상황에서 자신의 입장을 분명히 할 수 있으며, 팀이 당신과 함께 행동할 것임을 확신할 수 있게 된다.

입장을 분명히 하라

• • •

마음으로부터 우러나오는 행동을 할 때, 우리는 감정적인 차원에서 생각할 필요성을 느낄 것이다. 감정은 우리들에게 어려운 일을 하도록 만든다. 생각은 행동에 앞서 가지만, 올바른 행동을 방해하기도 한다. 그러나 일단 생각이 끝나면, 그림자로부터 해방된 마음과 감정들이 앞장서게 된다. 먼저 당신의 결정들이 모든 이해관계자들과 주변 환경에 어떤 영향들을 미치게 되는지에 대해 생각한 뒤에 입장을 분명하게 하자. 또한 개인적 위험 또는 직업적 위험 그리고 때로는 대실패가 잠재되어 있지는 않은지도 고려해야 한다. 당신의 선택에 따라 나뿐만 아니라 팀원들과 조직 전체에까지 영향이 미치게 된다

는 것을 알아야 한다. 따라서 나의 입장이 무엇인지를 분명히 해야
하며 마음에서 우러나오는 행동에 전력을 다해야 한다.

에릭 올슨과 그의 팀은 자신들의 입장을 분명히 했으며 어떤 일
을 해야 하는지 잘 알고 있었다. 그러나 그들의 임무는 단순한 임무
가 아니었다. 레인저 대원들은 매우 심각한 위험에 빠져 있었기 때
문이다. 만일 에릭 올슨이 행동 수칙을 갖고 있지 않았다면, 더 많은
사람들이 목숨을 잃었을 수도 있었고, 소말리아 임무 전체에도 부정
적인 영향을 줄 가능성이 높았다. 그러나 다행스럽게도 그들은 자신
들이 무슨 일을 해야 하는지를 아주 분명히 잘 알고 있었다.

입장을 분명히 하기 위해서는 머리와 마음 양쪽 모두에서 결정을
내려야 한다. 그때 비로소 두려움 없이 경솔하지 않게 용기 있고 행
동할 수 있다. 또 해야 할 일에 대한 강한 비전을 갖고 있어야 하며
왜 그 일을 해야 하는지에 대한 확고한 입장과 명확한 생각을 갖고
있어야 한다. 그 외에도 리더는 다가올 결과에 대해서도 알고 있어
야 하며 기꺼이 그 결과를 받아들일 수 있어야 한다. 그 임무가 당신
에게 중요한 것이라면 말이다.

재앙으로부터 얻은 깨달음

● ● ●

비록 코로나도 양조회사에서 엘리트 팀을 구축하는 데 실패했지만,

한 가지 긍정적인 면도 있었다. 그 덕분에 다시 내 개인적 임무를 명확히 하고 용기를 낼 수 있었기 때문이다. 내 입장을 분명히 하며 버팀으로써 모든 위험을 감수할 수 있었다.

처가 식구들과 관계가 틀어지면서 나는 네이비씰을 떠난 후 어떤 삶의 목표를 세울 것인지 명확히 할 기회를 가질 수 있었다. 나는 사업을 확대하는 데 도움을 주려는 투자자를 한 사람 끌어들였는데, 그와 나는 사업을 확대하기 위한 방법들에 대해 논의했다. 그는 내가 어떤 방법으로 사업을 진행하든 기꺼이 투자하겠다고 해주었다. 그는 이미 내 사업에 20만 달러를 투자한 상태여서, 기꺼이 더 많은 투자를 하겠다는 것은 나에 대한 믿음이 그만큼 굳건하다는 증거였다. 그가 처음 투자했을 때 나는 그에게 솔직히 말했었다. 내 사업 파트너들은 그에게 코로나도 양조회사의 부동산을 공동 소유하는 부동산 파트너십을 허용하지 않고 싶어 했으며, 나 또한 그들의 요구를 묵인했다는 것을 말이다. 투자자 입장에서는 아무 보장이나 담보 없이 투자를 하라는 말과 마찬가지였고, 결국 그 얘기를 듣고 그는 추가 투자에 대한 계획을 접었다. 내 사업 파트너들이 위임장 경쟁 proxy fight(대립 관계에 있는 개인 또는 그룹이 주주들의 위임장을 더 많이 받기 위해 벌이는 경쟁)을 통해 회사를 장악하려고 하면서 VUCA 상황은 더 악화됐다. 나는 내 입장을 분명히 해야만 했다.

나는 나를 믿고 밀어주는 그 투자자와 친구들과 집안 식구들을 위해서라도 나의 명예를 지켜야 했다. 또한 어떻게 해서든 그들의 투자 수익을 보장해주어야 했다. 그리고 나는 사업 확대를 위한 새로운 투자 자본 유치가 회사 입장에서는 더없이 좋은 기회라고 생각했다. 그러나 앞으로 나아가기 위해서는 부동산 파트너십과 관련해 잘못된 관행을 바로잡아야 했다. 내 입장을 분명히 하면서 '대립'에 대한 두려움에 당당히 맞서 싸웠고 내 도덕적 기준에 따라 행동했다. 그런데 도덕적 관점에서는 내가 이긴 게임이었지만 개인적으로는 엄청난 대가를 치러야 했다.

만일 당신이 지지하고, 다른 사람들 앞에서 참고 견디려 하는 일의 진가를 제대로 인식하고 싶다면 가장 좋은 방법은 궁지에 몰렸을 때 당신과 팀원들이 하는 행동을 면밀히 관찰하는 것이다. 숨겨진 레드 라인red line(불화 시 양보할 수 없는 쟁점이나 요구의 한계선)을 넘었다는 것을 깨닫는 순간, 당신은 왜 그리고 어떻게 일이 되어 가길 원하는지 묵인된 원칙들을 알 수 있게 된다. 압박감을 느낄 때 비로소 당신의 진실한 면이 그 모습을 드러내는 것이다. 이때 당신은 분명한 입장을 취해야 하고, 용기를 내 행동에 나서야 한다.

나는 기업 인수를 진행해 내가 가진 주식의 가치를 높이고 대부분의 코로나도 양조회사 투자자들에게도 약간의 이익이 돌아가게 했다. 그러나 내 사업 파트너들은 앞서 말한 새로운 투자자에게는 그런 혜택이 가지 못하게 했고, 그 이유조차 밝히지 않았다. 나는 이러한 행동이 믿음을 깨는 행위라고 느꼈으나, 그 투자자는 오히려자신은 신경 쓰지 말고 그냥 받아들이라며 나를 설득했다. 그는 내가 그의 이익을 보호하기 위해 최선을 다한 것에 만족했다.

나는 결국 내가 갖고 있던 코로나도 양조회사 주식을 헐값에 처남들에게 넘겼고, 그들과의 관계를 청산했다. 내 손으로 일군, 이제 그 가치가 수천만 달러에 달하는 성공한 최초의 벤처 기업을 내려놓고 떠난 것이다. 하지만 나는 이 일을 계기로 내 입장을 분명히 해야 한다는 것을 배울 수 있었다. 그리고 개인적 특성의 힘이 얼마나 강한지 배웠으며, 때로는 후회하지 않는 것이 돈보다 더 가치 있다는 것도 배웠다. 사업 파트너들의 인신공격으로 한때 평판에 금이 갔지만, 내 진실성만은 전혀 손상되지 않았다. 나는 오히려 더 강해졌다. 비즈니스 세계에서 진실성을 드러내는 방법과 새로운 종류의 위험에 맞설 용기를 발견하는 법을 배웠기 때문이다. 나는 이 참담한 실패를 통해 비즈니스 세계에서 엘리트 팀을 구축하는 것이 네이비씰에서 겪은 일들과 어떻게 다른지 그리고 얼마나 더 힘든지에 대한 통찰력을 얻을 수 있었다.

아무도 가지 않은 길을 가는 용기

● ● ●

2019년 5월, 아주 총명하지만 괴팍한 우주여행 분야 기업가 일론 머스크가 설립한 스페이스X의 우주선 발사팀으로부터 강연을 해달라는 요청을 받았다. 나는 '스페이스X'를 떠올리면 바로 용기라는 말이 생각난다. 일론 머스크와 그의 팀은 누가 뭐라 해도 엘리트 팀이다. 그들은 용감하며 VUCA 환경을 어떻게 헤쳐 나가야 하는지 잘 알고 있고, 위험에 대해 믿을 수 없을 정도로 강한 내성을 가지고 있다. 그들은 현실성 있는 훈련과 테스트를 끈질기게 거듭하며 참담한 실패들을 경험하는 것도 개의치 않는다.

스페이스X 팀은 개발 단계에서 자신들이 만드는 모든 것을 테스트한다. 초기에 그들은 그들이 만든 로켓이 무려 반이나 실패하는 것을 지켜봐야만 했다. 로켓을 쏘아 올리는 족족 폭발하거나 추락했지만, 그들은 그 발사를 성공이라고 했다. 규모가 큰 기업들은 보통 그런 실패들을 심각하게 받아들여서 비용을 줄이고 계획을 처음부터 다시 세우려 한다. 그러나 스페이스X 팀은 달랐다. 그들은 처음부터 실패를 예상했다. 또한 자신들의 임무를 완수하려면 다른 기업들과는 다른 방법으로 그리고 더 잘 해내는 법을 배워야 한다는 것을 알고 있었다. 말도 안 되게 복잡하고 어려운 도전에 직면했지만, 오히려 그것이 그들의 열정과 추진력에 불을 지핀 것이다. 그들은 믿을 수 없을 만큼 큰 위험을 감수했고, 끊임없이 훈련했으며, 테스트를 통해 발전했고, 계속된 실패를 딛고 더 빨리 앞으로 나아갔다. 그런 다음 목표를 향해 전진했다. 그들은 VUCA 환경을 극복하기 위해 군대에서 쓰는 방법인 '우다 루프OODA loop'를 적용했다.

우다 루프는 엘리트 팀들이 복잡한 상황에서 자신들이 나아가야 할 길을 찾아내는 데 쓰는 방법이다. OODA는 관찰Observe, 방향 설정Orient, 결정Decide, 실행Act의 앞글자를 따온 줄임말로, 이 말의 개념에 대해서는 내 저서《네이비씰의 나를 이기는 연습The way of the SEAL》에서 자세히 설명한 바 있다. 스페이스X는 이 우다 개념을 활용해 테스트를 하고, 모든 시스템들에 일어나는 일들을 관찰하고 측정한다. 그런 다음 데이터를 통해 얻어낸 새로운 현실에 맞춰 방향 설정을 한다. 그러면 일련의 새로운 결정들이 나오게 된다. 마지막은 용감하게 실행에 옮기는 것이다. 그들은 완벽한 계획을 필요로 하지 않으며, 완벽히 좋은 상황들을 기다려 실행하지도 않는다. 그 모든 과정을 계속해서 되풀이할 뿐이다. 만일 시스템 실패나 임무 실패가 있을 경우, 실패를 통해 얻은 새로운 데이터를 관찰하고 그에 맞춰 방향 설정을 하며, 새로운 결정들을 내리고, 다시 실행에 옮긴다. 우다 루프를 통해 개발 과정 및 수행 기술들에 대한 개선 속도를 높여 나갔다. 배우는 것은 가속화되고, 실패율은 감속되는 것이다. 이것이야말로 승리를 위한 조합이다. 그렇다면 그들은 자신들의 모든 위험을 제어한다는 말일까? 그건 절대 아니다.

사실 우다 루프 상황에서는 위험을 거의 제어하지 못하며 그 위험에 반응만 하기 때문에 훨씬 더 큰 위험 속에 움직이게 된다. 스페이스X 팀은 2019년 5월까지만 해도 많은 금속 덩어리들을 우주 속으로 쏘아 올리며 실패를 맛봤지만, 지금 그들은 최초의 유인 우주 비행을 계획 중이다. 인간의 우주 비행에는 전혀 다른 차원의 위험이 도사리고 있기에 많은 엔지니어와 과학자들을 불안에 떨게 한다. 그들의 피어 울프들이 큰 소리로 울부짖고 있었다. 그러나 그들은 위험에 대한 내성을 훈련을 통해 쌓아 왔고, 사람들을 우주로 내보낼 용기도 갖고 있다. 그들은 자신들의 입장을 분명히 해왔으며, '실패는 옵션이 아니다'라는 마음 자세를 가져왔다.

아마 많은 사람들이 이 말을 오해할 수도 있는데, 이 말은 성공으로 향하는 길을 찾으려면 실패도 받아들여야 한다는 의미다. 당신은 일곱 번 넘어지면 여덟 번 일어날 것이며, 그때마다 더 강해질 것이다. 스페이스X 팀이 세상을 보는 방식도 이렇다. 그렇다고 해서 그들에게 리더의 의사결정을 무력화시킬 정도의 부정적인 조건 형성 요소들이 아예 없다는 뜻은 아니다. 그들이 개인적 발전이나 팀 발전을 위해서라면 아주 단호한 태도를 보이는 것도 바로 이 때문이다. 이는 그들이 나를 초대한 이유이기도 하다.

엘리트 황무지 삼림 소방대원(외딴곳에서 불이 날 때 낙하산을 타고 내려가 화재를 진압하는 소방대원)의 "오늘 우리는 다른 사람들이 하지 않을 일을 한다. 따라서 우리는 내일 다른 사람들은 할 수 없는 일을 할 수 있게 된다"라는 행동 수칙은 스페이스X 팀에 그대로 적용되고 있었다. 이 책을 쓰고 있는 지금, 그 어떤 정부나 민간 기업도 유인 우주선을 다른 행성에 보내지 못한다. 다른 행성을 개척하는 것은 고사하고 다른 행성에 우주선을 보내지도 못하는 것이다. 그러나 이것이 스페이스X의 임무다. 인간이 우주여행을 하고, 화성을 시작해 여러 행성을 방문하며 새로운 행성을 개척하는 일 말이다. 이 책이 출간될 때쯤 스페이스X 팀은 어쩌면 첫 번째 유인 우주 비행을 계획하고 있을지도 모르겠다. 그들은 자신들의 입장과 비전을 이미 인류의 길을 변화시키는 쪽으로 맞추었고, 그 목표를 달성하기 위해 심혈을 기울이고 있다.

스페이스X 팀이 나에게 강연을 요청한 것은 그들이 두려움에 빠져 있고 그런 사실을 기꺼이 인정하고 있었기 때문이다. 그들은 관료주의에 물든 로봇처럼 행동하지 않는 사람들이었다. 그들은 내가 강인한 정신력과 감정적 대처 기술들을 가르쳐주길 원했다. 용기를 가지고 임무에 임하는 건 엔지니어들보다는 우주비행사들에게 더 쉬운 일일 것이다. 우주비행사들은 네이비씰 팀원들과 비슷하기 때문이다. 우주비행사들은 20대 초반부터 매우 현실적이고 위험 부담이 큰 환경들 속에서 아주 강도 높은 훈련을 받아왔다. 스페이스X 우주선 비행은 그들에게 또 다른 큰 모험으로, 그들은 그 위험성은 물론 실패할 경우의 결과에 대해서도 잘 알고 있다. 우주비행사들은 네이비씰 팀원들처럼 늘 위험에 대한 내성을 키워왔기 때문에 도전할 수 있는 것이다.

그러나 기술을 개발해온 엔지니어들과 로켓을 우주로 쏴 올려온 발사팀은 그런 훈련이 되어 있지 않다. 만에 하나 실패할 경우 다른 사람들의 목숨과 자신의 평판에 아주 심각한 타격을 받게 될 수도 있는 위험한 일을 하고 있다. 스페이스X 팀원들의 경우 자신의 목숨이 달려 있는 일은 아니지만, 그 위험성과 결과를 거의 우주비행사들만큼이나 심각하게 느낀다. 나와 스페이스X 팀은 그들이 통제할 수 있는 것들을 어떻게 통제해야 하는지, 이 새로운 스트레스 문제를 해결하기 위해 어떻게 정서적 능력을 훈련해야 하는지, 특수부대원들은 어떻게 위험에 대처하는지 등에 대한 얘기를 나누었다. 나는 이 다섯 번째 고원 팀과 얘기를 나눌 기회를 가진 것을 영광으로 느낀다.

7가지 리더십 원칙 가운데 첫 번째 원칙은 용기다. 그리고 용기 있는 행동을 즉각 가로막을 수 있는 요소는 믿음의 와해다. 다음 장에서 우리는 두 번째 리더십 원칙, 어떻게 믿음을 쌓을 것인가에 대해 살펴볼 것이다.

당신은 무엇을 지지하는가?

1. 나는 실패의 위험과 그 결과들을 피하기 위해 무엇에 집착하고
   있는가? (평판, 직업, 사람들을 통제하고 있다는 인상, 육체적 안전 등)

2. 나는 위험에 대비한 훈련이 조금이라도 되어 있는가?

3. 나는 위험에 대비한 훈련을 현실적으로 끈질기게 하고 있는가?

4. 내가 지지하는 것은 다른 사람들도 다 지지하는 것인가, 아니면
   개인적인 위험을 무릅쓰고 용기 있게 흔치 않은 탁월한 것을 지
   지하는 것인가?

5. 당신의 입장을 5가지 이내로 표현해보라. ('나는 자유, 그 누구도 뒤에
   남기지 않는 것, 용기 있는 리더가 되는 것, 내 팀과 임무를 위해 자제하는 것 등
   을 지지한다'와 같은 방식으로)

리더십 원칙 2

믿음

잘못을 인정할 줄 아는 용기

STARING DOWN THE WOLF

실패의 두려움에 맞서라

• • •

사령관 윌리엄 맥레이븐은 네이비씰에서 내가 만난 세 번째 부대장이었다. 그는 해군대학원에서 석사 학위를 딴 뒤에 네이비씰 팀에 합류했다. 그는 이전에 '씰 팀 식스SEAL Team Six'로 알려졌던 부대에 있었다. 그가 '팀 쓰리Team Three'에 왔을 때, 나는 오랜만에 그의 저서 《특수작전 이론The Theory of Special Operations》을 꺼내 들었다. 발표되자 마자 바로 네이비씰 리더들의 필독서가 된 맥레이븐의 석사 학위 논문이다. 그는 제2차 세계대전 당시 벌어진 특수작전에서부터 오늘날의 이스라엘 특수부대들의 특수작전에 이르는 많은 특수작전들에 대한 연구를 통해 성공적인 작전에는 몇 가지 공통점이 있다는 것을 밝혀냈다. 그 공통점은 단순성, 철저한 작전 보안, 반복적인 준비, 기습적인 요소, 행동의 신속성, 목표의 명료성 등이었다. 하나같이 엘리트 팀의 리더라면 눈여겨봐야 할 요소들이다. 맥레이븐은 아주 지적인 사람으로 평판이 나 있었고, 많은 사람들이 그를 똑똑한 리더로 손꼽았다. 네이비씰에서 해고를 당하긴 했지만, 그의 경력은 그가 몸담았던 팀의 문화에 대해 전문가 집단답지 못하고 무모하기까지 하다며 문제제기를 한 뒤 다시 회복되었다. 그 팀의 지휘관은 입에 칼을 물고 적진 해변으로 침투하는 것에 즐거움을 느끼는 맨주먹 싸움꾼 타입이었다. 맥레이븐 역시 그런 일에 탁월했지만, 미래 지향적인 전투 개념들을 만들어내 널리 알리는 일에도 능숙했고 관심이 많았다. 그래서 지휘관은 그를 강경한 네이비씰 대원들의 리더로 보기보다는 관리자로 봤을 가능성이 높다. 이로 인해 맥레이븐은 네이비씰의 조직문화와 맞지 않는다는 이유로 해고당했다. 네이비씰 리더로서의 경력은 그다지 성공적이지 못했지만, 맥레이븐은 이런 실패에 좌절하지 않고 성공한 특수작전 임무들에 대한 책을 썼다.

운 좋게도 나는 '씰 팀 쓰리'와 '해군 특수전 그룹 원Naval Special Warfare Group One'에서 그의 리더십을 직접 경험할 수 있었다. 처음 그를 만났을 때 나는 이제 막 부대 배치를 받은 다른 소대의 리더였다. 지나칠 정도로 임무 지향적이었던 나는 죽어라 일하고 배우며 훈련하는 편이었다. 그리고 긴 훈련이나 파견 근무를 마치고 돌아오면 팀 동료들과 함께 술을 마시며 스트레스를 풀었다. 이는 잘못된 일이었다. 실제로 문제가 된 적은 없었지만 장교가 그렇게 방탕한 행동을 하는 것은 금지된 일이었기 때문이다. 네이비씰 팀 쓰리와 함께 두 번째 파견 근무를 나갔을 때도 나는 강도 높은 임무들을 마친 뒤 현지의 항구들을 방문했고, 현지 음식들을 즐겼다. 6개월간의 파견 근무를 마쳤을 때 나는 심한 실적 압박과 과도한 음주로 벼랑 끝에 몰린 기분이었다. 기진맥진한 상태였고, 곧 안 좋은 일이 일어날 거라는 것을 감지할 수 있었다.

그 당시 나의 그림자는 걸핏하면 술의 힘을 빌어 무언가를 축하하는 것이었다. 술에 의존해 살아 있다는 것을 느끼고 또 불완전하다는 느낌을 피하려 했다. 물론 그 당시에는 전혀 깨닫지 못했다. 나는 스스로 술이 필요하지 않다는 것을 알고 있었지만 그 목소리를 무시한 채 술을 마셨다. 우리 집안에는 술 때문에 건강을 해친 사람이 많았는데, 이것이 내 잠재의식 속에 깊이 뿌리 박힌 듯했다.

파견 근무가 끝나고 한 달 뒤, 맥레이븐이 네이비씰 팀 쓰리에 부임해온 지 두 달이 지났을 무렵 사건이 터졌다. 나는 훈련을 마친 뒤 팀 동료들과 함께 외출 중이었는데, 너무 과음을 한 나머지 현지 주민 한 사람과 사소한 시비가 붙었다. 선택의 여지가 별로 없었던 데다가 개인적으로 나에 대해 잘 몰랐던 맥레이븐은 나에게 징계를 내렸다. 그는 나를 네이비씰 팀 쓰리에서 축출하진 않았지만, 작전실로 좌천시켰고, 나는 자부심에 큰 상처를 입었다. 네이비씰 순위 1위의 중위에서 하루아침에 쫓겨난 중위가 된 것이다. 많은 사람들이 지휘관인 맥레이븐에게 처분이 과했다며 나를 복귀시키기 위해 애썼지만, 그는 꿈쩍도 하지 않았다. 결국 나는 하트Hart 중위가 소대의 새로운 리더가 되는 것을 지켜봐야 했다.

나는 팀원들의 기대를 저버렸다고 자책했다. 해군을 떠날까 하는 생각도 했지만, 서약에 따라 아직 1년은 더 있어야 했다. 그래서 나는 마음을 고쳐먹고 새로운 리더를 받아들이기로 했다. 나와는 스타일이 아주 달랐지만, 그는 좋은 사람이었고 효율적인 리더였다. 내실수에 대해 후회도 많이 했지만 피어 울프에 당당히 맞서면서 결정적인 성장의 기회가 되기도 했다. 실제로 나는 9개월도 채 안 되는 기간에 세 번째 고원의 성취자에서 다섯 번째 고원의 통합자로 성장했다. 결혼을 했고, 치료를 시작했으며 참선수행도 다시 시작했다. 내 안에서 성공에 필요한 다른 수단들을 찾기 시작한 것이다. 실패를 통해 겸손해진 상태에서 명상을 통해 내 리더십을 더욱 발전시킬수 있었다.

작전실에서 팀의 군수와 기획을 보조하는 일에 몰두하면서 몇 개월이 지났을 무렵이었다. 내가 이끌었던 '알파 소대Alpha Platoon'는 캘리포니아 주 모로 베이 해변에서 해외 파견 근무를 나가기 전에 작전 준비 태세를 평가하는 테스트를 준비하고 있었다. 이는 소대가 언제든지 전투를 치를 준비가 되어 있음을 입증하는 테스트로, 맥레이븐은 주의를 기울여 그들이 준비되어 있다는 것을 입증해야 했다. 그는 훈련 중인 부대원들이나 소대장에게 방해가 되지 않기 위해 소대원들이 바다에 있는 동안 해안에 올라가 있었다.

알파 소대는 현지인들과 함께 어선을 타고 모로 베이에 도착했다. 계획은 자신들의 조디악 보트zodiac boat(전쟁 시에 육지에 상륙하는 보트로, 모터 고무보트를 가리킨다)를 띄워 해안으로 침투하는 것이었다. 정찰병 2명이 먼저 바다를 헤엄치면서 파도가 심한 지역과 보트의 해안 상륙 지점을 확인하고, 그 후 팀원들은 보트를 끌고 파도를 넘어 해안으로 침투하는 것이 그들의 첫 번째 임무였다. 그들의 마지막 임무는 미사일 발사 시설을 급습해 파괴하는 것이었다. 네이비씰 대원들은 "쉬운 날은 어제로 끝났다"라는 구호를 좋아한다. 그런데 이 말이 다시 한번 사실임이 입증됐다. 겨울철 모로 베이는 예측 불가능하고 파도가 심하기로 악명 높은 지역이다. 해안가를 따라갈 때는 위험하지 않지만, 깔때기처럼 좁아지는 만의 입구에서는 파도가 아주 거세져 그 높이가 15미터에 이르기도 한다. 해안경비대는 이 모로 베이 근처에 기지가 있었고, 바로 여기에서 거센 파도를 통과하는 훈련을 한다. 테스트가 있던 날 밤, 바다의 신 포세이돈은 모로 베이에서 미쳐 날뛰었다. 이날 모로 베이는 알파 소대가 탄 작은 배가 육지에 오를 수 있는 곳이 아니었다. 하지만 이것도 네이비씰이 해야 하는 일 중에 하나다.

알파 소대는 자정 무렵, 침투 지점에 도달해 보트를 띄웠다. 바다는 속을 다 뒤집을 만큼 요동쳤고 네이비씰 대원들을 반기지 않았다. 하트 중위는 자니 유타Johnny Utah와 더블린Dublin이라는 애칭을 가진 소대원 둘을 파도가 치는 어두운 바다 속으로 정찰을 내보냈다. 이들은 수영을 매우 잘했으며, 유능한 전사들이었다. 그들은 파도의 바깥쪽 가장자리로 헤엄쳐 나아가 보트들을 끌고 지나가기에 적합한 곳인지 탐색했다. 만일 적합하다면 그들은 팀이 나아갈 목표 상륙 지점을 찾아내고, 해안에서 팀원들에게 보트들을 끌고 오라고 신호를 보낼 것이다. 그런데 문제가 발생했다. 정찰병들이 파도 지역을 통과하지 못했던 것이다. 파도가 너무 거칠어 매우 위험한 상황이었고, 테스트를 강행했다가는 누군가를 죽음으로 몰아넣을 가능성이 높았다. 그들은 기다리고 있는 팀으로 돌아와 하트 중위에게 도무지 갈 수 없는 상황이라고 보고했다.

하트 중위는 수영과 서핑을 아주 잘했기 때문에 직접 바다에 들어가 상황을 파악하고 싶었지만 팀 동료들의 판단을 믿기로 했다. 실제 상황이었다면 아마 혼자 결정을 내렸을지도 모르겠다. 그러나 이것은 훈련이었고, 그는 본부로 되돌아가 팀 쓰리의 부사령관인 선임 참모XO와 의논해보기로 결정했다. 그와 선임 참모 사이에 많은 의견이 오고 간 끝에, 두 사람은 작전을 연기하고 전진작전기지FOB로 되돌아가기로 의견 일치를 보았다. 그들은 다음 날 상황이 나아지는지 지켜보기로 했다.

하트 중위는 맥레이븐을 매우 존경했다. 그래서 그를 실망시키고 싶지 않았다. 그런데 임무를 수행하다 중단한 이번 일이야말로 그를 실망시키는 일 같았다. 물론 잘못된 결정은 아니었고, 선임 참모 또한 그를 지지했다. 그럼에도 그는 여전히 자신이 지레 겁을 먹고 포기한 것이 아닌가 하는 걱정을 했다. 그는 자신이 실패했다고 느꼈으며, 나중에는 작전을 성공시킬 다른 방법을 찾을 수도 있지 않았을까 하는 의문도 들었다. 사실 그와 다른 사람들은 원래 계획에 워낙 몰두해 있었기에 임무를 완수하기 위한 다른 방법들에 대한 논의를 전혀 하지 않았다. 자기 계획을 고수해야 한다는 편견 때문에 눈이 멀어 있었을 수도 있다. 피어 울프는 늘 위험 주변에 숨어 있으며, 용기 있는 행동을 발견하면 그 발목을 물고 늘어진다.

다음 날 맥레이븐은 하트 중위의 결정에 의문을 표했으며, 대안들에 대한 고려가 부족했던 것이 아닌가 하는 의견을 피력했다. 그는 임무를 포기하기에 앞서 다른 대안들을 가지고 문제 해결에 나설 수도 있었을 거라고 생각했다. 네이비씰 대원들은 가혹한 환경 속에서도 작전을 수행할 수 있어야 하기 때문이다. 네이비씰 팀 쓰리는 가혹한 바다 환경 속에서 부대원들과 보트, 그리고 보트 운전병들의 한계가 무엇인지에 대해 배워야 했다.

파도는 다음 날에도 여전히 거칠었고, 맥레이븐이 알파 소대에게 다시 작전을 시도해보라고 했지만 어선의 선장이 요청을 거절했다. 그 길로 알파 소대 팀원들은 짐을 챙겨 집으로 돌아갈 수밖에 없었다. 당시의 테스트는 기획의 질적 측면에서는 '합격'으로 여겨졌고, 사람들은 소중한 교훈들을 얻었다. 얼마 지나지 않아 알파 소대는 해외로 파견됐다.

몇 개월 후, 모로 베이에 다시 거센 파도가 몰아치는 상황에서 또 다른 팀인 에코Echo 소대가 테스트를 준비 중이었다. 맥레이븐의 입장에서는 알파 소대의 실패로 구겨진 자존심을 만회할 수 있는 절호의 기회였다. 그는 에코 소대와 함께 움직이며 그들의 계획을 확인하고 훈련을 지켜봤다. 이번에는 해군 특수전 특수정 부대가 에코 소대를 지원하고 있었다. 해군 특수전 특수정 부대는 베트남 메콩 강 삼각주에서 네이비씰 작전을 지원했던 부대로 그 당시보다 훨씬 더 진화된 상태였다. 에코 소대를 지원하러 나온 특수정 부대의 리더는 네이비씰 알파 소대 출신으로 내 예전 팀 동료였다. 공격적인 성향이었던 그 친구 역시 거센 파도 속에서 자신과 팀원들의 한계를 테스트해보고 싶어 했다. 그들은 RHIB(경식 선체 팽창식 보트로 선체가 보강된 고무보트)라는 특수 고무보트로 거센 파도에 맞설 예정이었다.

믿음의 요소들

• • •

9미터 길이의 고무보트 RHIB에는 커다란 엔진과 외부로 물을 분사하는 추진 장치가 달려 있으며, 4명의 승무원 외에 무장한 부대원들을 포함해 11명에서 12명이 탑승할 수 있다. 맥레이븐은 네이비씰 대원들의 테스트 리허설 장면을 지켜보고 있다가 모로 베이 안쪽에서 RHIB 두 대가 왔다 갔다 하고 있는 것을 발견했다. 그 보트가 과연 거센 파도를 뚫고 달릴 수 있을지 궁금했던 그는 조디악 보트 한 대를 꺼내 RHIB로 다가갔다. 그런데 공교롭게도 그날의 파도는 하트 중위의 팀이 철수했을 때의 파도만큼이나 거셌다. 젊은 네이비씰 장교와 RHIB 보트의 최고 선임병은 맥레이븐에게 자신들은 파도를 뚫고 들어갈 수 있다고 자신했다. 그러나 맥레이븐은 확신이 들지 않아 그들에게 다시 물었다. 그러자 네이비씰 장교는 자신들은 알래스카에서 이런 훈련을 했으며, 자신의 팀원들은 최고라고 주장했다. 보트 안의 모든 팀원이 그의 의견에 동의했고, 그들은 앞으로 나아갔다.

"구명조끼를 하나 주게. 나도 함께 갈 거니까." 맥레이븐이 말했다. 그는 바로 구명조끼를 입었고, 보트는 파도를 향해 기수를 돌렸다. 큰 파도를 헤치고 나가는 데 있어서 가장 중요한 건 타이밍이다. 운전자는 한 세트(세 차례의 큰 파도와 이어지는 잠깐 동안의 소강상태)가 훑고 지나가길 기다려야 했다. 세 차례의 파도가 몰려왔다 사그라들자 맥레이븐은 보트가 달려 나갈 것에 대비했다. 그러나 보트는 움직이지 않았다. 운전자는 조금 더 긴 소강상태를 기다리고 있었다. 그러다 드디어 보트의 엔진이 요란한 소리를 내기 시작했고, RHIB 고무보트는 첫 번째 거대한 파도를 타고 올라갔다. 보트는 파도 꼭대기까지 올라가 몇 초간 매달려 있다가 첫 번째 파도와 두 번째 파도 사이의 깊은 골 속으로 떨어졌다. 그 순간 보트 앞쪽에 있던 부대원들이 바닷속으로 튕겨져 나갔고, 시동이 꺼진 보트는 그 자리를 맴돌았다. "사람이 떨어졌다"라는 외침들이 울려 퍼지는 가운데 운전자는 두 번째 파도를 향해 총알 같이 내달렸다. 파도를 벗어나기 위해서는 다시 도전하는 것밖에 선택의 여지가 없었던 것이다. 그들은 무려 5초 동안 공중으로 솟아오른 뒤 곤두박질쳤는데, 이번에는 선체가 박살 났다. 세 번째 파도가 인정사정없이 밀어닥쳤고, 마지막 파도는 보트를 들어 올려 거꾸로 뒤집었다.

RHIB 고무보트와 모든 탑승자들이 거꾸로 바다에 처박혔으며, 그들 위로 거대한 파도들이 끊임없이 떨어져 내렸다. 맥레이븐과 또 다른 장교는 익사 직전이었고, 다른 4명은 다리가 부러지고 찢기는 부상을 입었다. 심각한 상황이었다. 훈련 연습은 졸지에 구조 작전으로 바뀌었고, 나머지 사람들은 모두 구조 작업에 나섰다. 에코 소대는 잽싸게 조디악 보트를 하나 꺼내 맥레이븐 구조에 나섰고, RHIB 고무보트로는 다른 사람들을 구조했다. 그들은 즉시 해안 지역으로 돌아왔으며, 모든 사람이 살아 있는 것에 기뻐했다. 특수부대의 VUCA 환경 속에서는 이런 임무들을 수행하다가 최악의 결과를 내는 경우가 워낙 많기 때문에 모든 사람이 무사한 것만으로도 축복이라 생각한다.

모로 베이 사고에 대한 정식 조사가 시작됐다. 보트 부대 리더와 새로운 지휘관 맥레이븐이 이 사고로 경력에 치명타를 입지는 않을까 하며 우려한 것은 나뿐만이 아니었다. 그러나 맥레이븐은 이 사고로 별다른 타격을 받지 않았다. 맥레이븐은 현장에 있던 최고 선임 장교로서 지휘권을 갖고 있었고, 따라서 파도를 돌파하기로 한 그의 결정에 문제를 제기할 사람은 아무도 없었다. 더욱이 그는 부하들과 함께 위험 속에 뛰어들기로 결정하지 않았던가. 그는 현장에 같이 있었고, 리더의 책임은 자신이 져야 했기에 모든 결과에 대해 순순히 받아들일 준비가 되어 있었다. 조사 결과 맥레이븐은 위험을 피하지 않았다는 점에서 높은 평가를 받았고 모든 혐의를 벗었다. 네이비씰 대원들은 계속 한계에 도전해 자신들의 능력과 한계들을 발견해야 했다. 전투에서 위험을 피하려 들면 오히려 더 많은 사람들이 죽게 되고 임무를 망치게 된다. 그에 비하면 6억 원짜리 보트 하나를 잃은 것은 작은 대가에 불과했다.

나는 맥레이븐이 어떻게 자신이 하는 모든 일에서 배움을 이끌어 내는지 알게 됐다. 그는 지휘부에서 쓸데없는 추측들을 한다거나 위험을 피해야 한다는 생각들을 하지 않길 원했다. 그리고 그의 지침 덕분에 네이비씰 팀은 위험 완화 방법과 위험한 작전들을 위한 훈련 방법을 개선하게 됐다. 네이비씰은 이 사고를 통해 파도가 거칠게 치는 적진을 어떻게 돌파할 것인지에 대한 그의 생각을 알 수 있었고, 그 결과 스텔스 제트 스키(레이더에 포착되지 않는 보트)의 도입 같은 혁신적인 조치들도 뒤따랐다.

가장 중요한 것은 이 사고로 인해 몇 년 후 아주 뛰어난 특수전 대비 소형 보트 훈련이 만들어졌다는 것이다. 네이비씰 팀 쓰리 사고가 발생할 무렵 네이비씰에는 소형 보트 작전을 위한 특수 훈련이 없었다. 네이비씰 대원들은 조디악 보트를 몰았고, 특수 보트 부대들은 RHIB 고무보트나 강 전용 보트를 몰 수 있는 운전자와 함께 했었다. 현재는 '특수전 전투정 승조원SWCC'이라 불리는 특수 대원들에게 전문적인 훈련을 시키기 위해 BUD/S에 새로운 훈련 파견대가 생겨 났다. 이 훈련을 마치는 사람들은 그야말로 온갖 기술을 정복한 사람들로, 항해를 하고 바다를 읽는 일에 아주 능숙하며, 위험한 적지에서 보트를 운용하고 네이비씰 대원들을 해양 표적들까지 데려다

주는 일에도 뛰어나다.

맥레이븐은 극도로 투명하게 그리고 또 진실되게 조사에 응했다. 보트 부대 장교에게 책임을 돌리지도 않았으며, 현장에 있었던 최고 선임 장교로서의 책임을 피하려고 하지 않았다. 그는 "난 그저 대원들이 어떤 식으로 작전을 하는지 보고 싶었을 뿐입니다. 그들의 훈련 임무 같은 것엔 관심 없었어요"라고 말하지 않았다. 많은 리더들은 피어 울프가 자신의 치부를 가리게 내버려 둔다. 그러나 맥레이븐은 그러지 않았다. 그는 자신의 치부까지 그대로 인정했다. 사실에 대한 투명성과 결과에 대한 인정, 특히 잘못에 대한 인정은 믿음을 쌓는 데 꼭 필요한 것들이다. 반대로 잘못과 책임을 부정하고 투명성을 보여주지 못하는 것은 믿음을 파괴하는 가장 빠른 길이다.

그 다음으로 꼭 필요한 건 마무리다. 맥레이븐은 모든 대원들이 가능한 한 빨리 작전에 복귀할 수 있도록 잘 마무리했다. 또한 그는 팀원들이 필요로 하는 것들이 잘 처리됐는지 점검한 후 팀원들로 하여금 이런 종류의 작전들에 필요한 위기관리 개선 방법들에 대해 알아보게 했다. 그는 아주 철두철미하게 작업을 마무리했다.

리더로서 제일 보고 싶지 않은 모습은 성취도가 높은 팀이 사고를 낸 뒤 기가 죽어 제대로 행동하지 못하는 모습일 것이다. 이는 군대가 아닌 일반 사회에서도 흔히 볼 수 있는 모습이다. 동시에 팀이 주어진 환경 속에서 무언가를 배울 수 있는 기회를 놓친 채 속도를 줄이지 않고 계속 내달리는 것도 보고 싶지 않을 것이다. 네이비씰의 경우 작전 진행 속도가 엄청나게 빠른데 이는 대부분의 회사도 마찬가지다. 이런 경우 필요한 것을 제대로 배우지도 못한 채 파도 속으로 계속 미끄러질 확률이 높다.

맥레이븐은 잠시 모든 것을 멈추고 배울 수 있는 시간을 가졌다. 그는 아리스토텔레스가 말한 대로 비겁함과 경솔함 사이에서 팀의 균형을 잡으려 했다. 그는 모든 것이 계획대로 돌아가지 않을 때에도 참고 견디면서 위험을 피하려 하지 말고 위험으로부터 배우라고 권했다. 이를 통해 사람들이 자신의 리더십에 깊은 믿음을 갖도록 만들었다. 네이비씰 팀 쓰리 이후, 그는 위험한 훈련의 발전을 지원했으며, 계속 훈련에 관여했고, 실수들로부터 끊임없이 배워 나갔다. 받아들일 수 있는 위험으로 인한 실패들은 개인적인 결점으로 여겨져서는 안 되며, 팀의 기준들을 저하시키게 해서도 안 된다.

많은 리더들이 개인적인 실패들을 투명하게 밝히는 것을 두려워해서 침묵 또는 무대책이라는 이름의 편안함 뒤에 숨기려 한다. 당신의 피어 울프에 당당히 맞서고, 즉각 당신의 잘못들을 인정하라. 그리고 철저히 마무리할 의사가 없다면, 어설프게 조치를 취할 거라는 말은 하지 마라. 만일 어떤 이유로 그 조치를 취할 수 없게 될 경우, 충분히 납득할 만한 이유가 있어야 하며, 그 이유는 분명히 밝혀야 한다. 그리고 내뱉은 말은 꼭 지켜야 하며, 늘 분명한 기준을 갖고 투명하게 처신해야 한다. 맥레이븐은 모로 베이 사고를 통해 믿음의 3가지 요소인 '투명성transparency', '겸손humility' 그리고 '마무리follow-through'를 잘 보여줬다.

잘못의 인정

모로 베이 사고의 경우에도 그랬듯이 겸손은 위험과 실패 그리고 배움을 통해 만들어진다. 그리고 이 겸손은 현실 세계에서 사고가 일어나 큰 실패를 맛볼 때까지 기다리기보다는 훈련을 통해 쌓아가는 것이 가장 좋다. 나는 당신이 팀의 실패를 허용하고, 그렇게 실패를 감수함으로써 겸손을 쌓아가길 권한다. 겸손은 당신이 완벽한 척하는 것을 멈출 때 그리고 다른 사람들보다 더 낫고, 똑똑하고, 유능한 척하는 것을 멈출 때 나타난다. 실패는 당신이 성장할 수 있는 가장 좋은 기회이므로 실패를 두려워하지 말라. 네이비씰에서는 위험한 훈련 작전 중에 누군가가 죽을 수도 있다. 실제 전투 중에 죽을 수 있듯 말이다. 그것은 기꺼이 받아들여야 할 불가피한 위험이다. 당신의 위험은 그보다는 낮은 수준이겠지만, 중요한 점은 훈련 중에 실수를 함으로써 실제로 그런 실수를 할 가능성을 줄여 더 나은 결과를 볼 수 있다는 것이다.

맥레이븐의 경우 모로 베이 사고는 위험을 통해 무언가를 배울 수 있는 순간들 중 하나에 불과했다. 그는 그런 순간들을 활용해 자신의 의사결정 패턴들을 돌아볼 수 있었고, 이를 통해 믿을 만한 리더로 성장할 수 있었다. 그는 완벽한 척하지 않았으며, 지휘부의 다른 사람들이나 그 밖의 다른 사람들보다 더 똑똑하고 유능한 척하지 않았다. 팀원들은 당신이 실패의 위험을 무릅쓰고 겸손해질 때 당신을 인간적으로 볼 것이다. 진실되게 행동하고 다른 평범한 팀원들과 연결될 수 있는 능력이 진실성이다. 그리고 그 진실성은 믿음을 낳는다. 팀원들은 맥레이븐이 다른 사람들을 위험 속으로 내몰려고 하지 않는다는 것을 알고 있었다. 맥레이븐은 팀원들이 위험을 피함으로써 배우고 성장할 기회를 막지도 않았다. 만약 그랬다면 그것은 팀원들의 경력에 부정적인 영향을 주었을 것이다.

내가 에릭 올슨이나 윌리엄 맥레이븐 얘기를 하면서 '취약한vulnerable'이란 말을 쓰지 않은 데 주목하라. 네이비씰 대원이나 다른 군 요원들에게 '취약한'이라는 말은 그들에게 적들 앞에 등을 노출하라고 말하는 것이나 다름없다. 나는 리더들에게 취약보다 '진정성authenticity'이라는 말을 쓰는 것이 훨씬 더 낫다고 생각한다. 여기서 말하는 진정성이란 자신의 잘못을 솔직히 인정하고, 다른 사람들의 생각과 관점에 귀 기울이며 스스로는 물론 팀 동료들에게도 진실되게 다가가는 용기가 있다는 뜻이다.

그저 의미론적인 얘기일 수도 있지만, 누군가가 취약하다는 것은 공격을 당할 여지가 많다는 뜻으로, 다른 사람들의 입장에서는 그 사람에 대한 믿음이 줄어들 수도 있다. 그러므로 리더들은 공격을 당할 허점들은 막아야 하며, 더 나은 결정들을 내리기 위해 마음은 활짝 열어야 한다. 그렇다고 해서 감정적인 측면에서 아예 망토를 벗으라는 뜻은 아니다. 자신의 약점들이 악용되지 않게 차단은 할 수 있어야 한다.

내 취약성들 중 하나는 성격 형성기 때 가족들에 의해 생겨난 상호의존성으로, 나는 나의 취약성을 쉽게 감지해내는 자아도취자들과 경계성 성격장애자들에게 많이 이용당했다. 그래서 나는 그런 허점을 메우려 노력했고, 그 덕분에 많은 결함들에도 불구하고 보다 믿을 만한 사람이 될 수 있었다. 마찬가지로 맥레이븐은 사람들에게 취약점을 드러내지 않고도 믿음을 샀다. 같이 일을 하는 사람들과의 더 깊은 이해와 연결을 이루기 위해서는 마음을 활짝 열어야 한다. 이 모든 일에는 용기가 필요하며, 거기에서 깊은 믿음이 생겨난다.

믿음의 요소: ① 투명성

투명성과 겸손 그리고 마무리라는 믿음의 3가지 요소를 더 잘 키워줄 방법에 대해 이야기 해보겠다. 가장 먼저 자신의 에고Ego(정신분석학적 용어로 '자아'를 뜻한다)를 체크해야 한다. 그리고 팀원들 앞에서 모든 답을 갖고 있는 척을 해서는 안 된다. 자신의 잘못들을 기꺼이 시인하고 치부를 팀원들에게 알리는 게 좋다. 당신 곁에 있는 그들은 언젠가는 당신의 결점을 알게 될 것이다. 만일 당신이 결점들을 숨기고 완벽한 척한다면, 오히려 믿음을 잃게 될 것이다. 그러니 자신의 치부를 알리는 것을 습관화하도록 하라.

리더들도 일이 잘못됐을 때 용기를 잃는 경우가 많다. 그들은 자신이 저지른 잘못과 자신을 동일시하려 하며, 그 결과 팀 전체가 큰 실의에 빠지게 된다. 그러므로 자신의 잘못과 자신을 동일시하지 말라. 바라는 결과에 더 이상 집착하지 말고, 원하는 결과를 불가능하게 만드는 잘못들로부터 떨어져 나와라. 당신은 완벽한 사람이 아니며 그래서 실수를 할 수밖에 없다. 실수를 인정하고 그로부터 배워야 한다. 그리고 다시 나아가라. 나의 기대와 결과 그리고 실수에는 발톱 자국들이 나 있지만, 적어도 나는 그것들에 더 이상 집착하지 않는다. 거기에는 내가 네이비씰 팀 쓰리에 있을 때 저지른 실수도 포함되어 있다. 진정성 있는 리더들은 언제든 자신의 실수를 인정하며 후회도 빨리 떨쳐버린다.

믿음의 요소: ② 겸손

우리는 실수를 통해 겸손을 배울 수 있다. 평소에 힘들 것이라고 생각했던 새로운 일을 해보거나 잘 알고 있는 일이지만 예전보다 더 힘들어진 일을 해보라. 겸손은 실패의 위험을 무릅쓰는 것이고, 실패했을 때 별 문제가 없다는 것을 인지하는 것이자, 실패를 개인적인 일로 받아들이지 않는 것을 의미한다. 겸손과 투명성은 가까운 사촌들이며, 둘 다 진정성을 키워준다.

자신의 마음을 팀원들에게 활짝 여는 것은 쉬운 일이 아니다. 그러나 그렇게 할 수 없을 경우 사람들은 취약한 상태가 되며, 서로 연결되지 못하는 것 자체가 약점이 된다. 잊지 마라. 진정성을 가지려면, 자신이 갖고 있는 허점을 메워야 한다. 이는 자신이 진실된 마음으로 팀원들에게 다가가서 상호 신뢰와 이해를 경험하는 훈련을 통해 가능하다.

나는 겸손이 일상화되어야 한다고 믿는다. 당신이 이룬 성공의 공을 다른 사람들에게 돌리는 것도 겸손의 구체적인 예가 될 수 있다. 당신 팀이 이겼을 때, 설사 당신이 그런 결과에 가장 큰 역할을 담당했다 하더라도 늘 그 공을 팀원 전체에게 돌려라. 맥레이븐은 그런 일에 특히 탁월했고, 그에게 큰 도움이 됐다. 그렇다고 해서 그의 행동이 리더십 전략처럼 느껴지진 않았다. 그가 하는 말은 늘 진심이었던 것이다. 당신은 '나'란 말을 멀리하고 대신 '우리'라는 말을 사용함으로써 이를 생활화할 수 있다. 우리가 창안해낸 '언비터블 마인드Unbeatable mind' 훈련에서는 이것을 '당신의 눈을 자신이 아닌 팀원들에게 돌리는 것'이라고 말한다. 그리고 일이 잘못되어갈 경우, 설사 당신 탓이 아니라 해도 당신이 그 책임을 지도록 하라.

겸손은 호흡 조절 및 명상의 일상화를 통해 더 강화할 수 있다. 팀원들과 함께하는 것이 이상적이겠지만, 당신이 먼저 호흡 조절 및 명상을 일상화하기를 권한다. 나는 2007년 이래 네이비씰 대원들과 다른 고객들에게 이 기술들을 가르쳐오고 있으며, 그것이 사람들을 겸손하게 만드는 데 영향을 주는 것을 직접 목격했다. 호흡 조절과 명상은 자기중심적인 이야기들에서 우리를 해방시켜준다. 이렇게 해방된 사람은 영적 중심지에 연결되게 되는데, 그 영적 중심지가 바로 순수한 겸손이다.

믿음의 요소: ③ 마무리

엘리트 리더와 그 팀이라면 마무리 작업을 철저히 할 것이다. 전형적인 리더의 하루는 중요해 보이지 않는 수백 가지의 작은 결정과 약속 그리고 제안들, 몇 안 되는 큰 결정과 약속 그리고 제안들로 이루어져 있다. 보통 작은 일들은 중요하지 않다고 생각하기 쉽다. 우리는 큰일들을 잘 다뤄왔기에 작은 일들은 쉽게 처리할 수 있을 것이라고 생각한다. 그러나 우리는 그렇게 작은 일들에 많은 에너지를 쏟을 수 없다. 그래서 종종 너무 많은 일들을 하겠다고 말을 하고, 그 많은 일들에 집중하느라 후회를 하며, 결국 그 일들 중 일부는 당장 또는 영영 하지 않기로 결정한다. 그러나 이 사소하고 작은 일들을 무시하고 적절히 마무리 짓지 못할 경우 사람들의 믿음이 약화된다.

당신에게는 관심을 집중해 완수해야 하는 큰일이나 큰 프로젝트가 있을 수도 있지만, 그렇다고 해서 작은 일들을 처리하지 못할 경우 아주 큰 낭패를 볼 수도 있다. 악마는 디테일에 있다는 말이 있듯이 겉보기에 중요하지 않은 소소한 결정들과 헌신들이 그만큼 중요하다. 커다란 승리는 수많은 작은 승리들이 제대로 마무리되고 축적되면서 따라온다. 그리고 커다란 실패는 작은 일들을 망각하거나 무시하는 등 제대로 마무리 짓지 못한 데에서 온다. 가장 중요한 행동들에 집중할 수 있는 근육을 키우고, 철저히 마무리를 해라.

명상의 시작, 박스 호흡법

● ● ●

'박스 호흡법box breathing'은 천천히 그리고 깊이 횡격막 호흡을 한 뒤 숨을 들이마셨다가 참고 내쉬면서 호흡 속도를 조절하는 호흡법이다. 매일 이 호흡법을 행할 경우 스트레스가 줄어들고, 집중력 유지

및 향상에 도움이 되며, 삶의 모든 분야에서 전반적인 성과를 낼 수 있게 된다. 아침에 일어나면 제일 먼저 20분씩 이 호흡법을 행하길 권한다.

1. 의자나 쿠션 위에 똑바로 앉아라. 그리고 입을 통해 천천히 숨을 내쉬어라.
2. 다섯을 세면서 코를 통해 천천히 그리고 깊이 숨을 들이마셔라. 호흡을 하는 데 필요한 횡격막과 모든 근육들을 활용해 배 부분의 긴장을 풀어라. 폐에 완전히 공기가 차는 것을 느끼되, 너무 과하지 않게 하라.
3. 숨을 들이마신 뒤 숨을 참아라. 숨을 참는 동안 아래로 압력은 가하지 않도록 하라. 마치 아직 숨을 들이마시고 있는 것처럼 몸이 가뿐하게 느껴질 것이다.
4. 다섯을 세면서 코를 통해 숨을 내쉬어라. 폐에서 모든 공기를 내보내고 배꼽이 등 쪽으로 눌리도록 하라.
5. 숨을 내쉰 뒤 다시 숨을 참아라. 당신이 집중하는 시간에 이를 반복하라.

이는 스트레스 관리와 집중력을 위한 연습이 될 수 있다. 연습을 할 때는 호흡 주기에 계속 관심을 두도록 하라. 마음 내면에 계속 집중할 수 있도록 노력하라. 시간이 지날수록 집중도는 높아지고 산만함은 덜해질 것이다. 두 눈을 감고 가만히 앉아서 팀원들과 함께 호흡하는 것은 정말 특별한 경험이다. 이런 경험을 통해 팀원들 사이에서는 상당한 수준의 친밀감과 겸손이 생겨나게 될 것이다. 또한 함께 호흡하고 명상하는 팀들은 서로에 대한 믿음도 더 커지게 된다. 이 호흡법만으로도 내 팀들은 성과와 상호 연결 수준에 큰 변화가 생겨났다.

호흡 및 명상 방법들을 제대로 잘 활용하는 법을 배우는 것이 중요하다. 그 방법들을 잘 활용하면 자신의 인성과 특성을 발전시킬 수 있다. 평화로워지고, 사람들과 쉽게 연결되며 온전해질 뿐만 아니라 직관력과 통찰력도 더 좋아진다. 그러나 그 방법들을 잘못 활용할 경우, 부정적이거나 허황된 특정 사고에 집착하게 될 수도 있다. 게다가 실제 변화 과정에서 잘못 판단할 수도 있고, 더 나아가 부정적인 심리학적 패턴이 더 깊이 각인될 수도 있다. 쉽게 말해, 훈련을 제대로 받지 못할 경우 많은 허점들이 생겨날 수 있다. 내게 명상을 가르쳐준 스승들 가운데 한 사람은 "당신이 멍청이라면 그리고 30년간 명상을 했다면, 당신은 보다 집중력이 강한 멍청이가 돼 있을 가능성이 높다"라고 말했다.

혼자서든 팀원들과 함께든 명상을 시작할 경우, 명상의 종류가 방법만큼이나 중요하다는 사실을 잊지 말아야 한다. 왜 당신의 진실성과 감정적 깊이 같은 특성들을 발전시키는 일을 하고 싶어 하는지를 정확히 알고, 어떤 방법들이 필요한지를 알아야 한다. 명상을 통해 보다 큰 금전적 성공을 누리거나 집중력 강한 멍청이가 될 것이 아니라, 자기 인식 및 개선을 이룩하고 큰 겸손을 익혀야 한다. 이 경우 박스 호흡법이 아주 좋은 출발점이 되어줄 것이며, 우리가 만들어낸 '언비터블 마인드' 훈련이 좋은 지침이 되어줄 것이다.

하버드에서 찾은 믿음의 요소

• • •

나는 내 학생인 의학박사 로돌포 알세도 과르디아^{Rodolfo Alcedo Guardia} 덕분에 하버드 의과대학 신경외과의 의사들을 방문해 얘기를 나눌 특별한 기회를 가질 수 있었다. 알세도 박사는 꽤 오래전에 내 훈련 시스템을 알게 됐고, 2016년에 20X라고 불린 썰핏 행사에 참석했다. 20X는 훈련을 통해 자신의 생각보다 20배 이상의 성취도를 높일 수 있다는 믿음을 뜻하는 것이다. 12시간 동안 멈추지 않고 행해진 강도 높은 육체적·정신적·정서적 훈련이다. 이 훈련의 요지는 각 팀들이 큰 믿음과 용기를 개발하는 방법을 배우기 위해 각자의 마음을 활짝 열게 하자는 것이다.

2017년 5월, 알세도 박사는 신경외과 외과의사들 및 교수들과 얘기를 나누기 위해 하버드대학교로 나를 초대했다. 나는 일주일에 한 번씩 다루기 힘든 환자들에 대해 상호 검토하는 그들의 병례 검토회 grand round를 지켜보게 되었다. 그 병례 검토회의 참석자들은 좋은 사례와 나쁜 사례 그리고 추한 사례들을 공개하며 토론했다. 발표자는 최근에 수술 자체가 어려웠거나 어려운 결정들을 내려야 할 수도 있는 수술을 집도한 의사 중심으로 선정됐다.

그들은 의사로서 환자 입장에서 올바른 판단을 내린 것인지에 대해 논의하고 있었다. 발표를 한 외과의사는 바늘방석에 앉아 있는 듯했고, 나머지 사람들은 각종 질문을 퍼부으며 그녀를 괴롭혔지만,

그녀는 그 모든 것을 개인적인 일로 받아들이지 않았다. 나는 병례 검토회를 지켜보면서 그것과 비슷한 네이비씰의 임무 결과 보고를 떠올렸다. 검토회는 작전 중인 엘리트 팀처럼 더없이 매력적이었다. 자기 분야에서 가장 뛰어난 리더들이 모여 생명을 구하는 일에 집중하고 있었고, 개인적으로 큰 위험이 따르는 의사결정 과정에서 완벽한 투명성을 보여주었다. 그들은 겸손했고, 숨기는 것이 없었다.

사실 그렇게 하는 건 상식적으로 말도 안 되는 일일 수도 있다. 환자 치료의 관점에서 보든 법적 책임 및 금전상의 문제들의 관점에서 보든 위험 부담이 워낙 컸기 때문이다. 그러나 그들은 모든 것을 다 털어놓았고 잔인할 정도로 솔직한 피드백을 주고받으면서 경험으로부터 배우고 성장하고 있었다. 대화 방식은 아주 사실적이었다. 이미 내려진 결정들에 대해 그 누구도 방어적인 태도를 취하지 않았다. 발표는 공개적이고 투명했으며, 발표를 한 의사는 그야말로 배우고 성장한다는 자세로 아주 날카로운 질문들에 일일이 답했다. 그 같은 투명성이 바로 그들이 서로에 대해 갖고 있는 믿음의 토대였다.

겸손에 있어서 알세도 박사는 모범 시민이라고 할 수 있을 것이다. 그는 과거에도 그랬고 지금도 그렇고 자기 자신을 발전시키는 일에 아주 열심이다. 그 덕분에 그는 20X 행사에서 자신의 피어 울프에 당당히 맞설 수 있었다. 그는 틈나는 대로 봉사 활동을 하고 있다. 내가 마지막으로 연락했을 때도 그는 푸에르토리코(카리브 해에 있는 미국의 자치령)에서 활동 중이었다. 최근에 발생한 허리케인 때문에 대부분의 의사들이 떠난 뒤에도 혼자 남아 의료 봉사를 하고 있었던 것이다. 예전에는 하버드대학교에서 남는 시간 중 20퍼센트를 푸에르토리코에서 봉사 활동을 하는 데 썼는데, 이제는 80퍼센트를 봉사 활동에 쓰고 있었다. 사람들은 그를 필요로 했고, 그는 그들을 돕기 위해 자신이 필요로 하는 것들을 기꺼이 포기했다.

내가 하버드대학교에서 만난 또 다른 의사는 신경외과 선임 교수 모하마드 알리 아지즈-술탄Mohammad Ali Aziz-Sultan 박사였다. 이 신사는 내가 만남의 기쁨을 누린 사람들 가운데 가장 흥미롭고 겸손한 사람에 속한다. 하버드대학교에서는 겸손이 위에서부터 시작하는 것이 분명해 보였다. 아지즈-술탄 박사는 무장 게릴라 조직 무자헤딘이 정권을 잡았을 때 조국을 떠난 아프가니스탄 난민 출신이다. 그는 무일푼으로 유럽에 도착했고, 이후 캐나다로 갔다가 미국에 정착했다. 그는 어렵게 학비를 벌어 2년제 대학과 의과 대학을 다녔으며, 2013년에 하버드대학교에 고용됐다.

외과의사 팀들은 종종 10시간에서 12시간 동안 계속해서 엄청난 집중력을 필요로 하는 수술을 한다. 그들은 몇 주 동안 매일 12시간에서 14시간씩 일을 하기도 한다. 물론 그들만 그런 건 아니다. 네이비씰이나 우주비행사 또는 신경외과 의사들 같이 고효율을 올리는 직업들은 수면 부족 및 스트레스의 부정적인 영향을 다루는 법을 배워야 한다. 아지즈-술탄 박사는 겸손하게도 내게 이런 질문을 했다. "어떻게 하면 더 많은 에너지와 균형을 찾아내 일을 보다 효율적으로 할 수 있을까요?" 스페이스X 팀과 마찬가지로, 아지즈-술탄 박사와 하버드대학교의 의사들은 자신들이 늘 새로운 것을 배울 수 있다고 믿었으며, 도움을 청하는 것을 두려워하지 않았다. 그들은 자신들이 자기 분야에서 최고이기 때문에 모든 것을 알고 있다고 과신하지 않았다.

또한 그들은 한 팀으로서 마무리도 기막히게 잘했다. 엘리트 팀답게 세세한 부분들에 대한 관심이 대단했다. 수술 절차와 수술 준비, 환자에 대한 후속 조치, 배움, 이 모든 것들이 제대로 이뤄져야 생명을 구할 수 있기 때문이다. 하버드대학교의 외과의사들은 한 팀으로서 피어 울프에 당당히 맞섰고, 자신들의 발목을 잡거나 사상자를 낼 수 있는 부정적인 여건은 어떻게든 해결해냈다. 또한 그들은 서로 상당한 믿음을 보였으며, 자기 자신과 기술에 대해서도 믿음을 보였다. 그러나 그들의 그런 믿음은 남들보다 더 나은 의사가 되겠다는 이기적인 측면에서가 아니라 그들이 매일 집중하는 겸손과 투명성 그리고 철저한 마무리에서 생겨난 것이었다.

불투명성이 깨뜨린 믿음

• • •

코로나도 양조회사를 떠난 뒤, 나는 몇 년간 다른 여러 신규 업체들에 합류했고, 그때마다 점점 더 큰 성공을 거두었다. 한 회사에 임시 최고경영자로 고용되기도 했다. 그 회사는 잘 나갔으나, 벤처 투자자들이 '보다 자격이 있는' 최고경영자를 데려오면서 회사 자금이 바닥나기 시작했다. 이후 나는 단독으로 운영하는 자문회사를 설립해 신규 업체 기업가들에게 여러 가지 조언을 해주었다. 그 당시에 나는 샌디에이고대학교에 리더십 겸임교수로 채용됐고, 그곳에서 박사 학위를 따기 위해 동분서주했다. 당시 나는 뮤즈Muse(영감을 주는 사람)를 찾고 있었고, 네이비씰을 떠난 뒤의 삶을 받쳐줄 탄탄한 기반을 찾고 있었다. 그러나 내 피어 울프에게 맛난 음식을 한 입 더 주면서 내게 덧없이 짧은 믿음이 어떤 것인지를 가르쳐준 사건이 벌어졌다.

네이비씰 팀 동료 두 사람이 아레나 어드벤처Arena Adventure라는 연수 사업을 시작했는데, 그들은 내게 최고경영자가 되어 달라고 요청했다. 그들은 기업들에게 야외 체험 이벤트를 제공하고 이 경험을 통해 팀을 구축할 수 있도록 돕는 팀 설계 사업을 하고자 했다. 나는 두 사람과 함께 몇 가지 행사를 진행해서 사업이 어떤 것인지 감을 잡게 해주었고, 그런 다음 아예 그 사업에 동참하기로 했다. 일을 제대로 하려면 팀을 늘려야 했다. 그래서 우리는 모험 리더십 훈련 분야에서 우리가 중요하게 생각하지만 쉽게 확보할 수 없는 기술들을 가진 전문가 두 사람을 찾아냈고, 그들을 우리 팀에 데려오기로 결정했다. 나는 이 영입을 통해 팀이 균형 잡히고 노련한 팀으로 성장하기를 희망했다. 두 사람이 우리 팀에 합류한 지 한 달쯤 뒤에, 그 두 사람이 은밀히 내게 다가와 공동 설립자들 가운데 한 사람의 인성에 문제가 있어서 힘들다는 말을 했다. 그들은 그 사람을 팀에서 몰아내길 원했다. 그들은 내가 최고경영자이니 결정을 내려야 한다고 말했다. 나는 "대체 왜 직접 그에게 가서 얘기하지 않는 겁니까?" 라고 말하고 싶었지만 내 피어 울프는 혼란을 일으키지 않기 위해 나를 내키지 않는 동의 상태로 내몰았다. 하지만 나는 그 만남 자체가 너무 불편하게 느껴졌고, 누군가를 내보낼 준비도 되어 있지 않았기 때문에 아무것도 하지 않았다.

나는 그 상황에서 공동 설립자들에게 투명하지 못했다. 불확실성과 복잡성이 생겨날까 두려워 투명하지 못했던 것이다. 지금 이 책에서 말하고 있는 감정적 용기도 쌓기 전이었다. 그래서 결국 투명성을 유지하지 못해 믿음의 약속을 저버렸고, 후회했을 땐 이미 너무 늦은 상태였다. 원래 이런 일은 비밀 유지가 오래 가지 못하며, 진실은 반드시 드러나는 법이다. 결국 우리 세 사람이 비밀리에 모여 그의 해고를 논의했다는 말이 해당 공동 설립자의 귀에 들어갔고, 상황은 걷잡을 수 없이 악화됐다. 나는 완전히 투명해야 할 상황에서 불투명하게 행동한 것이다.

나는 얽힌 실타래를 풀기 위해, 그에게 내가 실수를 했으며 곧바로 그에게 얘기를 했어야 했는데 그렇지 못했다고 사과했다. 그런다음 최고경영자 자리에서 내려왔다. 돌이켜 생각해보면 나는 상황이 잘못됐다는 직감이 들었고, 조치를 취해야 한다는 생각도 있었지만 어떠한 행동도 하지 않았다. 투명성을 거부하자 상황은 더 악화됐다. 나는 그 치부를 드러내야 했고, 상황을 즉시 해결하기 위해 내 에고를 점검해야 했다. 그러나 그렇지 못했고 결국 나에 대한 그리고 서로에 대한 팀의 믿음을 무너뜨렸다. 그 점에선 스스로 물러나는 게 올바른 행동이었다. 그런 일을 겪고 회사가 제대로 돌아갈 리 없었기 때문이다.

접착제와 윤활유로 팀을 구축하라

• • •

소대 지휘권을 박탈한 지 3개월 후 맥레이븐은 내게 한 번 더 기회를 주었다. 내게 아랍어 공부와 함께 중동으로 떠나는 새로운 소대를 이끌 것을 제안한 것이다. 그는 복무 기록 문제들을 깨끗이 정리해 소령으로 승진될 수 있도록 도와주겠다는 제안도 했다. 그러면서 모로 베이 사건 당시 모든 것이 너무 부풀려졌었고 자신이 과잉 반응을 보였다는 것을 인정했다. 그는 모든 것을 바로잡고 싶어 했는데, 나는 이미 하와이에 있는 네이비씰 이송정SDV(수중 추진기) 팀으로 가라는 새로운 명령을 수락한 상태였고, 곧 내 아내가 될 샌디 역시 하와이에 갈 날만 기다리고 있었다. 그래서 나는 그의 제안을 정중히 사양했다.

믿음은 팀 주변의 허술한 부분을 채우고 튼튼히 지지해주는 접착제와 같다. 그래서 믿음이 쌓이면, 그 팀은 배신이나 지지 철회를 걱정할 필요가 없으며 무엇인가 잘못될 때 비난을 걱정할 필요 없이 잘 돌아가게 된다. 믿음이 접착제라면, 존경심은 불완전한 소통과 상호작용에서 나오는 불필요한 소리를 없애주는 윤활유와 같다. 그래서 팀원들에게 존경심이 있으면 모든 것이 더 순조롭게 풀리게 된다. 다음 장에서 어떻게 존경심을 쌓고 유지해야 하는지에 대한 얘기를 할 것이다.

믿음의 요소를 지키고 있는가?

1. 당신은 팀이나 팀원들에게 중요한 정보를 제공하고 있는가?

2. 팀에게 마지막으로 모든 것을 완전히 투명하게 밝힌 것은 언제 인가?

3. 당신은 그간 실수들에 대해 완전한 책임을 졌는가, 아니면 그 실 수들 중 일부를 다른 사람들에게 전가한 적이 있는가?

4. 당신은 겸손하다고 생각하는가? 만일 그렇다면 더 겸손해지기 위해 매일 어떻게 하겠는가?

5. 당신은 아무리 사소한 약속들이라 해도 철저히 이행하고 있는 가?

6. 당신은 지금 무언가 또는 누군가를 무시하고 있는가? 큰일들을 철저히 하되 세세한 부분들에도 소홀함이 없게 하라.

리더십 원칙 3
존경

✦

가면을 쓰는 순간 존경은 사라진다

STARING DOWN THE WOLF

판단의 두려움에 맞서라

• • •

네이비씰과 관련된 경구들은 아주 유명하며 다양하다. 그 경구들은 대부분 어떻게 배움을 물려주고 조직문화를 만들었는지에 대한 것이다. 내가 특히 좋아하는 경구는 "전쟁이 나면, 유리를 깨라"다. 유리 항아리 안에 탄알들이 장전된 탄띠, 군장 세트, 수류탄들, 자동 화기들로 장식되어 있는 개구리 한 마리가 들어 있는 그림을 떠올려보아라. 네이비씰 대원들은 '개구리맨frogman' 또는 '개구리'라고 불리곤 하는데, 이 말은 UDT(수중 폭파 팀)를 가리키는 말이기도 하다.

경구의 명확한 의미는 개구리들은 유리 안에 갇혀 있지만, 전쟁이 나면 유리를 깨고 밖으로 나와 활동한다는 것이다. 네이비씰은 그야말로 전쟁에 특화된 조직인 것이다.

나는 BUD/S에 참석하는 동안, 티셔츠에 그 개구리 그림이 그려진 것을 보았다. 나는 그 그림이 아주 멋지다고 생각했고, 몇몇 친구들과 함께 실제로 어딘가에는 유리에 갇힌 채 그 유리가 깨지길 기다리는 네이비씰들이 있을지도 모른다는 농담도 했다. 그런데 훗날 알게 된 거지만, 그 농담은 그리 틀린 말도 아니었다. 실제로 대원들을 특수작전에 투입하기 위해 작전 센터에서 유리를 깬 아주 거친 네이비씰들도 있기 때문이다. 유리 안에서 대기하고 있는 군인들은 영광이니 명성이니 부니 하는 것들을 추구하지 않는다. 그들은 조용한 전문가들이며, 자기 분야의 숙련된 전문가들이다. 그리고 그들은 '존경심의 기준'을 세웠다.

짐 오코넬Jim O'Connell은 네이비씰의 엘리트 대테러 부대인 미 해군 특수전 개발단DEVGRU의 부사령관으로 있을 때 사령관 자리에 오른 뒤 군 경력을 마치기로 결심했다. 거의 24년간 군 복무를 하면서 그는 대부분의 시간 동안 가족과 떨어져 파견 근무를 했다. 네이비씰 지휘부는 앞으로도 계속 더 높은 장성 계급에 있어 달라고 그를 설득했지만, 그는 거절했다. 처음 24년은 자신과 자신의 경력을 위해 살고, 그다음 24년은 그와 아내를 위해 살기로 아내와 약속했기 때문이다. 그러나 9·11 테러 이후 모든 것이 더 이상 그의 뜻대로 되질 않았다. 조국은 그를 필요로 했다. 해군은 그의 퇴역을 취소했으며,

2년 뒤인 미국의 이라크 침공 이후 그에게는 네이비씰 부대를 이끌고 전쟁을 수행하라는 지시가 내려졌다.

'전쟁이 나면, 유리를 깨라.' 해군은 유리병에서 짐 오코넬을 빼내 책임이 막중한 자리에 되돌려놓았다. 그가 그 분야 최고의 리더였기 때문이다. 그는 존경받았고 비정치적이었으며 뛰어난 성과를 올렸다. 그는 자신의 명성이나 경력보다는 승리에 더 관심이 많았다. 그는 미 해군 특수전 그룹 원의 새로운 리더로서 네이비씰을 이끌게 되었으며 잘 알려진 적과 싸우는 것에서 알려지지 않은 복잡한 반군들과 싸우는 것으로 전략을 신속히 전환해야 했다.

2004년 초, 나는 샌디에이고대학교에서 겸임 교수로 학생들을 가르치면서 리더십 박사 학위를 준비하고 있었다. 당시 교수직은 계약직이었고, 남는 시간에 네이비씰즈닷컴 NavySEALS.com 이라는 기업을 설립할 준비도 하던 중이었다. 이런 나에게 짐 오코넬은 조국을 돕기 위해 현역으로 돌아오라고 요청했다. 몇 년 전만 하더라도 바로 전쟁터로 갔을지 모르지만, 사업과 일 그리고 가족과 교육 때문에 짐 오코넬의 요청을 미룰 수밖에 없었다. 그러나 나는 언젠가 다시 부름을 받을 것이라는 것을 알고 있었으며, 전쟁터로 가기에 더없이 좋은 날이란 건 절대 없다는 것도 잘 알고 있었다. 나는 나의 유리를 깨야 했으며, 실제로 임무를 위해 기쁜 마음으로 복귀했다.

짐 오코넬은 내가 연구 프로젝트를 이끌기에 적절한 사람이라고 말했다. 그 프로젝트는 싸우는 방법을 알고 질적인 연구 방법들을 이해하는 네이비씰 장교를 필요로 했기 때문이다. 프로젝트의 일부는 연구였고, 다른 나머지는 전투였다. 여기서 나는 흥미를 느꼈다. 9·11 테러 사태 직후 미 해병대 대원들은 이 새로운 전쟁을 특수작전사령부가 이끌게 될 것을 알고 있었고, 전투에서 배제되는 것은 아닐까 하는 불안감을 느꼈다. 막대한 자금과 새로운 기술들이 해병대가 아닌 특수부대에 쏟아져 들어갔기 때문이다. 해병대도 그 전쟁에 끼어들고 싶었지만, 미 국방장관 도널드 럼스펠드Donald Rumsfeld는 그들에게 그런 기회를 쉽게 주려 하지 않았다. 어두운 특수작전 세계에 뛰어들게 하기 위해 해병대 대원들이 그에 적합한 사고방식을 갖고 있는지 확인할 필요가 있었다.

해병대는 해군의 일부이기에 럼스펠드는 해군에게 적합성을 검증하기 위한 연구를 해보라고 지시했다. 그리고 해군은 이 분야에 전문인 네이비씰에 도움을 청했다. 그러자 해병대는 해병대 특수작전 명령 파견대 원SOCOM Det 1으로 알려진 100인 부대를 만들었고, 그런 다음 그들을 네이비씰에 배속했는데, 이 모든 사실은 짐 오코넬에게 그대로 보고됐다. 그리고 그는 그 모든 것을 연구해 보라며 나를 끌어들인 것이다.

내 첫 번째 임무는 연합 팀의 훈련을 이끌면서 동시에 해병대의 효율성에 대해 연구하는 것이었다. 연합 팀 훈련은 10일간 진행되는 역동적인 훈련으로, 그 기간 중에 네이비씰은 해병대와 함께 자신들이 반군들을 상대로 한 모의 전투에서 함께 작전을 벌일 수 있다는 것을 보여줘야 했다. 내 연구는 그 훈련과 함께 시작됐고, 그들을 따라 바그다드의 합동 특수부대에 가서도 계속되었다. 우리는 훈련을 마친 후에는 30일간 파견 근무를 나가게 되어 있었다. 당신은 이 이야기가 도대체 존경심과 어떠한 관계가 있냐고 의아해할 수도 있을 것이다. 사실 이 프로젝트는 처음부터 정치적으로 아주 민감한 문제였다. 네이비씰 입장에서는 해병대가 자신들의 영역에 들어온다는 사실부터가 마음에 들 리 없었다. 두 부대 모두 SOCOM 계열의 해양 특수부대이기 때문에 해병대가 네이비씰의 예산과 임무들을 빼앗아갈지도 모른다는 나름 정당한 우려가 있었기 때문이다. 일부 원로 네이비씰 대원들과 해군 고위층 인사들은 짐 오코넬이 해병대의 훈련을 성공하지 못하게 함으로써 프로젝트 자체를 무산시키길 원했다. 나는 짐 오코넬이 이 복잡한 상황에 어떻게 대처하는지를 지켜보면서 존경심이 리더십에 어떻게 결정적으로 중요한 역할을 하는지 깨닫는 계기가 되었다.

짐 오코넬은 넓은 시야를 가진 믿음직한 리더였다. 그는 겸손했고 용기가 있었으며 믿을 만했고 또한 자신이 해야 할 일이 무엇인지 너무도 명확히 알고 있는 사람이었다. 정치색도 없었고, 조국에 도움이 되는 일에만 신경을 쓸 뿐 그 외의 다른 사적인 일들에는 전혀 관심이 없었다. 그리고 SOCOM Det 1 적합성에 대한 검증 작업에는 최대한 공정한 기회를 주고자 했다. 그는 능력을 입증하는 것이 해병대의 임무라는 것을 알고 있었고, 그래서 네이비씰이 그 기회를 방해하는 것은 용납할 수 없었다.

내가 합동 특수부대에 파견되기 몇 개월 전, 조지 W. 부시 미국 대통령은 이라크 전 승리를 선언했고, 대부분의 서방 국가들도 전쟁은 끝났다고 생각했다. 네이비씰과 해병대는 전쟁 후 미진한 부분들을 깨끗이 정리하고 일부 이라크 특수부대들에 대한 훈련을 시작하기로 되어 있었다. 우리는 그런 다음 모두 가족들이 있는 집으로 돌아올 계획이었다.

하지만 어림도 없는 계획이었다. 우리가 바그다드에 도착한 이후 모든 것이 조금씩 어긋나기 시작했다. 사제 폭탄[ED], 자살 폭탄 조끼를 입은 민간인, 전진 작전 기지들에 대한 박격포 공격, 길가 매복 공격이 점점 더 큰 위협으로 다가오기 시작한 것이다. 군은 새로운 전쟁에 직면해 있었다. 모가디슈와 베트남 전쟁 이후 봐온 전쟁 가운데 VUCA가 가장 심한 전쟁이었다. 어떻게 싸우고 어떻게 이겨야 하는지에 대한 새로운 해석이 필요한 시점이었다.

한편 이라크에 파병된 해병대는 지나치게 자신만만했고 언제든 전투에 뛰어들 준비가 되어 있었다. 이런 전투 환경에서 지상 기동성은 해양 특수작전에 아주 중요하다. 과거에 네이비씰은 필요한 곳은 어디든 걸어가거나 낙하산을 타거나 보트와 잠수함을 이용해 접근했다. 그러나 해병대는 자신들이 상상할 수 있는 가장 나은 지상 기동 수단을 구했다. 제2차 세계대전 때 명성을 날린 영국 장거리 사막 정찰대에서 영감을 얻은 그들은 이라크 사막 지역 작전에 적절한 메르세데스 IFAV(임시 고속 공격 차량)라는 차량을 입수한 것이다. 그러나 불행히도 그건 잘못된 선택이었다.

전투는 주로 도시 지역에서 벌어졌는데, 두께가 얇은 IFAV 차량들은 사막 작전 전용으로 제작됐다. 이 차량들은 몸체가 가벼워 떠다니는 모래 위에서 장거리 이동을 하는 데는 더없이 좋았지만 바그다드에는 모래가 그리 많지 않았다. IFAV 차량과 해병대 대원들은 단 한 번의 매복 공격에도 격파당할 수 있는 상황이었다. IFAV 차량은 쓸모가 없었고, 그 바람에 모든 해병대 임무가 위기를 맞게 됐다. 미국에서 새로운 차량들을 조달해 운송해오려면 수개월이 걸리는데, 그 무렵이면 검증도 끝날 시기였다. 해병대에 운이 따르지 않은 것이다.

짐 오코넬은 해병대 친구들이 신입이나 저지를 실수를 저질렀다는 것을 알아차렸다. 그러나 그들에게는 공평한 기회를 누릴 자격이 있었고, 그는 그들에게 기회를 주려 했다. 그는 네이비씰 팀 원에 지시해 험비 지프를 구해 해병대에 넘겨주라고 지시했다. 며칠 지나지 않아 네이비씰-해병대 합동 기지 안으로 12대의 험비 지프들이 투입되었다. 팀들은 바로 새로운 장비들로 무장했고, 언제든 새로운 임무에 나설 준비가 됐다.

팀에 대한 짐 오코넬의 존경심 덕분에, 해병대는 자신들의 적합성 검증에 성공했다. 그리고 그의 행동은 전투 중인 군인들이 그에게 존경심을 갖게 만들었다. 짐 오코넬은 아무 대가도 요구하지 않고 해병대를 곤경에서 구해주었다. 그리고 그것은 옳은 일이었다. 이 같은 존경심은 진실성, 진정성 그리고 명료성을 토대로 생겨난다. 자, 이제 이 3가지 특징을 보다 자세히 살펴보도록 하자.

진실성: 일관적이고 선량하라

● ● ●

짐 오코넬은 팀의 임무가 무엇인지 잘 알고 있었고 거기에 그의 개인적인 생각이 개입되서는 안 된다는 것도 잘 알고 있었다. 그는 전사였고 깊은 '진실성integrity'을 가진 사람이었다. 그는 해병대에 동등한 기회를 주고 싶어 했고, 그래서 그들에게 성공하는 데 필요한 도구들을 갖출 수 있게 해주려 최선을 다했다. 나머지는 해병대의 몫이었다. 진실성은 의도 및 소통의 명료성으로 이어진다.

진실성은 존경심의 가장 중요한 요소로, 많은 훈련과 높은 도덕적 기준을 필요로 한다. 둘 중 하나가 부족하면 바로 존경심을 잃게 된다. 진실성은 내적인 일관성이 있으며 분리되지 않는다. 어떤 사람들은 그런 점에선 아돌프 히틀러도 진실성이 있었다고 주장한다. 히틀러도 생각과 말과 행동 측면에서 내적인 일관성이 있었기 때문이다. 하지만 진실성에는 긍정적인 도덕적 추진력의 개념이 포함되어 있어야 한다.

진실성이란 솔직하면서도 내적인 일관성이 있고, 그러면서 동시에 그런 장점들을 도덕적 강직함으로 뒷받침하는 것이다. 따라서 선량한 인성을 가져야 하며, 생각하고 말하고 행동하는 훈련을 해야 한다. 그리고 이 같은 도덕적 기준을 가지고 선한 일과 옳은 일들을 해야 하며, 스스로는 물론 아무 상관없는 사람들에게도 가능한 한 피해를 주지 말아야 한다.

이 정도 수준의 훈련된 진실성을 보이려면 스스로에게도 진실되어야 한다. 경력에 도움이 되거나 좋은 일 또는 압력을 받거나 명령에 따라 해야 하는 일보다는 옳은 일에 대해 확고한 입장을 취할 수 있어야 한다. 스스로 느끼기에 도덕적으로 잘못된 일에 관여하게 될 경우 망설이지 말고 바로 알려야 한다. 그렇게 함으로써 자신의 말과 행동을 지킬 수 있는 것이다. 내가 지켜본 바로는 짐 오코넬은 이러한 진실성을 보였고, 많은 존경을 받을 수 있었다.

이 정도 수준의 진실성을 가진 리더의 소통 방법들은 다른 사람들과는 다르다. 그들의 말과 전달방식은 굉장히 명료하고 정확하다. 또한 그들은 과거와 현재 그리고 미래와 관련된 개인적 주장 또는 선언에 책임을 진다. 예를 들어 "이건 이미 일어난 일에 대한 내 관점입니다", "이건 지금 내가 사물들을 보는 방식입니다", "이건 내가 앞으로 사물들이 어찌 되길 바라는 방식입니다"처럼 말한다. 주장은 여러 사실들에 대한 개인적 관점을 진술하는 것이고, 선언은 어떤 사람의 입장 또는 바라는 최종 상태를 진술하는 것이다. 그리고 주장이든 선언이든 둘 다 큰 자각과 조심스러운 단어 선택을 필요로 한다. 짐 오코넬의 소통방식은 아주 명료하고 정확했다. 그는 자신이 주장하거나 선언하는 일들이 최대한 진실되도록 애썼다. 그가 말하는 것들은 정확하게 전달되었을 뿐만 아니라, 유용하고 구체적이며 실행 가능한 것으로 받아들여졌다. 허튼소리는 없었다.

이처럼 리더가 진실성을 담은 소통 원칙을 지키면, 팀원들로부터 깊은 존경을 받게 된다. 팀원들은 리더의 말에 의해 가장 큰 영향을 받는 사람들이기 때문이다. 그들은 위험에 빠진 자신들의 삶과 경력을 생각해주는 리더의 사려 깊은 모습을 고맙게 받아들이게 된다. 피어 울프에 당당히 맞선다는 것은 감정적 응어리들을 털어내고, 진실하고 정확한 방법으로 소통할 수 있게 된다는 뜻이다. 유용하고 구체적이며 실행 가능한 선언, 주장, 요청, 제안 그리고 약속들을 하면서 말이다. 이를 위해 높은 식견이 필요하다.

또 다른 중요한 요소도 있다. 말하는 것들이 긍정적이어야 한다는 것이다. 부정적인 에너지를 가지고 소통할 경우 팀 분위기는 완전히 가라앉게 된다. 부정적인 분위기는 동기부여를 가로막고 성과를 망칠 뿐만 아니라 자기 자신신도 무력화시킨다. 수동적이고, 공격적이거나 존경이 아닌 경멸을 담은 말을 전달해선 안 된다. 개인적으로는 좋은 상황이 아니라고 해도, 대화의 내용은 반드시 긍정적이어야 하며 마음속에서 깊이 우러나와야 한다. 당신의 에너지와 말이 팀에 어떤 영향을 미치는지를 깨닫는 것이 곧 자기 인식을 키우는 가장 좋은 훈련이 될 것이다. 이를 통해 팀원들과 더 깊이 연결될 것이며, 리더에 대한 팀원들의 믿음도 더 강해질 것이다. 또한 존경심을 약화시키는 다른 팀원들의 부정적인 에너지도 금방 드러날 수 있으며, 이를 통해 팀원들은 명료성을 갖게 되고 이해력도 더 높아질 것이다. 팀원들이 마음속으로 또 다른 부정적인 에너지를 찾아내거나 기대하는 대신, 당신이 말하는 모든 것에 귀 기울이게 될 것이기 때문이다. 따라서 우리는 진실성을 가지고 긍정적으로 생각하고 말하고 행동하기 위해 매일 노력해야 한다.

진정성: 때에 따라 다른 가면을 쓰지 마라

• • •

우리는 진실성이 도덕적 기준으로 말하고 행동하는 훈련 개발과 어떤 관련이 있는지 그리고 또 진실성이 어떻게 자기 인식 및 통제를 필요로 하는지를 살펴보았다. 그렇다면 '진정성'이 있다는 것은 어떤 의미일까? 진정성은 리더들이 팀들과 소통하면서 자신을 포함한 어느 누구에게도 허튼소리를 하지 않고 진정한 모습을 보일 때 나타난다. 진실성이 소통 및 행동과 관련이 있다면, 진정성은 감정과 관련된 것으로 '나와 그들me-them'의 관계가 아닌 '나와 우리I-we'의 관계인 것이다. 또한 진정성은 리더가 판단하는 것이 두려워 가면을 써야 하는 부담을 덜어준다.

리더들이 소통하는 방법이나 다른 종류의 상황 및 사람들을 다루는 방법에 일관성이 없을 경우 큰 문제가 된다. 한 집단의 사람들 앞에선 이런 가면을 쓰고 또 다른 집단의 사람들 앞에선 저런 가면을 쓰는 것은 별 효과가 없다. 진정성을 갖기 위해선 당신이 누구 앞에 있든 상황이 어떻든 일관성이 있어야 한다. 내가 만일 팀원들 앞에서는 진정성 있는 척하고 지휘 계통상 윗사람들 앞에서는 출세 지향적으로 행동한다면, 팀원들은 그 가면을 금방 꿰뚫어볼 것이며, 내 의도와 진실성을 의심하게 될 것이다. 그런 상태에서 내가 그들과 개인적으로 아주 친밀한 듯 행동한다면, 그들은 그 역시 또 다른 가면이라고 생각할 것이다. 이렇게 되면 내가 그동안 보여준 긍정적인 힘은 다 무효가 된다.

군 복무 시절 나는 진실성을 지지하면서도 자기 동료들과 부하들 앞에서는 다르게 행동하는 리더들을 많이 봤다. 장교들 앞에서는 이런 사실들을 보여주고 사병들 앞에서는 또 다른 사실들을 보여주는 리더들, 팀원들 앞에서는 이런 행동을 하고 집에 돌아가 가족들과 함께 있을 때에는 전혀 다른 행동을 하는 리더들도 많이 봤다. 깊은 존경심을 불러일으키는 진정성은 역할에 따라 다른 가면들을 필요로 하지 않는다.

나는 팀원들, 상관들, 아내와 아들 앞에서 진실성을 보이려 많은 노력을 해왔다. 이를 위해 무엇보다 가면을 쓰게 만든 피어 울프 패턴에 깊은 관심을 기울였다. 해군 복무 시절, 나는 내 팀원들 앞에서 진정성을 보이려면 그들과 함께 파티를 해야 한다는 잘못된 생각을 가졌고, 이로 인해 해고됐다. 어린 시절의 경험으로 비롯된 잘못된 정체성들 때문에 우리는 진정성을 가면으로 가리게 된다.

이 가면을 벗는 것 자체가 해방이다. 이를 위해서는 스스로에 대한 건강한 관심이 필요하지만 많은 사람들이 별로 그 필요성을 크게 느끼지 못한다. 기업 임원들 및 사회 각계각층의 전문가들과 함께 일을 해오면서 나는 잠재의식적인 수치심과 죄책감 그리고 스스로 무가치하다는 느낌이 그들의 발목을 잡는 것을 종종 봐왔다. 그들은 직업적으로 그리고 금전적으로 성공했지만, 만족스러워하지 않는다. 그들의 낮은 자존감은 어린 시절 부모나 또래 또는 다른 사람들의 행동에서 얻은 큰 상처에서 비롯된다. 이 상처는 깊은 잠재의식 속에서 사랑받지 못한다는 감정적인 트라우마를 일으키고, 스스로를 무가치한 인간으로 깎아내린다. 이런 일들은 사무실이나 회의실 등에서는 보이지 않는다. 그러나 리더십 개발 작업 과정에서 나는 서로에게 자신의 트라우마를 공개하는 리더나 팀들을 많이 봐왔다. 그리고 그 대부분이 비슷한 이야기들을 털어놓는다. 바로 거기서부터 치유가 시작된다. 그들의 변화를 지켜보는 건 정말 놀라운 일이다.

트라우마에 면역력을 가진 사람은 아무도 없다. 내 친한 친구 조시 만츠Josh Mantz는 외상 후 스트레스 장애를 앓고 있는 참전 군인들을 돕는 '용기 재단Courage Foundation'에서 이사로 근무했다. 조시는 전투 중에 사망했었다. 그렇다. 그는 실제로 죽었지만 의료팀의 의지와 노력 덕분에 정말 놀랍게도 죽은 지 15분 만에 되살아났다. 그는 트라우마가 사람을 차별하지 않는다는 말을 즐겨한다. 또한 자신에게 가장 힘든 트라우마는 전투 중 죽음에 이르렀을 때가 아니라 어린 시절에서 비롯된 트라우마라는 말도 한다. 더없이 강력하고 인상적인 증언이다.

'호프만 프로세스Hoffman Process'는 세계적으로 유명한 감정 발달 프로그램이다. 지금은 고인이 된 이 프로그램의 창시자 밥 호프만Bob Hoffman은 가장 강력한 감정적 그림자는 어린 시절의 트라우마에서 비롯된다고 믿었으며, 그런 트라우마를 '부정적인 사랑 증후군 negative love syndrome'이라 불렀다. 호프만은 정서적 학대, 정서적 협박, 부재, 중독 그리고 기타 다른 육아 한계들로 인한 사랑의 부재 또는 사랑의 결핍이 취약한 아이들에게 트라우마를 남긴다고 주장했다.

이런 경우 아이들은 대개 '부정적인 사랑' 행동을 억누르거나 선택하거나 아니면 그 '부정적인 사랑' 행동에 저항한다. 그리고 성장해가면서 트라우마에 대한 부정적인 반발 패턴들을 성격의 그림자 측면들로 만들어 버린다. 네이비씰 출신의 더없이 노련한 최고경영자나 심지어 미합중국 대통령조차도 부정적인 사랑 증후군에 대해 면역력을 가질 수 없다. 희소식이 있다면, 그런 그림자들은 각성과 노력을 통해 극복할 수 있다는 것이다. 그러나 대부분의 사람들은 그러지 못한다. 우리는 자신의 한계를 빨리 인정하고 그림자를 빨리 인식해야만 빠르게 통합 작업을 시작할 수 있고 진정성을 갖게 되며 자유로워질 수 있다는 것을 알아야 한다.

이런 차원에서의 정서적 노력은 한 인간으로서 스스로의 결함들과 선함에 대한 깊은 존경을 이끌어낸다. 먼저 스스로를 존경하지 못한다면 다른 사람들을 진정으로 존경할 수도 없다. 각성과 치유는 명상과 유능한 치료사 또는 호프만 프로세스와 Q 프로세스 같은 정서 발달 프로그램을 통해 달성할 수 있다. 개별 수련인 '섀도 워크'에서는 전투 트라우마로 고통받는 참전 군인들의 치유에 좋은 효과를 보여주고 있는 EMDREye Movement Desensitization and Reprocessing* 요법을 사용하는 것도 가능하다. 나는 치유 요법과 자기 관리를 병행하

---

* EMDR은 안구 운동 민감 소실 및 재처리의 줄임말로 환자가 공포스러운 기억을 회상하는 동안 눈동자를 좌우로 움직이도록 시각적 자극을 줌으로써 트라우마를 치료하는 방법이다.

는 깊이 있고 강도 높은 워크숍을 강력히 추천한다. 우리는 매일 사색과 명상을 하면서 자기 관리를 할 수 있다. 이를 통해 현재 우리가 갖고 있는 능력들이나 인식이 없던 어린 시절에 상처 입은 인격을 재통합하는 데 도움을 얻을 수 있다.

진정성이 있을 경우 우리는 사람들로부터 존경을 받을 만한 행동을 하게 된다. 그러나 진정성이 없고 가식적인 사람은 다른 사람들에게는 엄격한 잣대를 들이밀면서, 정작 자신은 이런저런 핑계들을 대며 빠져나가기 일쑤다. 너무 지쳐서, 너무 혹사당해서, 이미 했기 때문에, 더 나은 대접을 받을 자격이 있어서처럼 댈 수 있는 핑계는 얼마든지 있다. "어떤 단점이 다른 사람들한테서 보인다면, 당신 자신 속에도 있다"라는 말이 있다. 존경받을 만한 인물이 되려면 정서적 인식과 재통합 작업이 이루어져야 하며, 자신의 노력과 결과를 평가하거나 다른 사람들과 비교하지 말아야 한다. 그리고 실수를 했을 때 자책하지 말아야 한다. 이 작업은 인내와 반복을 필요로 한다.

진정성을 가지려면 내적 균형도 유지해야 한다. 내적 균형을 잃거나 몸 컨디션이 안 좋거나 스트레스가 쌓일 때는 정서 발달에 집중하기가 어렵다. 그러므로 피어 울프에 당당히 맞서기 위해서는 체력 관리를 잘하고, 영양분을 적절히 섭취하며, 7시간에서 8시간 정도 숙면을 취하고, 스트레스 관리를 위해 호흡법들을 활용할 수 있어야 한다. 이런 식으로 내적 환경을 잘 통제하면, 살면서 받는 스트레스들에 부정적으로 반응하지 않고 긍정적으로 반응할 수 있다. 이를 통해 가면들을 벗을 수 있게 되는 것이다.

진정성은 인성의 순수성으로 표현되기도 한다. '당신은 진심으로 당신의 팀원들을 배려하는가?' 짐 오코넬은 공정하면서도 진심으로 팀원들을 배려했다. 나는 그가 가면 뒤에 숨어 진실을 피하거나 흐리려 하지 않고 늘 마음으로 말한다는 것을 느낄 수 있었다. 그는 심지어 고통스러운 조치를 취해야 할 때에도 그 목적을 숨기려 하지 않았다. 맥레이븐도 그런 특성을 갖고 있었고, 그가 나를 해고할 때 조차 나를 배려하고 있다는 것을 느낄 수 있었다. 짐 오코넬은 늘 자기 방 문을 열어 놓았고, 누군가가 방문하면 하던 일이 무엇이든 일단 중단하고 즉시 방문자를 맞이했다. 상대방의 계급이나 역할은 중요하지 않았다. 그는 모든 사람을 동등하게 그리고 존경심을 갖고 대했다. 그런 진심이야말로 진정성의 강력한 면이다.

진정성이 있다는 것은 다른 사람들의 아이디어에 마음의 문을 활짝 연다는 뜻이며, 그러면서 그들이 옳고 당신이 그를 수도 있다는 것을 인정하는 것이다. 마음의 문을 열고 지내는 리더들은 자신은 늘 옳다는 생각을 버린다. 자신이 늘 옳다고 생각하면, 자신의 말이 결정적인 말이 되어야 하고 다른 사람들의 아이디어는 무시해야 하는데, 그러다 보면 사람들의 존경을 잃게 된다. 그러나 마음의 문을 열면 보다 많은 아이디어들을 깊이 생각해볼 수 있으며, 그 결과 팀을 위한 좋은 의견들을 많이 확보하게 되고 더 나은 결정들을 내릴 수 있게 된다.

마지막으로 진정성은 유연해야 한다. 당신과 팀은 상황과 세상에 맞춰 변화하고 진화하려 하는 유연성을 갖춰야 한다. 진정성 있는 리더들은 변화가 계속 진행될 것이고, 자신들의 선택들이나 과거의 행동들에 묶여 멈춰 있지 않는다는 것을 잘 안다. 간절히 변화를 갈망하라.

명료성: 말과 의도에 확신을 가져라

● ● ●

명료성clarity은 진실된 소통을 할 때 반드시 필요하다. 명료성은 명시적이고 암묵적인 자신의 의도들을 철저히 분석하는 데서 시작된다. 어떤 리더가 임무를 수행함에 있어 명료성이 부족하다고 해서 그 임무가 반드시 실패하는 것은 아니지만, 기대한 만큼의 성취를 이루기는 힘들 것이다. 그래서 리더는 자신의 의도가 무엇인지 그리고 수용할 수 있는 바람직한 결과가 무엇인지를 명확히 밝혀야 한다. 의도를 분석하기 위해서는 그 의도가 피어 울프의 영역 안에 숨겨져 있다는 것을 인지해야 한다. 우리의 사고를 방해하는 성가신 편견들도 그런 의도들 중 하나다. 일단 그런 의도들을 찾아낸다면, 모호했던 결과들을 분명히 명시된 결과들로 변화시킬 수 있을 것이다. 혹은 원치 않는 기대치들을 찾아내고 부정적인 결과들을 피하게 될 가능성도 높다.

짐 오코넬의 경우 자신의 임무들 중 하나가 SOCOM Det 1 검증을 주관하는 것이라는 점을 분명히 했다. 자신의 목표를 아주 솔직하게 밝힌 것이다. 그러나 그의 윗선에서는 밝혀지지 않은 또는 동의하지 않는 암묵적인 의도들이 있었다. 그래서 그는 그런 의도들을 최대한 많이 밝혀내려 했다. 짐 오코넬과 그의 팀은 실제 임무에 대해 분명히 밝혔으며, 최선을 다해 해병대가 필요한 도구들을 확보할 수 있게 해주었다. 또한 그는 숨겨진 의도를 잘 이해했고, 그래서 이를 조절하면서도 사람들의 존경심을 잃지 않을 수 있었다.

궁극적인 승리가 어떤 모습일지에 대해 확신을 갖고 있는 것도 중요하다. 팀은 그 보상이 무엇인지 보상이 실제 결과들과 어떠한 관계를 맺고 있는지를 알 필요도 있다. 결국 이런 것들이 다양한 행동을 이끌어내게 되는 것이다. 팀원들에게 해병대가 쓸 적절한 차량들을 구하기 위해 '필요한 모든 일을 다 하라'고 말했을 때, 짐 오코넬은 허용 가능한 한계를 정해주었다. 그는 그 한계들을 규정하는 테스트를 '《뉴욕 타임스》 테스트New York Times test'라고 불렀다.

우리는 실패가 어떤 모습일지에 대해서도 확신을 갖고 있어야 한다. 설사 팀이 임무의 의도와 목표 그리고 허용할 수 있는 한계들을 분명히 알고 있다 해도, 임무가 실패로 끝날 때 어떤 식이 될지에 대해선 전혀 모를 수도 있다. 자기 팀원들에게 그런 명료성을 제공하는 리더들은 큰 존경을 받는 경우가 많은데, 미리 실패를 그려보기 위해선 깊은 수준의 자기 성찰과 겸손이 필요하기 때문이다.

마지막으로 사람들로부터 존경을 받으려면, 리더로서 자신의 역할이 갖고 있는 힘과 한계들, 다른 사람들에게 미치는 영향, 당신의 존재가 소비하는 막대한 에너지 그리고 효율적인 리더가 되기 위해 필요한 관점 등에 대해 명확히 알고 있어야 한다. 나는 그간 많은 리더들이 자기 자리가 갖고 있는 힘을 제대로 다루지 못해 팀원들의 존경을 잃는 것을 지켜봤다. 어떤 리더는 자신의 힘을 과신했고, 어떤 리더는 너무 과소평가해서 다른 사람들이 리더 자리를 뺏어가는 것을 허용했다. 자신의 힘을 제대로 인식하지도, 능숙하게 활용하지도 못한 것이다. 세상을 다른 누군가의 관점에서 보지 못하고 오로지 자신의 관점에서만 본 결과다.

죽음을 향한 경주

● ● ●

나는 2014년 말에 조 드 세나^{Joe De Sena}를 처음 만났다. 그는 새로운 지구력 경주 프로젝트에 나를 초대했다. 지구력 경주라면 내 전문 분야였다. 조는 고통이 따르는 장거리 스포츠를 좋아했으며, 훈련으로 인한 고통 끝에 만날 수 있는 성장과 자신감을 즐겼다. 그는 취향이 비슷한 다른 괴짜들을 자신의 농장으로 초대해 '죽음의 경주^{Death Race}'를 열기로 마음먹었다. 그 경주는 4일간 진행되는 경주였다. 그는 참가자들에게 "이 경주에 참가하지 않길 권합니다. 죽을 수도 있거든요"라고 경고했다. 경고에도 불구하고 포기하는 사람은 없었고, 오히려 더 참가하고 싶어 했다.

이 '죽음의 경주'는 엄청난 성공을 이루었으며, 오늘날 스파르탄

레이스Spartan Race(스파르타식 장애물 경주)로 진화됐다. 조는 자신의 열정으로 새로운 스포츠를 창안했으며, 그 스포츠는 자체적으로 TV 중계까지 하는 세계적인 경주가 됐다. 사업을 확장하기 위한 노력의 일환으로, 스파르타식 코치들을 양성해 자격증을 주어야겠다고 생각했다. 그래서 그는 버몬트에 있는 자신의 농장에서 열리는 행사를 주관할 사람들을 고용했다. 그리고 그는 그 사람들과 별개로 나와 다른 전문가들도 초대했다. 그 전문가들은 그의 철학에 잘 어울리는 독특한 훈련 시스템들을 창안한 사람들이었다. 조는 우리가 자신의 훈련 개념을 검증하는 데 도움을 주었으면 했다. 말하자면 '검증 자문단' 역할을 해주길 원한 것이다.

조는 자신의 임무를 분명히 밝히고 있었다. 자격을 검증해 사업을 확대하겠다는 확실한 목표를 갖고 있었고, 임무를 뒷받침하는 많은 암묵적 의제들도 정확히 밝혔다. 가장 큰 의제는 양보다는 질이 더 중요하다는 것이었다. 총 12명의 후보들이 있었고, 그들 모두가 그 주 주말에 검증을 받을 예정이었다. 조는 사람들에게 완전히 빈손으로 떠날 수도 있다는 것을 분명히 했다. 조는 심사 기준과 참가자들이 도전해야 할 훈련의 수준도 명확히 밝혔다. 그들은 잠도 자지 않고 48시간 동안 훈련을 받으면서 끊임없이 움직일 것이고, 어려운 임무들을 완수할 것이며, 무언가를 하고 가르치는 능력을 보여줘야 했으며, 매 시각 자신들의 스케줄이 어떻게 되는지도 알지 못할 예정이었다. 중요한 것은 그들의 지식이 아니라 그들의 인성이 갖고 있는 힘이었다. 이것을 찾아내는 것이야말로 내 장기였고, '코코로'

라 불리는 네이비씰의 50시간짜리 썰핏 훈련 행사와 비슷하게 진행되었다.

나는 행사 기간 동안 조의 진실성, 진정성 그리고 명료성을 확인할 수 있었다. 그에게는 이미 각종 활동들을 주관하는 팀이 있었기에 언제든 퇴근해서 가족들과 함께 시간을 보낼 수 있었지만, 그는 그러지 않았다. 그는 늘 우리와 함께했으며 참가자들과 함께 모든 행사에 참가했다. 사실 대부분의 리더들은 그렇게 하지 않는다. 조는 끝없는 오솔길을 하이킹하는 것을 즐겼고, 커다란 바위들을 던지고, 가파른 산을 오르고, 도끼로 장작을 패고, 심지어 두 시간 동안 '핫 요가(40도 이상으로 가열된 방에서 하는 요가)'를 하는 것도 즐겼다. 조는 절대 사람들이 자신을 '스파르탄 레이스'의 위대한 창시자로 떠받들게 하지 않았고, 눈에 띄는 행동도 하지 않았다. 그는 순수했고, 늘 모든 참가자와 직원들에게 깊은 존경심을 표했다. 그는 늘 솔선수범함으로써, 그와 사람들 간에 깊은 믿음과 애정이 생길 수도 있도록 만들었다. 그로 인해 그는 팀원들에게 큰 사랑을 받았다.

행사가 끝난 뒤 지칠 대로 지친 우리는 통나무들 위에 주저앉아 이야기를 나누었다. 조는 우리에게 어떻게 생각하느냐고 물었다. 나는 참가자들 중 어느 누구도 검증할 수가 없어서 조에게 그들은 아직 코치가 될 준비가 되지 않은 것 같다고 말했다. 그리고 이 행사를 통해 어느 정도의 평가는 할 수 있겠지만, 검증 행사 치고는 훈련 모델을 위한 응집력이 부족하며, 이 훈련에서 선발된 코치들이 조가 널리 알리려는 생활방식을 다른 사람들에게 가르치기는 어려울 것 같다고 덧붙였다. 일부 전문가들은 내 말에 동의를 표했고, 다른 전문가들은 침묵을 지켰다.

결국 조는 참가자들 중 그 어느 누구에게도 자격증을 주지 않았다. 그의 입장에서 테스트를 끝까지 치러준 것에 감사하는 뜻으로 위로상 같은 것을 주는 건 아주 쉬운 일이었겠지만, 그것은 그의 진실성에 위배되는 일이었을 것이다. 그는 그들에게 자격증을 받지 못할 수도 있다는 것을 분명히 밝혔으며, 결과들이 나올 때까지 계속 예의 주시하겠다고 말했다. 그는 그들의 감정을 상하지 않게 하기 위해 상호의존적인 끌림에 의해 자신의 목표나 의도를 바꾸지 않았다. 또한 우리의 의견을 반영해 훗날 새로운 접근방식을 만들었다. 자격증을 교부받는 코치 프로그램은 오늘날까지 성공적으로 진행되고 있으며, 조는 자신의 조직 안에서 계속 큰 존경을 받고 있다.

여전히 실패하고, 배운다

• • •

당신은 아마 지금쯤 내가 기업에서 엘리트 팀들을 구축하는 데 성공을 거뒀을 거라고 생각할 것이다. 그러나 별로 그렇지 못하다. 네이비씰의 세계에서 흔히 하는 말처럼, 나는 아직 FUBAR^{fucked up beyond} all repair(고칠 수 없을 정도로 엉망인) 상태였다.

짐 오코넬의 제안에 따라 현역으로 복귀하기 전, 나는 부업으로 온라인 사이트 네이비씰즈닷컴을 개발 중이었다. 나는 혼자서 마케팅할 자신이 없었고, 그래서 한 기업과 제휴를 맺어 웹사이트를 구축하고 온라인 판매 전반을 관리했다. 기본적으로 전자상거래 부문을 그 회사에 아웃 소싱(기업 업무의 일부를 제3자에게 위탁해서 처리하는 방식)했는데, 사실상 그 당시에는 전자상거래가 사업의 전부라고 해도 과언이 아니었다. 나는 그 회사에 대해 별 신경을 쓰지 않았는데, 당시 그 회사 설립자의 아내와 함께 다른 일을 하고 있어 신뢰도가 높았기 때문이다. 게다가 그 회사는 새로운 분야였던 온라인 사업 및 판매에 경험이 많았다. 그런데 현실은 내가 새로운 인터넷 기술에 무지하다고 느끼는 내 피어 울프를 먹여 살리고 있었던 것이다. 이런 자기 회의가 나의 그림자였다. 내가 전자상거래에 대해 아무것도 모르고, 그래서 플랫폼을 구축하는 데 도움이 필요했던 건 사실이다. 그런데 문제는 전자상거래에 대해 연구를 해보거나 다른 방법들을 시도해볼 생각조차 안 했다는 것이다. 그 대신 나는 그들의 전문 지식을 그대로 믿었고, 법률 상담도 해보지 않고 대부분의 운영을 그들에게 아웃 소싱한다는 계약서에 서명을 했다.

그 사업 파트너들은 사업을 성공시키기 위해 시간과 돈을 투자하기 시작했는데, 그들과 관계를 맺은 지 몇 개월 만에 나는 이 동업 관계가 제대로 돌아가지 않을 것이라는 점을 감지하기 시작했다. 어느 순간 그들과 나의 가치들이 동일선상에 있는 것 같지 않았는데, 이는 내가 그들과의 소통은 물론 그들의 보고 내용을 이해하는 데 어려움을 느끼면서 내린 결론이었다. 9·11 테러 공격에 정신이 팔리고 네이비씰 출신 예비역들에게 관심을 쏟으면서, 나는 몇몇 중요한 세부 내용들을 무시하고 넘어가기 시작했다. 그러나 내 직감은 계속 무언가 문제가 있다고 말하고 있었다. 마침내 나는 용기를 내 우리가 서로 동의한 명시적이고 암묵적인 권리와 책임에 대해 그들과 터놓고 얘기를 나눴다.

그런데 악마는 디테일에만 있는 것이 아니다. 가끔은 디테일들 간의 여백에도 있다. 나는 너무 많은 통제권을 그들에게 넘겨주었고, 그들이 내 사업을 한 조각씩 탈취해가는 기분이었다. 나는 그들과 동업하는 데 도움을 줄 금융 전문가를 끌어들였지만, 모든 것이 마치 모로 베이에서의 보트처럼 되어가고 있었다. 금융 전문가를 끌어들인 것이 신경전처럼 되어버렸고, 며칠 후 나는 도메인 호스팅 회사로부터 한 통의 전화를 받았다. 사업 파트너들이 자신들에게 연락해 내 소유로 되어 있는 네이비씰즈닷컴의 도메인을 자신들에게 이전해달라고 요청했다는 전화였다. 내 새로운 사업 파트너들은 도메인에 대한 권리가 자신들에게 있다고 느낀 것이 분명했다. 난 전혀 이해할 수 없었고, 소중한 자산에 대한 내 소유권을 양도할 의사도 전혀 없었다.

그들은 내가 그들과 계약을 끝내고 싶어 한다는 것을 알고 있었고, 자신들의 투자금을 지키기 위해 도메인을 장악하려고 애쓰고 있었다. 결국 나는 계약을 끝내는 조건으로 그들에게 돈을 지불해야 했다. 한 달 후 그들은 새로운 도메인 이름으로 똑같은 사업을 시작했다. 그들의 새로운 사업은 단순히 도메인 이름을 바꾸고 웹사이트만 조금 수정했을 뿐 내 사업과 동일했다. 그들은 도메인 콘셉트도 그대로 도용했으며, 내가 전쟁터에 가 있는 동안 내 작은 사업을 뛰어넘고 나를 짓밟았다.

이번 일 역시 내 잘못이다. 내 의도들에 대한 명료성이 부족했고, 진정성을 입증하지 못한 것이다. 나는 무엇보다 먼저 내가 왜 동업을 해야 하는지에 대해 명확하지 않았다. 도메인의 소유권에 대한 한계들을 알리는 데도 불분명했다. 심지어 사업의 비전을 알리는 데도 명료성이 부족했다. 나는 진정성 있는 사람이 되려 했으나, 그것으로는 충분치 않아 모든 것이 엉망진창이 되어버렸다. 명료성이 부족해 법적인 문제를 만들고 경쟁업체만 하나 만들어낸 셈이다. 그로 인해 나는 내 작은 사업을 잃었다.

나는 양조 사업에서는 용기에 집중하는 데 실패했다. 모험 사업의 경우 믿음에 집중하는 데 실패했다. 그리고 최근의 온라인 사업에서는 존경심에 집중하는 데 실패했다. 나는 과연 비즈니스 세계에서 엘리트 팀을 구축하는 일을 성공할 수 있을까? 나는 스스로 아직 더 성장해야 하고 더 정화되어야 한다고 생각했다. 연이은 실패에도 불구하고, 이 모든 경험들을 통해 나는 자신의 성장에 집중하는 것이 얼마나 중요한지 배웠으며, 모든 것을 팀원들과 함께하는 것이 가장 강력한 성장 기회들 중 하나라는 것도 배웠다. 자 이제, 성장 속도를 높이는 데 당신 팀을 어떻게 활용할 것인지를 알아보도록 하자.

존경심의 기본 요소를 확인하라

1단계

사람들의 존경을 잃었던 과거의 경험을 마음속에 떠올려보라. 어떤 결정들을 내렸고, 스스로와 타인에게 어떤 악영향을 미쳤는가? 잠시 그 상황을 떠올려보고 다음 질문들에 답을 작성해보라.

· 어떤 기분인가?
· 무엇을 배웠는가?
· 같은 일이 반복되었는가?
· 어떤 가면을 썼는가? 예를 들어 판단이 두렵거나 당신의 무능이 두려워 가면을 썼는가?
· 어떻게 진실성과 진정성 또는 명료성에 실패했는가?

2단계

이상적인 육체적·정신적·감정적 상태에 있는 스스로를 떠올려보라. 당신이 도덕적 진실성, 가면을 쓰지 않는 깊은 진정성 그리고 소통에서의 철저한 명료성을 가지고 행동하는 것을 상상하라. 당신의 팀과 가족들이 어떠한 존경심을 가지고 당신을 대하는지 상상하라.

· 어떤 기분인가?
· 무엇을 배웠는가? 예전의 자신과 이상적인 자신 사이의 차이점은 무엇인가?
· 어떻게 당신의 진실성과 진정성과 명료성을 개선할 수 있겠는가?

리더십 원칙 4
성장

누구나 멘토는 필요하다

STARING DOWN THE WOLF

불편함에 맞서라

• • •

1990년 6월, 나는 지옥에 있었다. 네이비씰 훈련은 BUD/S 6개월에 SQT(네이비씰 자격 훈련) 3개월, 총 9개월이 걸린다. 훈련에는 리더십과 SERE(생존, 회피, 저항, 탈출) 그리고 낙하 훈련 등이 포함된다. 용기를 가지고 이 모든 것을 끝까지 참고 견뎌 동료들로부터 믿음과 존경을 받는 사람들은 삼지창 휘장을 달 권리를 갖게 된다. 휘장을 단 그들은 새로운 팀과 함께 처음부터 다시 훈련을 시작하게 된다. 네이비씰 대원이 되는 건 끝나지 않는 기나긴 훈련 및 성장 과정으로, 그

중간중간에 강력한 임무들도 처리해야 한다.

BUD/S에서는 여러 가지 훈련 모델들이 활용된다. 이 훈련의 목표는 신병들의 기본 기술들과 특성을 개발해 엘리트 특수부대원을 만드는 것이다. 그들이 익히는 기본 기술들로는 달리기, 점핑, 등반, 수영, 싸움 같은 기술들과 사격, 이동, 소통, 다이빙, 폭발물 및 소형 보트 다루기 같은 전술 기술들을 꼽을 수 있다. 이런 기술들은 '수평적 기술horizontal skills'로, 일을 더 잘할 수 있도록 도움을 줄 수는 있지만 한 인간으로서의 우리의 인격을 바꿀 정도는 못된다.

인격 훈련은 수평적 기술들을 합친 것으로 측정되진 않는다. 그보다는 사고의 질, 도덕적 기준, 연민, 참가자의 관점 등을 고려하여 측정된다. 능수능란한 네이비씰 교관들은 극단적인 압박감과 도덕적 모호함 속에서 의사결정 테스트를 하는 시나리오와 사건들을 만들어낸다. 가장 유명한 훈련이 바로 6일 넘게 지속되는 아주 길고 고통스러운 '지옥 주Hell Week'다.

도가니는 일종의 용기로, 그 속에 금속들을 넣고 극히 높은 열을 가하면 또 다른 형태의 금속으로 변화된다. 도가니는 혹독한 시련을 나타내는 용어이기도 한데, 그 시련 속에서 여러 요소들이 상호작용해서 새로운 것이 만들어지기도 한다. 도가니에 대한 정의는 지옥 주에도 잘 들어맞는다. 지옥 주는 참가자들이 변화될 때까지 열을 가하는 일종의 도가니 같은 것으로, 이 혹독한 훈련을 통해 참가자들의 인성까지 변화시킬 수 있는 새로운 요소들이 도입된다.

지옥 주는 5박 6일 간 24시간 내내 나약함과 두려움을 태워 없애며, 다른 방법으로는 만들어내기 힘든 팀 결속력을 만들어낸다. 나와 같이 BUD/S 과정을 시작한 185명의 훈련생들 가운데 겨우 70명 정도만 지옥 주 훈련에 참여할 수 있었다. 지옥 주 기간 중에 다시 40명이 낙오됐으며, 마지막에는 겨우 19명만 졸업할 수 있었다. 낙오된 166명 가운데 일부는 회복력이 부족했고, 일부는 부상을 입기도 했다. 그러나 대부분은 변화하는 데 필요한 극단적인 불편이 야기하는 일시적인 고통을 견디지 못해 탈락했다.

지옥 주 훈련이 변화를 위한 독특한 훈련 프로그램들 중 하나라는 사실에는 의심의 여지가 없다. 그간 다른 엘리트 특수부대들이 이 훈련의 여러 측면들을 그대로 따라 했으며, 또 많은 민간인들이 씰핏의 50시간짜리 코코로 도가니 훈련 같은 미니 지옥 주 훈련들을 통해 그 놀라운 효과를 직접 경험하기도 했다. 대부분의 훈련생들은 이틀 밤을 꼬박 새운 뒤 자신들이 왜 이 훈련을 받고 있는지에 대해 회의를 갖기 시작한다. 자신이 세상에서 가장 거친 사내들 중 한 명이라는 것을 증명하기 위해 BUD/S에 참가했던 사람들은 문득 자신에게는 이 훈련이 별 의미가 없다는 사실을 깨닫게 된다. 어떤 사람들은 왜 그 훈련을 받으려 했는지를 기억하지 못하기도 한다. 그런 사람들은 도중에 훈련을 중단하면서 이 훈련이 사람들을 변화시키는 데 큰 도움을 준다는 사실을 애써 부인한다.

포기하지 않고 이 훈련을 끝까지 받으려면, 불편을 참고 견딜 수 있어야 하며, 자기 내면을 들여다보며 "나는 이 훈련을 끝까지 받을 거야. 나는 그럴 가치가 있어"라고 확신할 수 있어야 한다. 훈련을 끝까지 마친 이들은 '포기는 없다'는 마음자세를 갖고 있기에 지옥까지 갔다가도 되살아 돌아올 수 있는 것이다. 그렇게 철저한 신념과 힘든 것을 참고 견디는 용기가 그들의 특성을 발달시키는 것이다. 훈련생들은 어떤 특정 수준에서 지옥 주를 시작해 강하고, 예리한 인식을 가진 전혀 다른 팀원이 되어 훈련을 마친다.

자, 이제 호라Horra에 대한 이야기를 해보도록 하자. 훈련에 참가한 사람들은 스트레스와 혼란을 통제할 수 있다고 생각하지만 그렇지 않은 경우도 종종 있다. 대표적인 사람이 나의 동기 호라였다. 호라는 육체적으로 건장하며 네이비씰이 되는 데 필요한 기본적인 자질을 갖추고 있었다. 매 단계를 용케 통과했으며, 훈련 교관들이 미처 눈치 못 챈 가운데 어려운 순간들을 힘겹게 넘겼다. 그러나 지옥 주는 제대로 통과하지 못할 것 같다는 생각이 들었다.

지옥 주는 일요일에 시작해 다음 주 금요일에 끝난다. 그러나 주최 측에서는 정확히 언제 시작하고 끝나는지는 말해주지 않는다. 갑작스러운 일제 사격, 연막탄, 폭발, 사이렌 소리, 소방 호스 등이 앞으로 몇 시간 동안 엄청난 혼란이 일어날 것을 예견할 수 있도록 해줄 뿐이다. 온갖 도전들이 끊임없이 이어지고, 교관들은 참가자들을 녹초가 되게 만들 방법들을 찾아낸다. 그런 다음 진짜 훈련이 시작된다. 처음 이틀을 꼬박 뜬눈으로 지새우고 난 뒤, 훈련생들은 끊임없는 성과 압박 및 극심한 탈진 상태에 적응한다. 나는 참선을 하면서 배운 호흡 조절 및 긍정적인 자기 대화, 성공의 시각화, 존재감 유지 등에 의존했으며, 소소한 목표들에 집중했다.

그 주 목요일 오전 11시쯤, 훈련생들은 새벽 훈련을 마치고 기진 맥진한 상태로 돌아왔다. 밤에는 환상적인 코로나도 섬 주변에서 오랫동안 노를 저었으며, 임페리얼 비치 근처의 모래 언덕에서 끝없는 훈련을 했다. 차가운 태평양의 물, 아물지 않은 상처들 그리고 모래들이 늘 우리와 함께했다. 교관들은 우리한테 아주 잘했다면서 따뜻한 물로 하는 샤워와 네 시간의 수면을 상으로 받게 될 거라고 했다. 그리고 난 후 우리는 집에 있는 어머니에게 편지를 써야 했다. 모두들 따뜻하고 뽀송뽀송한 유니폼을 입은 채 책상 위에 쪼그리고 앉아 편지를 쓰기 시작했으나 얼마 안 지나 쿨쿨 코 고는 소리만 들렸다.

그리고 다시 지옥이 열렸다. 교관들은 우리를 들들 볶았고, 5일간 밤을 세웠기 때문에 아주 잠깐이었지만 깊은 렘REM 수면 상태에 빠져들기에 충분한 시간이었다. 지옥 주는 정신적·육체적 강인함을 검증하는 훈련이지만, 네이비씰 대원이 전투 중에 경험하게 될 환경들을 시뮬레이션해 보기 위한 목적도 있다. 전투 중에는 끊임없는 혼돈 속에 빠져들기 때문에 언제 음식을 먹을 수 있게 될지, 언제 잠을 잘 수 있게 될지 알 수가 없다. 무엇 하나 통제할 수 없는 상태에서 수면 부족으로 인해 눈앞에서 발생하는 사건에 반응하는 능력마저 잃게 될 수도 있다.

나는 적어도 4시간 동안은 안전하다고 생각해 깊은 잠에 빠져들었다. 그러나 곧 기관총 소리와 연막탄 터지는 소리가 들리고 교관들의 외침에 다시 잠에서 깨어났다. 훈련생들은 깊은 잠에서 깨어나 순식간에 차가운 바닷물로 뛰어들어 파도를 타야 했고, 나는 시야를 가리고 있던 거미줄들을 잽싸게 걷어내야 했다. 나는 보트 탑승자들을 끌어 모았고, 밖으로 나가면서 얼핏 호라를 보았는데, 그는 매우 혼란스러워 보였다. 누군가가 그를 자리에서 끌어내 일으켜 세우려 했지만, 요지부동이었다. 그러다 누군가에 의해 간신히 밖으로 끌려 나오는 듯했다. 일단 밖으로 나오자 나머지 팀원들은 해안 훈련 지역을 향해 앞다퉈 달려갔는데 그는 혼자 여기저기 어슬렁거렸다. 그런 기이한 행동을 멈추지 않자, 교관들은 빨리 움직이라고 외치면서 그를 압박하기 시작했다. 그러나 그는 교관들의 존재조차 인식하지 못하는 것처럼 아무 반응도 없었다.

결국 위생병들이 그를 구급차에 태워 병원으로 데려갔다. 그는 병원에서 검사를 받았고, 부적격자로 판정받아 훈련에서 배제됐다. 만일 전투 상황이었다면, 그 때문에 팀 전체와 임무 자체가 위태로워졌거나, 심한 경우 그가 죽을 수도 있었을 것이다. 그런데 제대로 기능하지 못했던 호라의 뇌 속 무언가가 그런 현실을 직시하게 했는지, 돌아오는 구급차 안에서 천장을 물끄러미 쳐다보던 그가 정신을 차렸다. 자신이 어디에 있고, 앞으로 어떻게 될 것인지 상황 판단을 한 호라는 차량이 멈추자 문을 열고 뛰어내려 있는 힘을 다해 달려 기지 쪽으로 돌아왔다.

호라가 BUD/S 지역으로 돌아오자마자 바로 보트 팀원들과 함께 물로 들어갔다. 훈련 교관들은 그를 발견하고 놀라서 자기들끼리 눈을 맞췄다. 저 정신 나간 친구를 말려야 하는지를 묻는 듯한 눈빛이었다. 선임 교관은 파도 속에 들어가는 호라를 쳐다보고 있는 교관들을 향해 씩 웃으며 어깨를 으쓱해 보였다. 네이비씰 교관들은 늘 특이한 훈련생들, 그러니까 규율을 어기지 않으면서 현상을 깨는 훈련생들을 눈여겨본다.

호라는 '잠'에서 깨어났다. 자신의 목표에 대한 보다 깊은 각성을 한 것이다. 그는 수면 부족에 굴복하여 네이비씰이 될 수 있는 기회를 거의 날릴 뻔했다는 사실을 깨달았다. 그는 똑똑한 젊은이였지만, 아직 자신의 내적 환경을 통제하는 훈련이 되어 있지 못했다. 그러나 위기의 순간 무엇인가 변화를 촉발했다. 사람들이 큰 위기에 봉착할 때 일어나는 기적 같은 일이 일어난 것이다. 현실을 인식하고 숨겨진 힘의 원천을 발견하게 되면서 즉각적인 변화를 통해 빠른 속도로 성장하는 것이다. 호라의 경우도 그랬다. 그는 팀원들과 함께 지옥 주를 무사히 마쳤고, 나머지 훈련의 다른 모든 부분들에서도 뛰어난 성과를 보였다. 그는 진정한 리더가 됐고, BUD/S 클래스 170을 마치고 삼지창 휘장을 단 19명 중 한 사람이 됐다. 이와 같은 성장의 핵심 요소에는 도전challenge, 다양성variety 그리고 멘토mentors 가 있다.

도전을 통해 수직적 성장을 경험하라

● ● ●

우리는 굳이 지옥 주 훈련을 할 필요는 없지만, 리더로서의 능력을 최대한 키우려면 자신에 대한 도전을 계속해야 한다. 그렇다고 아무 것에나 도전해서 헛고생을 할 필요는 없다. 도전의 종류와 도전에 대한 접근방식이 중요하다. 가장 중요한 것은 의미 있는 도전들을 즐거운 마음으로 받아들이고, 힘든 순간들을 거치면서 조금 더 발전하기 위해 노력하는 것이다. 안전지대에서 빠져나오고 불편을 감수함으로써, 스스로를 나약한 패턴들 속에 가두는 현상을 타파하는 것이다.

나는 조정과 철인 3종 경기같이 아주 힘든 지구력 스포츠를 통해 도전을 사랑하는 법을 먼저 배웠다. 그 후에는 매일 무술을 연마했다. 그리고 나선 지구 상에서 가장 혹독한 군사 학교에 지원했다. 현재는 힘든 기능 운동이나 합기도, 요가를 한다.

편안함에 안주하지 않고 끊임없이 도전하는 것은 일종의 생활방식이다. 이런 생활방식은 자기 자신에게 도전하고 싶어 하는 다른 사람들에게도 영향을 주고 또 그들을 자극해 당신과 함께 훈련하게 만든다. 같이 훈련을 하면 더 빠른 속도로 성장하게 된다. 많은 특수 부대원들이 자기 팀을 떠날 때 어려움을 겪게 되는데, 그것은 더 이상 주변에 자기 자신에게 도전하는 사람들이 없기 때문이다. 그래서 우리는 용기 재단을 통해 참전 군인들에게 그들이 다시 개인적으로 성장하고 서로 돕는 팀의 일부가 될 수 있다는 사실을 일깨워준다. 함께 도전해 다시 한번 발전하는 자신을 만날 수 있게 되는 것이다. 도전은 리더로서 당신에게 모든 측면에서 영향을 주며, 그 결과 강력한 통합 및 연결 능력을 갖게 되고, 높은 단계의 의식으로의 발전이 가능해진다.

도전을 통해 발전을 가속화할 기회를 마련하는 것이야말로 엘리트 팀들의 특성들 중 하나다. 한 팀원이 자신이 할 수 있는 모든 것에 도전하다 보면 이른바 '수직적 발전vertical development'에 이르게 되는데, 이는 '수평적 발전'에 반대되는 개념이다. 수직적 발전은 개인적 발전으로, 보다 큰 연민과 인식 그리고 능력을 갖게 해준다. 더불어 인성 발달도 함께 진행되면서 폭넓은 관점과 섬세한 의사결정 능력을 갖게 된다. 수직적 발전을 통해 한 명의 팀원은 다른 사람들에게 관대하면서도 세심해진다. 이는 새로운 기술들을 습득하거나 무언가를 더 잘하게 되는 것과는 다르다. 수평적 발전은 효율적이며 효과적인 실행에 도움을 주지만, 우리를 한 사람으로서 진화시켜주지는 않는다. 수직적 발전은 사다리를 타는 것과 비슷하다. 그 사다리를 타고 올라가 점점 더 높은 단계의 인식과 관점과 자존감을 갖게 되는 것이다.

우리는 수직적 발전의 3가지 단계인 자기중심적 단계, 민족중심적 단계 그리고 세계중심적 단계를 겪을 수 있다. 수직적 발전의 목표는 세계중심적인 배려와 관심 단계로, 다섯 번째 고원으로 올라가는 것이다. 그러나 많은 사람들이 첫 번째 고원과 두 번째, 세 번째 고원이 포함되는 자기중심적 단계와 민족중심적 단계에 갇혀 벗어나질 못한다. 내가 이 책에서 얘기하고 있듯이, 우리가 잠재력을 100퍼센트 발휘할 경우 발전이 가속화되어 세계중심적 리더십을 갖게 될 것이다. 그것이 자연스러운 진화 단계다. 이를 위해서 먼저 팀을 구축해야 한다.

어쩌면 우리는 이미 깨우침을 얻었고 잠재력을 100퍼센트 발휘하고 있다고 생각할 수도 있다. '진부한 이야기' 안에 갇혀 잠재력을 제한하고 있는 패턴들에서 자유로워지기 위해 우리는 우리가 알고 있다고 생각하는 모든 것들에 도전해야 한다. 이는 팀원들의 도움을 받아 성공할 수 있다. 팀은 팀원들 사이에서 보다 깊은 진정성을 만들어낼 조건들을 정할 수 있다. 그리고 이는 수직적 발전 훈련을 통해 성취될 수 있다. 호라는 바로 이런 식으로 진화됐다. 당신과 당신 팀도 마찬가지일 것이다.

발전의 새로운 단계로 올라가는 것과 새로운 단계로 올라가는 듯하지만 실은 일시적인 상태를 경험하는 것이 어떻게 다른지 살펴보도록 하자. 네이비씰 대원들은 흐름flow 및 절정peak 상태를 경험하는 데 익숙하다. 그런 상태들은 한 사람의 몸과 마음, 그리고 감정들이 일사불란하게 움직이는 가운데 복잡한 일에 관심을 쏟아야 하는 경험을 할 때 나타난다. 어느 시점에서는 시간이 느리게 가거나 빨리 가는 것처럼 느껴지고, 모든 상황이 힘들이지 않고 흘러간다. 그 결과 다른 사람들과 자연 그리고 우주 그 자체와 깊이 연결되어 있다는 느낌과 함께 주변 환경에 대한 예리한 인식이 그 뒤를 따른다. 이 같은 일시적 상태 변화들을 통해 개인의 성과가 향상될 수 있으며, 동시에 보다 높은 단계의 개인적 진화로 나아가는 길을 가리키는 내적인 '흔적 마커trail marker'를 남기게 된다.

나는 이런 경험을 자주 했다. 이런 일들은 내가 특별한 사람이기 때문에 일어난 것이 아니다. 그저 내가 훈련 과정에서 대비를 해야 했고, 상황상 한 가지 도전 과제에 집중해야 했기 때문이었다. 그러나 흐름 또는 절정 상태와 같은 경험들은 일시적인 것이고, 수평적 기술 숙달을 통해서도 경험할 수 있다. 이는 수직적 발전 단계 변화와는 다른 것이다. 고원을 변화시키기 위해서는 깊은 인식과 복잡한 의사결정이 필요하다. 수직적 발전은 흐름의 상태가 동반되는 것도 아니고, 더할 나위 없이 행복한 경험도 아니다. 오래된 믿음과 패턴들을 버리면서 오히려 다소 불편해질 수도 있는 경험이다. 그러나 도덕적이고 감정적으로 또 영적으로 발전하려면 일시적인 불편은 불가피하다. 오래된 허물을 벗는 일에는 고통이 따른다.

우리는 반드시 자기 자신에게 도전해 팀원들과 함께 수직적 발전을 경험해야 한다. 오랜 세월 동안 비즈니스 세계에서는 수직적 발전도, 마음 훈련도 없었다. 그러나 오늘날에는 이사회와 투자자들에 대한 배려와 관심 못지않게 세계중심적인 관점을 갖는 것이 중요하다. 모든 사람이 중요하고, 서로 연결되어 있으며, 중요한 역할을 한다는 것을 받아들여야 한다. 오로지 수직적인 성장에 도전할 때 이 모든 것들을 제대로 구현할 수 있다.

자신의 능력을 발전시켜 선한 일은 물론 그 어떤 일이든 더 잘하게 하라. 대부분의 리더들은 뛰어난 인성 및 훈련 기술들을 채용을 통해 보강하려 한다. 잠재력 있는 사람들을 채용하고 실적을 올리기 위해 훈련을 시키고 싶어 한다. 이미 성장에 집중하고 있는 사람들을 채용한 뒤 수직적 발전 훈련을 제공해 채용된 사람들이 자기 분야에 필요한 방법들을 능숙하게 다룰 수 있게 해주는 것이다. 잠재력 있는 사람들을 채용하고, 인성과 기술을 모두 훈련시켜라.

도미노를 쓰러뜨리는 1퍼센트의 노력

• • •

당신은 적어도 매일 1퍼센트라도 발전하기 위해 스스로를 한계까지 몰아붙이고 싶을 것이다. 그렇다면 맡고 있는 모든 일과 상호작용의 질을 1퍼센트라도 발전시킬 수 있게 노력하라. 별거 아닌 거 같지만, 시간이 지나면 그 극적인 효과가 나타날 것이다. 당신의 마음에 더 깊이 집중하고 존재감을 키워라. 혼신의 힘을 다해 호흡 조절과 집중, 명상, 배움을 통한 시각화, 실천 그리고 가르침 같은 수직적 발전 기술들을 정복하라. 이 모든 것은 반복을 통해 도전의 수준을 조금씩 높일 수 있다. 그리고 이런 접근방식을 통해 우리는 혼합^{compounding}의 힘을 발휘할 수 있게 된다.

혼합은 금융 분야에서 복리가 작동되는 방식과 유사하다. 매일 자신에 대한 도전을 조금씩이라도 늘리면 성장을 위한 투자에서 점점 더 높은 수익률을 보게 되는 것이다. 처음에는 결과들이 조금씩 천천히 누적되지만, 곧 리더십 능력 및 팀 역량이 눈에 띄게 늘게 되며 전반적인 성공으로 이어지게 된다.

또한 작은 도미노들이 여세를 몰아 훨씬 더 큰 도미노들을 쓰러뜨리게 되는 것처럼, 수직적 리더십 성장을 통해 힘을 투사할 수 있게 된다. 당신이 다룰 줄 모르는 총기를 건네받았다고 치자. 사실 오줌을 지릴 정도로 그 총기가 무서울 수도 있다. 그러나 그 총기의 사용법을 알려줄 멘토가 있다면, 훈련을 통해 20미터쯤 떨어진 표적까지 맞출 수 있게 될 것이다. 그다음에는 모든 총알을 90미터쯤 떨어진 표적 중앙에 명중시킬 수 있을 것이고, 그다음에는 걷고 달리면서도 정확한 사격을 할 수 있을 것이다. 결국 당신은 당신의 기술들을 혼합하면서, 점점 더 큰 힘을 투사하게 되는 것이다. 그저 첫 번째 도미노만 쓰러뜨리면 된다. 그러면 별도의 노력이 없이도 그 도미노가 다음 도미노를 쓰러뜨릴 것이고, 그 도미노는 또 그다음 도미노를 쓰러뜨릴 것이다. 그리고 처음 시작할 땐 쓰러지리라고 상상도 못할 만큼 큰 장애물도 쓰러뜨리게 될 것이다. 혼합과 투사를 합침으로써 개인적 성장 목표들을 이루는 것을 상상해보라.

기본을 잊지 말라

• • •

하지만 기술들이 아무리 발전한다 해도, 성장을 위한 도전 개념의 핵심은 기본이다. 수평적인 기술들과 수직적인 기술들을 전부 활용해 토대의 기본들을 닦아야 한다. 다시 사격의 경우를 예로 든다면, 수평적인 기술의 기본들은 총 쥐는 법, 사격 자세, 호흡법, 방아쇠 당김 등이다. 그 외의 다른 요소들에서 발전이 있었다 해도, 이런 기본들은 꾸준히 연습해야 하며, 그렇지 않을 경우 원하는 발전을 이루지 못할 수도 있다.

마음 훈련과 같은 수직적 기술들의 경우, 멋진 기술들에 마음을 뺏겨 기본을 무시하는 경우가 많다. 그럴 경우 토대가 무너져 내릴 수 있다. 그래서 자신이 어떤 기본 기술들이 필요한지 면밀히 살펴봐야 하며, 그런 다음 그 기술들을 발전시킬 방법을 찾아야 한다. 예를 들어, 내가 언비터블 마인드 훈련에서 가르치고 있는 기술들을 요약하면 다음과 같다.

기술 1 박스 호흡법을 연습하면 균형을 다시 찾게 될 것이고, 스트레스를 통제하고 마음을 진정시킬 수 있을 것이다.

기술 2 긍정성은 정신적·정서적으로 안정적인 상태를 유지하게 해주고 긍정적인 늑대를 먹여 살릴 것이다. 이는 팀의 평화와 자존감 그리고 역량에 아주 긍정적인 영향을 준다.

기술 3 미래를 시각화하면 그 미래가 바람이 아닌 운명이 될 것이며, 과거를 시각화하면 후회되는 일들을 제거하는 데 도움이 될 수 있다.

기술 4 소소한 목표들을 비전과 임무에 연결 짓고 가장 중요한 목표들에 조준하여 집중한다면, 아주 큰 성과를 올릴 수 있게 될 것이다.

당신의 에고가 이미 목표를 달성했고 그래서 이제 더 이상 훈련을 받을 필요가 없다고 당신을 속일 수도 있으므로 조심하라. 에고는 가장 극복하기 힘든 장애물이 될 것이다. 잘 기억해둬라. 미국 소설가 거트루드 스타인Gertrude Stein이 "그곳에 그곳은 없다There's no there there"라고 말했듯이, 당신은 늘 무언가가 되기 위한 과정에 있을 뿐이다. 온전하고 통합된 세계중심적 리더가 될 것인가? 아니면 스스로 더 이상 훈련과 도전이 필요 없다고 생각하면서 그에 못 미치는 리더가 될 것인가?

도전에 집중하라

● ● ●

매일 자신에게 도전하는 연습을 할 수 있는 가장 좋은 방법은 무엇인가? 어디서부터 시작해야 하는가? 바로 현재 자신의 안전지대는 무엇이며 틀에 박힌 습관들은 무엇인지 살펴보는 것으로 시작하면 된다. 그런 다음 스스로에게 도전을 하면서 그 안전지대나 습관들에서 빠져나오는 것이다. 팀과 멘토 또는 코치의 도움을 받아 안전지대들을 알아내도록 하라. 대표적인 안전지대와 습관은 다음과 같다.

1. 소셜 미디어에 비상식적일 정도로 많은 시간을 쓴다.
2. 너무 많은 것들에 "네"라고 한다.
3. 좋지 않은 식사 및 수면 그리고 운동 습관들을 가지고 있다.
4. 박스 호흡법을 통해 스트레스를 해소하지 않는다.

5. 대화를 중단시키고 인간관계를 망치는 반동적인 사고 또는 감정 패턴들이 있다.

6. 갈등에 직면할 때 위축되어 더 낮은 고원으로 내려간다.

7. 자신이 무엇을 원하는지 또는 원하는 것을 표현하는 데 어려움이 있다는 것을 모른다.

피어 울프에 당당히 맞서고 잘못된 습관들과 편견들 그리고 조건화된 패턴들에 도전해 성장할 수 있는 기회는 얼마든지 있다. 기다가-걷다가-달리기 원칙을 활용하되 한 가지 패턴부터 시작하도록 하라. 그런 다음 잘못된 습관에 정반대로 행동하면서 극복하도록 하라. 예를 들어, 나는 모든 요청에 "아니오"라고 말하거나 "생각 좀 해볼게요"라고 말하는 훈련을 함으로써, 모든 것에 "네"라고 말하는 습관을 서서히 극복했다. 그 결과 나는 보다 합리적이고 현실적인 결정을 내릴 수 있는 자유를 누리게 됐다. 누군가 어떤 요청을 하고 무심코 "네"라는 말이 튀어나오려 하는 상황에서 잠시 뒤로 물러나 생각함으로써, 상대의 마음에 들려하거나 숨겨진 두려움에 따라 행동하는 대신 내 입장에서 옳은 것이 무엇인지를 분명히 볼 수 있었다. 이렇게 간단한 훈련을 통해 나는 무엇이 옳은지에 대해 훨씬 더 집중할 수 있게 됐고, 더 많은 시간을 두고 생각할 수 있게 됐다. 게다가 약속을 남발해 불필요한 노력을 쏟을 필요도 없게 됐다.

잊지 말자. 편향된 패턴들은 내면에 깊이 새겨져 완전히 극복하기 전까지는 계속 당신을 옭아맬 것이다. 먼저 당신의 시간과 에너지를 가장 많이 뺏어가는 패턴들을 극복하는 데 집중하도록 하라. 그러다 보면 돌파구들을 발견하게 될 것이며, 이 돌파구가 훨씬 더 강력한 동기부여책이 되어 당신이 수직적 발전 훈련에 매진할 수 있도록 만들어줄 것이다. 당신이 극복하고자 하는 가장 큰 패턴들을 극복하기 위해 매일 스스로에게 도전하겠다고 팀원들과 약속해보라. 이것은 실행에 옮길 경우, 당신은 정말 빠른 속도로 진화된다는 사실에 놀라게 될 것이다.

계속해서 새로운 환경에 노출시켜라

● ● ●

매일 계속해서 똑같은 일들을 반복한다면, 다양성을 경험하기 힘들게 될 것이다. 매일 똑같은 환경 속에서 똑같은 사람들만 보게 되고, 승진을 한다 하더라도 달라지는 것은 오로지 일의 난이도뿐이다. 다양성이 없으면 계속 틀에 박힌 생활을 하게 된다.

그러므로 우리는 개인적인 노력과 직업적인 노력 모두에서 다양성을 갖추어야 한다. 이는 스스로를 늘 새로운 것과 새로운 장소, 새로운 사람, 그리고 새로운 아이디어에 노출함으로써 큰 도움을 받게 될 것이다. 예를 들어 삶에 다양성을 가져다주는 요소들로는 취미, 교육 과정, 여행, 모험, 부업 등을 꼽을 수 있다. 우리는 이런 것들을 통해 지평을 확대하고 뇌 속에 새로운 신경 자극을 줄 수 있다. 만일 그런 다양성 덕분에 스스로에게 도전해 스카이다이빙이나 암벽 등반같이 두려운 일들에 당당히 맞설 수 있게 된다면, 큰 자신감도 가질 수 있게 될 것이다.

나에게는 분기별로 새로운 도전에 나서고 그 도전 결과를 서로 책임지는 코칭 고객들이 있다. 최근 그들 중 몇 명이 8주간의 즉석 수업에 참여했는데, 수업을 무사히 마친 그들은 자신이 극복한 두려움에 대해 열변을 토했다. 수직적 발전의 관점에서 보자면, 다양성을 통해 새로운 기술들을 개발할 수 있으며, 새로운 아이디어와 문화에 노출됨으로써 개인적인 영역과 직업적인 영역에 대한 인식을 확대할 수 있게 된다.

직업적인 영역에서는 모든 것을 조심스럽게 변화시킬 필요가 있다. 직업적인 경험의 다양성을 추구하기 위해 팀이나 조직이 필요로 하는 것에 깊이 파고드는 대신 늘 새로운 것들을 경험하면서 수박 겉핥기식으로 끝내낼 수는 없기 때문이다. 물론 직원들은 늘 새로운 것을 원하겠지만 그것을 모두 회사에 반영할 수는 없다. 직업적인 영역에서는 매달 새로운 것을 시도하는 것보다는 1~2년마다 새로운 것을 깊이 파고드는 것이 더 좋다.

당신은 늘 훈련을 해야 한다. 만일 새로운 패턴의 사고 및 존재 방식들을 적극적으로 훈련하지 않는다면, 낡고 진부한 패턴에 갇힐 것이다. 예를 들어 어떤 틀 안에 갇혀 있는 사람들과만 어울리게 되면 틀 안에 갇힌 사고만 반복된다. 다양성은 성장을 촉진하는데, 그건 당신이 함께 일하고 함께 훈련하는 사람들을 변화시키기 때문이다.

배움을 위한 새로운 기회들을 찾다 보면, 발전 단계도 다르고 세계관도 다른 새로운 집단의 사람들과 어울릴 수밖에 없다. 당신은 그들과 함께 새로운 수직적 기술들을 훈련하게 되고, 그 결과 계속해서 성장할 수 있는 것이다. 당신의 스타일을 개선하고 그 스타일에 적응하기 위해 새로운 관점들을 배울 수도 있다. 사실을 직시하자. 내가 만일 아직도 BUD/S을 함께 받았던 7명과 함께 훈련하고 있고 여전히 똑같은 일들을 하고 있다면, 아마도 엄청나게 지루해할 것이며 이미 오래전에 성장을 멈췄을 것이다.

기술 발전 측면에서도 다양성은 아주 중요하다. 비즈니스 세계에서는 다른 결과들을 기대하면서 같은 훈련을 반복하는 경우가 많다. 우리는 호흡법, 총 쥐는 법, 사격 자세 같은 기본들을 익히면서 훈련을 시작했다. 그런 다음 모의 사격 훈련을 했고, 곧이어 표적으로부터 점점 더 멀리 떨어진 곳에서 실탄 사격을 하면서 훈련했다. 다음에는 움직이는 표적들을 추가했고, 그런 뒤 표적들을 이동시켜 실제 총격전을 시뮬레이션했다. 네이비씰이 되기 위한 기술들에는 늘 다양성이 존재했다.

다양성은 또한 훈련 조건들을 변화시킨다는 의미이기도 하다. 예를 들어 사격 훈련을 아침에도 하고, 태양이 뜨거운 대낮에도 하고, 비가 쏟아질 때도 하고, 서로 다른 지형과 기후들에서도 하는 것이다. 다양성이란 각종 기술들을 적용하는 상황을 변화시킨다는 것을 의미하기도 하며, 그래서 이상적인 조건들만 경험할 수는 없다. 당신 주변의 모든 것이 무너져내리는 상황에서 수직적 기술들을 활용한다는 건 어떤 것일 것 같은가?

리더로서 다양성을 경험할 수 있는 또 다른 방법은 사람들을 리드하지 않는 것이다. 당신이 한 발 뒤로 물러나 추종자가 될 수 있는 상황을 적극적으로 찾아보라. 우리 대부분은 리더가 되는 일에 집중하고 있지만, 추종자가 되는 것 역시 똑같이 가치 있는 일이다. 리더와 추종자들은 한 팀의 양과 음이다. 리더들은 늘 책임을 맡으려 노력하지만 엘리트 팀에서는 모든 사람이 리더이면서 추종자이며, 그 역할들은 자주 그리고 매끄럽게 바뀐다. 그러니 리더가 되는 것만큼이나 자주 추종자가 되도록 노력하라. 추종자들이 없다면, 리더도 없다. 좋은 추종자가 된다는 것은 끊임없이 자신의 에고를 옆으로 치우고 옳은 사람이 되거나 책임 있는 사람이 되려는 노력을 멈추는 것을 의미한다. 또한 더 이상 다른 사람들의 리더십을 평가하지 않아야 하는데 그것은 당신 역시 다른 사람들의 평가를 원치 않을 것이기 때문이다. 대신 누가 책임자인지와 관계없이 모든 리더십 활동은 팀 전체의 효율성을 개선할 수 있는 좋은 기회가 된다. 좋은 팀원이 될 수 있다면 당신의 코칭 및 멘토링 기술들 역시 개선될 것이다. 리더와 추종자라는 이중 접근방식은 당신이 다양한 관점들을 경험하는 데 도움이 된다.

다양성을 받아들이는 팀은 함께 더 빠른 속도로 성장한다. 새로운 기술들을 배우는 것이든, 추가적인 역할이나 새로운 역할들을 맡는 것이든, 신체 단련이나 명상 또는 호흡법을 도입하는 것이든, 외부 전문가들을 영입하는 것이든, 많은 도전과 다양성을 받아들임으로써 성장이 촉진되는 것이다.

멘토의 조언을 받아라

• • •

네이비씰에 들어가기 전 뉴욕에서 공인 회계사 자격증을 딸 때까지만 해도, 내게는 전문적인 멘토들이 전혀 없었다. 나는 늘 우왕좌왕했고 당혹스러울 만큼 무능했다. 그러다 뉴욕 23번가에 있는 세이도가라데 도장에서 참선 마스터 다다시 나카무라를 만났다. 그의 멘토링 목표는 어떻게 하면 일을 더 잘할 수 있는가를 가르쳐주는 것이 아니었다. 그는 내게 어떻게 하면 더 나은 인간이 될 수 있는가를 보여주기 시작했다. 그는 참선 수행을 통해 나의 고질적인 패턴들을 엿볼 수 있게 해주었다. 내가 나 자신에게 도전해 여러 가지 새로운 훈련들을 받게 된 것도, 궁극적으로 네이비씰 장교가 되겠다는 생각을 할 수 있게 된 것도, 다 이런 경험들 덕이었다. 그것이 훌륭한 멘토의 힘이다.

멘토는 당신보다 먼저 그 길을 간 사람이다. 그들은 아무런 보답도 바라지 않고 개인적으로 또는 직업적으로 필요로 하는 일에 맞는 조언을 해준다. 나는 팀에도 멘토가 필요하다는 것을 배웠다. 네이비씰에 들어갔을 때, 네이비씰 팀 쓰리에서 마크 크램프톤Mark Crampton이라는 동료 멘토를 만났다. 그는 선임자이자 팀장이었으며 나중에는 친한 친구가 됐다. 마크의 도움으로 나는 어떻게 하면 좋은 장교가 될 수 있는지, 어떻게 하면 팀원들을 잘 보살필 수 있고 진정성 있으며 다가가기 쉬운 리더가 될 수 있는지, 그리고 어떻게 하면 팀원들의 지지를 받을 수 있는지를 배울 수 있게 됐다. 그는 아주 훌륭한 동료 멘토였다.

나는 마크에게 멘토링을 받으면서 동시에 부대장 윌리엄 맥레이븐에게도 멘토링을 받았다. 맥레이븐은 내 상관이었지만, 상호교감이 잘되는 멘토이기도 했다. 그는 하급 장교들의 멘토가 되는 것이 자신의 중요한 임무라고 생각했다. 그는 상관 멘토의 좋은 본보기였다. 제리 피터슨Jerry Peterson은 300시간짜리 훈련 과정을 개발하고 주관했으며, 나는 백병전(총이나 칼, 신체를 이용해서 싸우는 육박전) 교관으로 그 과정에 참여했는데, 그는 내게 효과적인 전투 방법을 가르쳐주었고, 공격적인 사고방식과 직관적 자발성을 기를 수 있게 멘토링해주었다. 제리는 스승 멘토의 좋은 본보기였다.

네이비씰을 떠나 코로나도 양조회사를 설립했을 때, 나는 또다시 멘토가 없다는 것을 깨닫게 됐다. 보나 마나 당혹스러울 정도로 무능력한 상황을 경험하게 되리라는 의미였다. 멘토도 없이 혼자 모든 것을 해내려 애쓰던 어느 날 나는 '젊은 사장들 조직YPO'과 '기업가들 조직EO' 같은 전문적인 멘토 조직들이 있다는 것을 알게 됐다. 그리고 매달 8명씩 만나 서로에게 도움을 주는 그 조직들의 포럼에 참가하면서 멘토링 팀도 알게 됐다. 내가 설립한 코로나도 양조회사가 혼돈 속에 빠져들자, 그 멘토링 팀은 내가 현실을 분명히 인식하고 보다 나은 결정들을 내려서 혼돈을 잘 헤쳐나갈 수 있게 도와주었다. 나는 네이비씰에 들어가기 전과 후로 나눠 그 경험들을 비교해볼 수 있었고, 그 결과 멘토십이 성장에 얼마나 중요한지를 깨닫게 됐다. 그 이후 멘토링 팀을 유지하기 위해 많은 노력을 하고 있다.

멘토링은 일방적인 관계가 아니다. 멘토 역시 맨티와의 관계에서 많은 보상을 얻을 수 있다. 다른 사람들을 멘토링하는 것을 생각해보라. 그보다 큰 보상은 없을 것이다. 나 역시 지금 아무런 보답도 바라지 않고 멘토링을 제공하고 있다. 내가 도움을 받은 방식 그대로 다른 사람들을 도울 수 있다는 것은 굉장히 기분 좋은 일이다.

나를 발전으로 이끌어줄 코치를 만나라

● ● ●

모든 리더에게는 코치도 필요한데, 코치는 한 사람 이상이 좋다. 코치는 우리의 성장과 목표 달성을 돕는 데 필요한 기술들을 갖고 있다. 효과적인 코칭에는 헌신적인 훈련이 필요한데, 이 세상에는 온갖 코치들로 차고 넘친다. 500가지가 넘는 코치 자격증 취득 프로그램들이 있는데 신체 단련을 위한 코치, 영양을 위한 코치, 정서 발달을 위한 코치, 삶 그 자체를 위한 코치 등도 있다. 자신이 어떤 면을 발달시켜야 하는지를 알아보고 그에 맞는 코치를 찾아라. 코치는 당신에게 거울을 제공해줄 것이다. 그 거울을 통해 원하지만 아직 완전히 구현하지 못하고 있는 자질들을, 또는 당신이 완전히 근절해버리고 싶어 하는 자질들을 알아볼 수 있게 도와줄 것이다.

코치는 세심한 분석을 통해 우리의 경력 향상 또는 경력 변화를 위해 필요한 수평적인 기술들은 물론 수직적인 기술들도 제공해준다. 우리는 공감가는 코치 그리고 우리가 원하는 기술들을 갖고 있고 자격이 있다고 확신하는 코치와 함께하고 싶을 것이다. 설사 고용된 코치라 해도, 그 코치와의 관계를 거래 관계로 느껴서는 안 된다. 코치에게 진정성을 느끼고 마음을 열어 모든 욕구들을 털어놓을 수 있어야 한다. 따라서 비밀 유지는 필수다. 당신을 배려하면서 당신의 발전을 위해 투자해주는 코치를 만날 수 있다면 좋을 것이다.

코치들은 자격증을 교부하는 인증 단체나 코치 협회 등에서 찾아볼 수 있다. 그런데 뛰어난 코치는 어떻게 찾아야 하는가? 좋은 코치를 찾기에 가장 좋은 곳은 당신이 일하는 곳이며, 가장 뛰어난 코치는 당신이 존경하는 사람이다. 그에게 코치가 누구인지 물어보라. 또는 스케일링 업Scaling Up, 전략적 코치Strategic Coach, 언비터블 마인드같이 개인적·직업적 발달을 도와주는 전문 단체들에서 찾아볼 수 있다. 나는 친구들과 동료들에게 물어봤고, 그들에게 도움을 준 최고의 코치들을 소개받았다. 코치는 무술 스승이나 요가 스승처럼, 그 사람의 세미나를 듣거나 함께 훈련할 수 있는 스승의 형태로 나타날 수도 있다.

뛰어난 코치들은 당신의 발전에 필요한 것들을 알게 해주고 그것들을 손에 넣게 도와줄 것이다. 또한 당신이 책임감을 갖도록 만들어줌과 동시에 당신에게 잔인할 정도로 솔직할 것이다. 그리고 그들은 당신이 혼자 세운 기준들보다 더 높은 기준들을 제시해줄 것이다. 그들은 당신의 이익을 가장 중시하며, 발전된 당신의 모습을 지속적으로 보여줄 것이다. 코치들은 당신을 제한하는 믿음들을 그대로 받아들이지 않고, 당신의 잠재력을 믿는다. 이것이 그들이 당신의 수준을 높여줄 수 있는 이유다. 그리고 당신이 지쳐 쓰러질 때, 한 발짝도 더 나아갈 수 없을 것 같을 때, 코치는 당신이 그 자리에서 일어나 앞으로 나아가는 데 필요한 도움을 줄 것이다.

코치들은 스스로 모범을 보임으로써 탁월함이 어떤 것인지를 보여준다. 만일 그렇지 않다면, 그 코치를 떠나라. 그들은 자신들의 분야에서 엘리트 수준으로 행동하려면 어떻게 해야 하는지를 보여줄 것이며, 당신은 그것들을 보며 배우고 혼자서는 생각하지도 못했을 관점을 갖게 된다. 코치들은 훈련 파트너이자 스승인 것이다.

리더들은 팀을 상대로 코치 역할도 해야 하므로 코칭 기술을 연마해야 한다. 언비터블 마인드 훈련에서 코치들에게 가르치는 7가지 기술은 관심 통제Attention control, 구체적인 참여Embodied engagement, 강력한 이의 제기Powerful questioning, 인식 생성Creating awareness, 직접적인 소통Direct communication, 설계 및 실천Designing and taking action, 발전 관리 Managing progress다. 우리는 이 기술들이 리더에게 얼마나 소중한 기술인지 알게 될 것이다.

호라의 성장

●　●　●

2014년 이탈리아 플로렌스를 여행하면서 나와 내 아내 샌디는 라파엘, 미켈란젤로, 레오나르도 다 빈치 같은 이탈리아 화가들의 작품을 보기 위해 피렌체에 있는 유피지 미술관Galleria degli Uffizi을 방문했다. 미술관 안으로 걸어 들어가다가 나는 누군가가 "사이보그(네이비씰 시절의 내 별명)"라고 외치는 소리를 들었다. 한동안 듣지 못한 별명이었다. 나는 고개를 돌렸고 내 뒤에 호라가 서 있는 것을 보고 깜짝 놀랐다. 이렇게 우연히 그를 만날 확률이 얼마나 될지 궁금했다.

BUD/S에서 마지막으로 보고 24년이 지난 지금 그는 네이비씰의 원사(부사관 중 가장 높은 계급)가 되어 있었다. 그의 두 눈은 맑고 날카로웠으며, 믿기 어려울 정도로 침착했다. 잠시 나눈 대화에서 나는 그의 마음과 인식, 호기심 그리고 지적 능력을 알 수 있었는데, 그 모든 것이 예전보다 발전됐고 빈틈없어졌다. 그와 예술과 네이비씰 그리고 다른 많은 시사 문제들에 대해 얘기했다. 우리는 얘기를 끝낸 뒤 작별인사를 했다.

그 이후로는 그를 보지 못했다. 그러나 나는 종종 그를 생각하곤 한다. 네이비씰에서 훈련받던 시절 내가 알고 있던, 지옥 주 훈련 중에 거의 쫓겨날 뻔했던 그 좀비 같던 호라는 이제 없었다. 미술관에서 만난 호라가 너무 달라진 것에 놀라 잠시 멍하니 서 있던 것을 기억한다. 그의 몸은 아주 탄탄해 보였고, 외모는 실제 나이보다 어려

보였다. 구급차에서 각성한 뒤, 세계 각지를 돌아다니며 도전과 다양성에 노출되고 엘리트 네이비씰들의 멘토링을 받으면서 그는 내가 염원하는 종류의 수직적 발전을 아주 빠른 속도로 경험했다. 그는 진실성과 진정성을 가진 세계중심적인 리더로 성장했으며, 완벽한 탁월함을 과시했다. 너무 감동적인 일이었다.

탁월함은 엘리트 리더들과 팀들이 집중하는 특성이다. 우리는 다음 장에서 '호기심'과 '혁신' 그리고 '단순성'이 매일 새로운 차원의 탁월함을 개발하고 과시하는 데 어떻게 도움이 되는지를 살펴볼 것이다.

불편함에 도전하는 질문

- 당신은 불편함을 감수하고 도전하고 있는가?
- 당신은 개인적인 삶과 직업적인 삶에서 다양성을 받아들이고 있는가? 어떻게 해야 더 많은 다양성을 추가할 수 있는가?
- 당신에게는 믿을 만한 멘토 또는 멘토링 팀과 같은 당신의 경력에 가이드 역할을 해줄 사람들이 있는가?
- 당신의 멘토와 지식적인 차이가 있는가?
- 당신이 올린 성과에 빈틈은 없는가? 성과 코치나 리더십 코치가 있으면 도움이 되겠는가?
- 지금 건강 상태는 어떠한가? 신체 단련 코치가 있으면 도움이 되겠는가? 영양 관련 코치는 어떠한가?
- 당신의 정서 발전에 도움을 주고 있는 사람이 있는가? 피어 울프에 맞설 수 있게 당신을 지도해줄 정서 코치나 치료사가 있는가?
- 당신은 정신적으로 안정되어 있는가? 인생 코치가 있으면 도움이 되겠는가?

이 모든 것을 실천 가능한 계획으로 바꾸고 새로운 멘토나 코치를 찾도록 하라.

리더십 원칙 5

탁월함

독특함과 친해지기

STARING DOWN THE WOLF

독특한 존재에 대한 두려움에 맞서라

● ● ●

전설적인 부대 '씰 팀 식스'에 대해서는 다양한 책들도 있고 TV 프로그램들도 있다. 공식적으로 이 부대는 해산됐지만 사실은 이름만 바뀌었을 뿐, 여전히 존재한다. 이 부대가 특별한 것은 과거에도 그랬고 지금도 그렇고 그 탁월함을 아주 독특하게 발휘하고 있기 때문이다. 이 놀라운 팀이 어떻게 생겨났고, 그 배후 인물은 누구였나 하는 이야기가 바로 우리가 이 장에서 살펴볼 '탁월함'의 골자이기도 하다.

씰 팀들은 1962년 존 F. 케네디 미국 대통령이 서명한 행정 명령에 의해 만들어졌다. 우선 그 명령으로 캘리포니아 주 코로나도에 근거지를 둔 '씰 팀 원SEAL Team One'과 버지니아 주 리틀 크리크에 근거지를 둔 '씰 팀 투SEAL Team Two'가 생겨났다. 이 부대들은 미국과 소련 간에 벌어진 비상식적인 대리전에서 비롯되었는데, 미국은 소련의 영향권 안에 있는 국가의 정권들이 도미노처럼 연이어 공산주의화되는 것을 두려워했다. 이 두려움은 쿠바 미사일 위기로 정점에 달했으며, 네이비씰은 그 쿠바 미사일 위기와도 관련이 있었다.

씰 팀 원과 씰 팀 투는 모두 전설적인 UDT에서 생겨났는데, 이 부대들은 제2차 세계대전은 물론 한국전쟁과 소련을 상대로 한 수많은 비밀 정보 작전들, 심지어 아폴로 우주 임무들에서도 용감한 작전을 펼쳤다. UDT 대원들은 새로운 명령을 받았고, 다음 날 그들은 새로 만들어진 씰 팀의 소속이 됐다. 엄청나게 빠른 변화였다. 이렇게 탄생한 두 부대는 새로운 훈련 전술과 절차를 수립했고, 무기 또한 자신들의 새로운 임무에 맞는 것을 찾았다. 전쟁의 본질이 빠른 속도로 변하고 있었기에 모든 지침은 아주 창의적인 것이어야 했다. '개구리들(UDT 대원들을 부르는 말)'은 물을 떠나 이제 육지 상황에 적응해야 했다.

네이비씰 팀들은 비밀 조직으로 시작했기 때문에 최근에 그들의 성공과 실패에 쏟아진 매스컴의 관심을 불편해했다. 그렇다고 개구리를 다시 병 속에 집어넣는 것도 어렵다. 나는 1997년 웹사이트 네이비씰즈닷컴을 시작하면서 네이비씰의 역사에 대해 많은 글을 썼다. 나는 그 도메인을 35달러에 구입해 웹사이트를 구축했으며, 그 웹사이트는 곧 비공식적인 네이비씰 신병 모집 소스 및 역사적인 기록 보관소가 됐다. 지금 그 임무는 네이비씰 박물관 및 재단에 의해 더없이 잘 수행되고 있다.

그러나 현역 네이비씰은 네이비씰즈닷컴에 별 관심을 보이지 않았다. 그들은 사람들 눈에 띄지 않고 숨어 있는 것을 더 좋아했으며, 그런 점에서 새로 생긴 이 인터넷 사이트는 골칫거리였다. 그러나 내가 보기엔 결국에는 누군가가 그런 사이트를 만들 것이고, 그 제목을 '씰SEAL'로 할 것이 분명했다. 결국 내 짐작은 맞았고, 군대도 갔다 오지 않은 사람들이, 심지어 미국인도 아닌 사람들이 운영하는 씰 관련 웹사이트들이 수두룩하다. 그 당시엔 아미닷컴Army.com 같은 다른 군 관련 톱 도메인들 역시 민간인들의 소유였음에도 불구하고, 해군은 내가 등록한 도메인을 빼앗아갈 수 있는지 조사했다. 심지어 해군은 도메인을 팔겠다는 내 제안을 거부했을 뿐 아니라 웹사이트를 상표로 등록하는 것을 방해하기까지 했다. 결국 나는 방향을 틀어 씰핏을 통해 특수부대 지원자들을 훈련하는 일을 알아보기 시작했다. 나는 네이비씰 출신이었지만 웹사이트에 관련해서는 해군의 지원이나 도움은 하나도 받을 수 없었다.

나는 네이비씰즈닷컴 포럼에서 최신 내부 정보를 갖고 있다고 생각하는 익명의 '키보드 터프 가이keyboard tough guy(온라인 채팅방 등에서 싸움을 즐기는 사람)'와 말도 안 되는 논쟁을 벌이기도 했다. 그 당시 논쟁에서 가장 자주 등장하는 3가지 주제는 다음과 같다.

1. 씰 팀 식스와 관련 있는 일들이 무엇인가?

2. 제시 벤추라Jesse Ventura는 가짜인가? UDT가 곧 네이비씰인가?

3. 네이비씰 대원이라고 주장하는 가짜들은 누구인가?

가짜 네이비씰들은 벌금형을 받거나 감옥에 가야 되겠지만, 나는 제시 벤추라는 가짜가 아니라고 공개적으로 말하고 싶다. 그는 UDT 대원이었으며, 네이비씰은 UDT를 네이비씰과 동일시한다. 따라서 제시는 네이비씰이 맞다. 그리고 씰 팀 식스는 과거에도 그랬고 지금도 그렇지만, 그 어떤 부대보다 강력한 특수부대다.

1962년 네이비씰이 처음 결성됐을 때, 대원 수는 200명도 안 됐다. 그들 중 씰 팀 원에 소속된 리처드 마친코Richard Marcinko는 아주 저돌적인 대원이었다. 그는 《네이비 타임스Navy Times》에 프로필이 소개되면서 새로운 부대의 얼굴이 됐는데, 당시 그 기사는 베일에 싸인 새 부대를 다룬 최초의 공개적인 기사였다. 사진 속에서 그는 정글 안에 있었고, 얼굴을 녹색으로 위장한 채 머리에 호랑이 무늬의 베레모를 쓰고 있었다. "녹색 얼굴의 남자들The Men with Green Faces"이라는 기사 제목이 모든 사람의 관심을 끌었다.

사진의 마친코는 얼굴을 위장하고 있어서인지 무서워 보였다. 그는 폭파에 상당한 재능이 있었고, 별명도 '데모 딕Demo Dick'이었다. 그는 팀원들로부터 베트남전에 참가한 가장 뛰어난 특수부대원들 중 한 사람으로 존경받고 있었다. 베트남에서 그는 자신의 전투 기술을 정복했으며 적을 파괴하는 혁신적이고 새로운 방법들을 만들어냈다.

새로 만들어진 네이비씰 팀들의 임무는 베트남 공산주의 군대(이하 베트남군)의 보급로를 차단하고 그들의 지도부를 급습하는 것이었다. 이 팀들은 4명, 6명 또는 8명씩 소규모로 움직였으며, 밤에만 작전을 벌였다. 그들은 적진 속을 은밀히 침투하는 파격적이고 새로운 방법들을 개발해냈다. 이동 속도, 매복, 침묵, 위장, 속임수 같은 방법들을 활용한 것이다. 그들은 또 지급받은 장비와 무기들을 버리고, 습한 정글 환경에서 활동하기 편리한 장비와 무기를 새로 구하거나 개조했다.

베트남군도 마친코를 알고 있었다. 그들은 이 새로운 유령(네이비씰)의 위협을 두려워했고, 그래서 그의 목에 현상금까지 걸었다. 그들은 네이비씰 대원들을 '녹색 얼굴을 한 악마들'이라 불렀다. 네이비씰과 맞닥뜨린 불운한 베트남군은 이 악마들이 갑자기 나타나 부대원들을 전멸시킨 뒤 어둠 속으로 사라졌다는 이야기를 하고는 했다. 네이비씰이 그만큼 잠행과 기습과 침묵에 능숙했던 것이다. 마친코는 네이비씰이 천직이라고 생각했고, 그래서 자신의 첫 번째 엘리트 팀인 씰 팀 원을 만들었다.

베트남 전쟁 이후 마친코는 대학에 진학했으며 장교로 임명됐다. 몇 년 후 눈부신 경력을 쌓은 그는 선망의 대상인 씰 팀 투의 지휘관이 됐다. 소련을 상대로 비밀 작전들을 펼치면서 마친코는 테러리스트들의 활동을 걱정스러운 눈으로 지켜보았다.

마친코의 씰 팀 투 대원들은 세계 곳곳을 돌아다니면서 다양한 군부대와 기지들을 방문했다. 그리고 그 과정에서 마친코는 전략 관련 보안이 점점 느슨해지고 있다는 것을 알게 됐다. 그러나 다른 사람들의 생각은 그의 생각과 맞아떨어지지 않았고, 결국 그는 미국 내에서는 물론 해외에서도 미군에 대한 테러 위험이 증가하고 있다는 결론을 내렸다. 은밀히 움직이는 네이비씰 대원들이 더없이 견고한 방어망도 뚫고 들어갈 수 있듯이 강력한 적 역시 그렇게 할 수 있을 것이라 생각했다. 그래서 마친코는 그런 위협에 대처하고, 미 해군과 미군 전체의 방어력을 향상시키기 위해 자신의 공격 전술들을 활용하기로 마음먹었다.

그는 우선 씰 팀 투에 '레드 팀red team(조직 내 취약점을 발견해 공격하는 역할을 맡은 팀)'을 조직해서 미군 시설들의 보안 상태를 점검하게 했다. 최선의 방어가 최선의 공격 아니던가. 일단 보안상의 허점이 발견되면, 군은 그 허점들을 보강할 수밖에 없다고 생각했던 것이다. 그러나 그것은 마친코의 희망사항일 뿐이었다. 마친코의 레드 팀은 다양한 기지에 침투했지만, 국방부DoD는 그의 훈련에 대해 다 알고 있었음에도 불구하고 지원해주지 않았고, 침투 작업은 현지 지휘관들의 협조나 도움 없이 진행되는 경우가 많았다. 다행인지 불행인지 몇 년 후 국내외에서 실제 미군 기지에 적의 공격들이 발생해 마친코의 레드 팀 훈련이 시대를 앞서간 선경지명 있는 훈련이었음이 입증됐다.

마친코는 탁월함을 위해 집중했지만, 관료주의는 현상 유지에 힘썼다. 이 모든 건 목적에 도달하기 위한 수단이라고 분명히 밝혔음에도 불구하고, 그는 또 파격적인 전술들을 사용한다는 이유로 비판을 받았다. 예를 들어 그의 부대원들은 군 기지에 근무하는 보안군들처럼 위장해 기지에 쉽게 접근했고, 때로는 경찰관이나 소방대원으로 위장해 접근하기도 했으며, 휘하의 보안군들이 빤히 지켜보는 데서 그 지휘관을 납치하기도 했다.

이로 인해 마친코는 권력을 쥔 많은 사람들을 화나게 했다. 그렇지만 그의 부대원들은 주눅 들지 않았다. 보안 부대들의 뻔한 허점들을 찾아내면서 자신들이 한 팀으로서 잘하는 일이 무엇지를 증명하고 있었기 때문이다. 그것은 현실 세계에서의 작전을 벌일 기회가 별로 없는 냉전 시대에 팀을 꾸준히 훈련시키는 방법이기도 했다. 그들은 "우리의 군인들을 '훈련'시키는 것이 왜 안 된다는 건가?"라고 반문했다. 이런 패러다임은 오늘날까지 계속되고 있다. 모의 군사 작전에서 우군인 '블루 팀Blue Team'과 '그린 팀Green Team'이 적군인 '레드 팀'과 수시로 싸움을 벌이고 있는 것이다.

마친코는 임무 수행을 위해 필요한 각종 기법과 기술들을 발전시키는 데 아주 관심이 많았다. 그는 임무를 더 잘 수행하기 위해 늘 적응하고 변신하라고 대원들을 밀어붙였다. 어떤 상황에서도 만족하는 법이 없었던 그의 팀은 다음 작전과 다음 전쟁이 필요로 하는 것들 찾아내려 노력했다. 다른 팀들은 여전히 베트남 시대의 네이비씰 전술들을 훈련하고 있었지만, 그는 팀원들에게 미군은 물론 연합군과 적의 다른 특수부대들은 어떻게 작전을 벌이는지를 살펴보게 했다. 마친코는 뿌리 깊은 혁신가였다.

씰 팀 투의 '레드 팀' 작전은 늘 큰 성공을 거두었기 때문에 더 이상 씰 팀 투에 소속된 일개 팀으로 보기 어려웠다. 레드 팀은 독자적인 지휘 체계를 갖게 해달라고 요청했고, 마친코는 6명의 대원들로 구성된 자신의 레드 팀을 새로운 특수부대로 독립시켜달라고 로비를 벌였다. 이는 큰 기업에서 신생 기업이 독립하는 것과 비슷한 상황이었고, 이미 그런 전례가 있었다. UDT에서 네이비씰 팀들을 독립시킨 것이 바로 그것이다. 마친코는 해군 내에 새로운 특수부대를 만드는 것이 아니라, 네이비씰 내에 새로운 특수부대를 만들고 싶어 했다. 자신들이 만들어낸 특수부대를 전혀 새로운 차원으로 끌어올리고 싶었던 것이다. 그는 미래를 보았고, 그 미래를 건설하기로 마음먹었다.

그의 회고록 《악당 전사Rogue Warrior》를 보면, 마친코는 자신의 인맥으로 비행기 한 대를 구매하기 위해 책정됐던 해군 예산을 재할당받았으며, 그 예산을 가지고 새로운 팀을 만들었다. 이렇게 해서 '씰 팀 식스'가 탄생했고, 마친코는 그 팀의 초대 지휘관이 됐다. 씰 팀 식스는 최고의 팀이 되고 싶어 했고, 그래서 최고 중의 최고들만 모집했다.

이 새로운 팀의 중요한 임무는 테러리즘과 대량 살상 무기의 확산에 대처하는 것이다. 마친코는 낡은 각본은 집어던졌으며, 새로운 대원들을 뽑기 위한 엄격한 선발 과정을 개발했다. 마친코는 그야말로 엄선된 대원들을 원했고, '그린 팀'이라는 6개월짜리 훈련 프로그램을 통과해야 한다는 선발 기준을 세웠다. 새로운 대원들은 모두 네이비씰에서 5년 이상을 보낸 대원들로, 이 새로운 팀에 맞는 사고 방식을 갖고 있어야 했다. 마친코는 기술 덕분에 세상이 더 작아지고 있다는 것을 깨달았다. 따라서 그의 대원들은 보다 새로우면서도 은밀한 방식들로 몰래 적진에 숨어들 수 있어야 했다. 그들은 훨씬 더 교활해져야 했다. 그들은 새로운 유형의 전쟁에 맞는 표준운영절차를 만들어냄으로써, 선구적인 씰 팀 원과 씰 팀 투의 전통을 이어나갔다.

씰 팀 식스는 이 시기에 다양한 혁신들을 이루었으며, 지금은 그 혁신들이 모든 특수부대들의 공통적인 전술들이 됐다. 그 한 가지 예가 접근하기 힘든 장소를 침투할 때 쓰이는 '고고도 이탈 및 고고도 개방 강하high altitude, high opening 낙하 전술로, 흔히 '홉 앤 팝hop and pop' 낙하 전술이라 한다. 군용 항공기에 위장 로고까지 붙여 민간 항공기처럼 보이게 만든 뒤, 순항 고도cruising altitude(안전한 비행을 위해 유지해야 하는 적절한 해발 고도. 36,000피트)에서 뛰어내리는 전술로, 네이비씰 대원들은 낙하산을 메고 순항 고도에서 낙하한 뒤 정해진 경로로 날아 지상에 착지해야 한다. 낙하 전술을 펼치는 이유는 금속으로 된 항공기는 레이더에 탐지될 수 있지만 낙하산은 탐지되지 않기 때문이다.

또한 엘리트 네이비씰 대원들은 엔진이 달린 것이라면 그것이 자동차든 비행기든 선박이든 조종할 수 있다. 심지어 거대한 건설 장비도 몬다. 또한 모든 종류의 장비 사용법을 배우는데, 텔레비전 시리즈 〈맥가이버〉의 주인공처럼 적의 시설물에 침투했을 때 어떤 물질이든 손에 넣는 대로 쓸 수 있어야 하기 때문이다. 사실 맥가이버는 풍선껌, 테이프, 스위스 군용 칼 등을 가지고 뭐든 할 수 있는 마친코를 모델로 탄생한 인물이다.

탁월한 리더를 향한 공격

• • •

해군 내에서 마친코의 인지도가 높아질수록 내부에 있는 그의 적들은 칼을 갈았다. 혁신가들은 현상 유지에 급급한 두 번째 고원에 위치한 '보호자'들의 비위를 상하게 만든다. 혁신가들은 보호자들의 세계관에 이의를 제기하고, 보호자들은 자신들의 영역을 지키기 위해 전력을 다한다. 순응주의자들은 종종 탁월함과 엘리트주의를 혼동하고, 기득권 보호자들은 반발한다. 혁신이 두렵기 때문이다.

마친코는 자신만의 독특한 길을 가는 것을 두려워하지 않았다. 그는 늘 현상을 깨고 싶어 했다. 마친코는 빨리 최신 기술을 도입하고 싶었다. 부패한 조달 체계를 통해 8년 후에나 개발될 기술을 요청하는 신청서를 쓰고 싶지는 않았다. 그때쯤이면 이미 아무 쓸모없는 기술이 되어 있을 테니 말이다. 예를 들어 네이비씰 팀들은 현재 네이비씰 이송에 사용 중인 SDV$^{\text{SEAL Delivery Vehicle}}$보다 더 작전 시간이 긴 건조 잠수정$^{\text{dry submersible}}$을 요청했다. ASDS$^{\text{Advanced SEAL Delivery System}}$(발전된 씰 이송 시스템)로 알려진 잠수정을 제작하기로 계약한 곳은 항공기 제작사 노스롭 그루먼Northrop Grumman 사였다. 그러나 그 잠수정은 단 한 개의 임무를 마친 뒤 배터리가 폭발하면서 수십억 달러짜리 실패작으로 끝났다. 마친코는 그런 멍청한 짓은 피하고 싶었으며, 그러기 위해 큰 대가를 치러야 했다.

그는 팀원들에게 값도 싸고 구매하기도 쉬운 기성 제품과 기술들을 조달하라고 명령했다. 그러나 자체적으로 엄격한 조달 지침들을 갖고 있던 해군의 경우 그런 조달 방식을 지원할 재정적 절차가 마련되어 있지 않았다. 임무 수행을 위해서 잠수정을 구입해야만 했던 마친코는 '창의적인 자금 조달' 방법을 활용할 수밖에 없다고 생각했다. 하지만 그의 조달 전략은 관료들이 정한 선을 넘어섰으며, 그의 적들에게 그를 저격하는 데 필요한 총알들을 제공한 셈이 됐다. 그리고 그들은 실제로 마친코를 저격했다.

마친코는 조사를 받았고, 그 결과 금융사기 공모 혐의로 기소됐다. 그는 대위에서 지휘관으로 강등됐고, 감옥에 수감되었다. 그리고 씰 팀 식스는 해체됐다. 부대의 이름이 바뀌었고, 모든 것을 정리하기 위해 새로운 사람이 보내졌다. 기존 대원들은 다른 씰 팀으로 보내져 기술이나 전술을 전파하거나 아예 은퇴를 했다. 감옥에 있는 동안 마친코는 더 이상 침묵하는 전문가로 있지 않았다. 그는 《악당 전사》를 썼고, 그 책은 베스트셀러가 됐다. 씰 팀 식스의 대원들이 의자에 누워 225킬로그램이 넘는 무게의 역기를 들어 올릴 수 있다고 말하는 등 세세한 부분들에서 약간의 과장이 있긴 했지만, 그 책은 꽤나 흥미진진했다. 흔히 하는 말이지만 한 개의 '잘못된 일'이 천

개의 '잘된 일들'을 덮어버리곤 한다. 나는 마친코가 자신이 속한 공동체와 국가에 큰 기여를 했지만, 네이비씰 안에서는 그 진가를 제대로 인정받고 있지 못했다고 생각한다. 그러나 그가 남긴 유산들은 제대로 인정받고 있다. 그가 떠난 이후 이름이 바뀐 씰 팀 식스는 놀라운 결과들을 만들어냈다. 리처드 필립스 선장 구조 작전과 오사마 빈 라덴 급습과 같이 세간의 이목을 집중시킨 작전들이 좋은 예다. 마친코가 만들어낸 조직문화에서는 '호기심'과 '혁신'과 '단순성'이 아주 중시되고 있으며, 그런 조직문화는 시간이 지나면서 점점 더 강해졌다. 그리고 그 팀은 매일매일 탁월해지기 위해 노력하고 있다. 이제부터는 그들이 어떤 노력을 하고 있는지 살펴보도록 하자.

호기심: 질문을 던져라

● ● ●

마친코의 경우에서 볼 수 있듯이, 탁월함은 계속 도전하게 만드는 깊은 호기심에서 나온다. 탁월해지려고 애쓰는 리더들은 현상을 유지하거나 활용하는 방향으로 조직화된 사람들과는 정반대의 사람들이다. 씰 팀 식스의 경우에도 그랬지만, 현상 유지를 선호하는 사람들과 호기심 많은 사람들 간에는 늘 마찰이 있다. 그렇다고 해서 현상을 유지하려는 사람들이 잘못됐다는 것은 아니다. 호기심은 제대로 된 훈련 및 위험 관리와 연결되지 않을 경우 모든 것을 집어삼키는 들불을 일으킬 수 있다. 들불을 제대로 통제하지 않으면 무법적인 행동이 판치게 된다. 맥레이븐이 지휘 계통에 있을 때 우려한 것도 바로 혁신과 무모함을 구분하는 선이었다. 숲을 새롭게 개간하기 위해 통제된 상태에서 불을 지르듯, 이 두 종류의 사람들 간의 알력(서로 의견이 충돌하는 것)을 통해 탁월함을 만들어낼 수 있다.

이때 균형이 매우 중요하다. 만일 균형이 유지되지 않고 호기심이 억제된다면, 진행하는 일은 정체될 것이다. 창의성은 촉진되어야 하지만, 비행 중인 비행기를 재조립하는 것처럼 호기심 많은 사람들은 일이 시작된 뒤에도 잘못된 것을 고치고자 하는 위험을 감수한다. 호기심 많은 사람들은 결코 만족하지 않을 것이며, 늘 다음과 같은 네 종류의 질문을 던진다.

- 왜 이런 식으로 일하고 있는가?
- 대신 무엇을 해야 하는가?
- 어떻게 하면 더 잘할 수 있는가?
- 그것을 하기에 적절한 사람 또는 팀이 누구인가?

이때 '왜'는 의도이며, '무엇'은 전략이고, '어떻게'는 활용하는 전술들이며, '누구'는 실제 행동하는 사람이다. 호기심이 많다는 것은 중요한 것에 대해 또는 개선할 필요가 있는 것에 대해 늘 이 4가지 질문을 던진다는 의미다.

많은 시간이 흐른 뒤에는 왜 이 작업을 시작했는지 그 의도에 대한 이야기를 할 때, 그 이유를 정확하게 표현하지 못할 수도 있다. 흘러간 시간 속에서 '왜'는 더 이상 필요한 질문이 아닐 수 있기 때문이다. 그러나 '왜'라는 질문이 중요하지 않을 때도 있지만 때론 매우 중요해지는 때도 있다. 지금 일어나는 일들이 종종 오래된 '왜'를 토대로 한 일이기도 하며, 새로운 '왜'를 위해 해야 하는 일이 아닐 수도 있기 때문이다. 많은 팀들이 '왜', 즉 의도가 변화할 때는 불편해하지만, '어떻게'와 '누가'와 같은 전술과 사람이 변화할 때는 그렇지 않은 경우가 많다.

호기심 많은 사람들은 어제의 승리나 성취에 만족하지 않는다. 그들은 절대 고삐를 늦추지 않는다. 탁월해지기 위해서는 혁신을 멈추지 않아야 하기 때문이다. 그래서 엘리트 팀들은 큰 성공을 거둔 뒤에도 그 성공에 안주하지 않는다. 잠시 축하하는 시간을 갖고 경험으로부터 배우며, 그런 다음 임무를 향해 나아간다. 나는 "쉬운 날은 어제로 끝났다"라는 네이비씰 훈련 구호를 좋아한다. 어제는 믿을 수 없다. 이제 어제를 뛰어넘어 계속 나아가라. 내일은 또 다른 하루다. 흔한 사고방식은 날이면 날마다 승리를 자축하며, 다시 더 열심히 일에 몰두하는 것을 거부한다. 어떻게 더 이상 잘할 수 있단 말인가? 승리를 위해 그동안 얼마나 열심히 뛰었던가? 그것만으로도 충분히 앞으로 나아갈 수 있지 않겠는가? 그러나 탁월해지려면 다음 큰 일을 향해 나아가야 하며, 늘 성장하고 탐구해야 한다.

호기심 많은 사람들은 과거에서 많은 것들을 배운다. 이것이 바로 통찰력을 갖게 해주는 강력한 방법이다. 마친코는 베트남전에서 통하던 것들이 테러리스트들을 상대로는 더 이상 통하지 않으리라는 것을 잘 알고 있었다. 그렇다고 해서 낡은 전술들을 완전히 폐기하지는 않았다. 대신 새로운 기술들과 표준운영절차들을 적용해 그 낡은 전술들을 개선하려 애썼다.

미국 작가 마크 트웨인Mark Twain은 "역사 그 자체는 반복되지 않지만, 그 패턴은 반복된다"라고 말했다. 호기심 많은 사람들은 과거에서 좋은 것들을 가져올 줄 안다. 당신이 모든 답을 갖고 있을 필요는 없다. 어떤 일이 어떻게 됐나 보려면 과거를 살펴보라. 그런 다음 현대적인 맥락, 즉 현대적인 장치와 현대적인 사고를 적용하고, 거기에서 무엇을 얻을 수 있는지 보라. 당신이 늘 새로운 바퀴를 발명할 필요는 없다. 가끔은 무언가를 보태거나 빼서 디자인만 바꾸는 것이 더 좋을 수도 있다. 세기가 바뀔 무렵에 내 증조부의 회사 디바인 브라더스Divine Brothers는 캔버스 쿠션 바퀴를 만들었는데, 바깥쪽에 캔버스 천을 댄 금속 바퀴다. 그 바퀴는 바위처럼 단단하면서도, 완충 작용까지 해서 충격의 일부를 흡수한다. 금속으로만 이루어진 바퀴는 충격을 견디지 못하고 금방 깨지지만, 캔버스 쿠션 바퀴는 오랜 기간 유지된다. 자동차 왕 헨리 포드도 디바인 브라더스의 주요 고객으로, 그는 캔버스 쿠션 바퀴를 이용해 최초의 자동차를 만들었다. 캔버스 쿠션 바퀴는 험한 길을 달리는 데도 도움이 됐다.

그런데 호기심 많은 듀퐁Dupont의 과학자들이 캔버스 쿠션 바퀴에서 캔버스를 빼고 고무를 추가했다. 포드도 듀퐁의 고무 바퀴를 사용했다. 자동차 소유주들에게는 좋은 일이었지만 디바인 브라더스에는 안 좋은 일이었다. 하지만 놀랍게도 1900년대 초에 나온 디바인 브라더스 사의 캔버스 바퀴는 아직까지도 일부 오티스Ortis 엘리베이터에서 사용되고 있다. 어떤 것들은 이렇게 오래 쓰이기도 한다.

혁신: 내부에서 시작하라

• • •

호기심이 관점의 확대와 탐구에 관련된다면, 혁신은 그 새로운 관점을 이용해 대담하게 행동하고 새로운 것을 만들어내는 것과 관련이 있다. 즉, 혁신이란 무엇이 가능한지에 대한 당신의 비전을 확대하고 그 지식을 가지고 무언가를 할 용기를 갖는다는 의미다. 혁신은 사고방식과 관련된 문제로, 변화를 열망하고 남들과 다르게 하는 것이다. 그렇다고 해서 당신이 모든 것을 다 알아낼 수 있다거나, 당신의 기술과 방법 그리고 절차들이 늘 효과가 있다는 의미는 아니다.

혁신은 고치지 않고는 못 배기는 사람들에게 자연스레 일어난다. 혁신가는 항상 '어쩌면 이것을 깨부수고 더 낫게 다시 만들어야 할지도 몰라'라고 생각한다. 그러면서 혁신가는 모방과 더하기, 빼기 기술을 통해 낡은 것과 새것을 혼합한다. 예를 들어 네이비씰은 고대 그리스의 스파르타인들을 모방하지만, 스파르타인들의 특정 요소들은 수정하기도 한다. 적군은 고성능 소총을 사용하고 있는데, 금속 갑옷과 검, 창 등을 사용할 수는 없기 때문이다. 그러나 스파르타인들의 훈련 방법이나 철학들은 활용할 수 있다. 레슬링을 이용해 용기를 기르고 두려움을 이해하며, 호흡법을 이용해 스트레스 각성 반응을 통제하고, 무거운 짐을 지고 먼 거리를 행군해 지구력을 기르는 것 등이 있다. 이런 훈련 방법들은 네이비씰이 새롭게 만들어낸 것이 아니다. 고대 전사들이 사용한 훈련 방법들에서 따온 것이다.

네이비씰은 적과의 교전 기술들을 향상시킬 아이디어들을 민간 산업 분야에서도 끌어왔다. 어두운 장소에 들어갈 때 적군들의 눈을 멀게 만드는 고성능 손전등과 야간 투시경 등에 사용되는 기술이 좋은 예들이다. 네이비씰은 마크 트와잇 같은 선구적인 등반가들에게 전문적인 암벽 등반 기술들을 배웠으며, 전설적인 해양 탐험가 자크 쿠스토가 사용한 혁신적인 다이빙 기법들을 가져오기도 했다. 그 외에 윙슈트 점핑(팔과 다리 사이에 옷감을 붙인 특수 강하복), 원격 수중 차량 ROV, 모래사장용 소형 자동차 등이 네이비씰이 차용한 또 다른 혁신적인 아이디어들이다. 네이비씰은 자신들이 필요로 하는 것을 살 수 없을 경우에는 빌려오거나 직접 제작했다. 예를 들어 전술용 배낭 산업은 나의 네이비씰 팀 쓰리 팀 동료였던 마이크 노엘Mike Noel에 의해 시작됐다. 그는 낙하산 정비 전문가로 직접 배낭을 제작하여 사용했고, 그것을 본 동료들이 같은 배낭을 만들어달라고 요청했다. 그는 이것에서 아이디어를 얻어 블랙호크Blackhawk라는 회사를 설립하게 되며, 그 회사는 민간 모험 장비 분야에서 큰 성공을 거두었다.

혁신은 당신이 모든 사물을 늘 다른 각도들에서 볼 것을 요구한다. 어떤 문제를 찾아내 그것을 완전히 뒤집어서 보거나 아니면 역설계를 해보라. 또한 어떤 도전을 최종 단계에서부터 거꾸로 작업하거나, 중간에서 시작해 양쪽 방향으로 확대시켜보라. 그러면서 자신이 그 도전을 뒤집어볼 수 있는지, 또는 맥레이븐의 경우처럼 가장 작게 쪼갠 뒤 분리해서 순차적으로 작업할 수 있는지 보라. 그리고 늘 이렇게 물어라. 이 문제를 풀 수 있는 다른 방법들은 무엇인가?

혁신은 100퍼센트의 완전한 환골탈태 방식으로 이루어질 수도 있고, 10퍼센트 개선처럼 점진적인 방식으로 이루어질 수도 있다는 것을 잊지 말라. 두 방식 모두를 택하는 경우도 많다. 완전한 환골탈태를 위해 애썼지만 겨우 10퍼센트만 개선될 수도 있고, 아니면 점진적인 변화를 모색하다가 완전한 환골탈태를 경험할 수도 있는 것이다.

회사의 조직 구조에 따라 혁신 문화가 있을 수도 있고 없을 수도 있다. 중앙집권적이고 관료주의적인 조직은 분산적이고 기민한 조직만큼 혁신적이진 못할 것이다. 당신이 만일 고도로 중앙집권화되어 있는 회사에 몸담고 있는 상황에서 혁신을 도모한다면, 아마 10퍼센트 개선과 같은 접근방식을 택하게 될 가능성이 높다. 사고가 보다 경직되어 있고 많은 예산이 걸려 있는 거대 조직에서 완전한 환골탈태를 경험하기란 어렵기 때문이다. 그러나 그 모든 건 결국 우리가 추구하는 혁신의 종류와 조직의 특성에 달려 있다. 규모가 큰 조직들은 신상품 개발 부서 같은 곳에 보호 장치가 있는 혁신 문화를 조성함으로써 혁신을 이룩한다.

혁신은 종종 존재 자체에 대한 압력이 고조되는 위기 상태에서 생겨난다. 트위터는 빠른 속도로 자금이 줄어들고 있는 상황이었고,

참신한 사고방식이 필요했다. 결국 최고경영자는 모든 직원들에게 예산을 조금씩 나눠주어 새로운 것을 만들어보게 했다. 그 결과 엔지니어들 가운데 한 사람이 마이크로 블로깅Microblogging(짧은 문구를 통해 소식을 다른 사람에게 실시간으로 전달하는 통신 방식) 플랫폼을 만들어보자는 아이디어를 냈다. 이 멋진 아이디어를 통해 트위터는 큰 도약을 했다. 혁신은 회사의 문화와 구조에 완전한 변화를 준다. 만일 어떤 회사가 10퍼센트의 변화만 추구한다면, 더 이상 사업을 하기 어려운 상황에 처하게 될 수도 있다. 완전히 새로운 시장을 공략하는 혁신을 위해 최후의 시도를 해볼 것인지, 아니면 사업 방식을 개선하기 위한 시도만 해볼 것인지를 생각해보라.

미래를 위한 확실한 비전이 없다면 혁신에 소중한 시간을 허비할 수도 있다. 그래서 맞지 않는 아이디어들을 체크해 골라낼 수 있는 모델을 활용해야 한다. 그렇지 않으면 멋져 보이는 아이디어를 쫓기 위해 엉뚱한 토끼굴을 파고 들어가게 될 수도 있다. 내 저서《네이비씰의 나를 이기는 연습》에서 나는 새로운 프로젝트들을 체크하는 데 도움을 줄 간단한 모델을 소개했다. 그 모델은 FITSFit, Importance, Timing, Simplicity다. 당신이 생각 중인 혁신 아이디어가 있다면, 다음 질문들을 통해 체크해보라.

- **적합성**: 이 혁신이 임무에 필요한가? 팀의 능력과 특성, 집중하는 데 쓸 수 있는 에너지 등의 측면에서 지금 우리 팀에 적합한가? 그 위험은 감수할 만한가?

- **중요성**: 이 아이디어는 얼마나 중요한가? 다른 혁신 계획들과 비교할 때, 이 계획은 상위 세 번째 안에 들어가는가? 잠재적인 투자 수익은 어떠한가? 시간과 에너지와 자원들을 쏟아 넣을 가치가 있는가? 이 프로젝트를 취하지 않는다면, 그 결과는 어떻게 될 것인가?
- **타이밍**: 이 혁신의 타이밍은 좋은가? 우리는 가끔 멋진 일에 뛰어들지만, 너무 이르거나 너무 늦는 경우가 많다. 이 혁신은 너무 늦었을 수도 있고, 기술적인 측면에서 팀이 아직 활용할 준비가 전혀 되어 있지 않을 수도 있다.
- **단순성**: 이 혁신을 간단히 할 수 있는가? 아니면 이 혁신이 가져올 수많은 짐에 휩쓸릴 것인가? 만일 간단한 해결책을 찾지 못한다면, 모든 것을 처음부터 다시 생각해보라.

엘리트 팀들은 모든 비결이 innovate(혁신하다)의 in에 있다는 것을 안다. 혁신은 결국 내부의 일inside job이며 가장 좋은 아이디어들은 마음에서 우러나는 통찰력, 창의적인 표현, 숙고, 사색, 명상 등에서 온다. 혁신은 늘 연구하고 종이에 글을 쓴다고 해서 이룰 수 있는 것은 아니다. 혁신에는 직관적인 수정들이 포함되곤 한다.

혁신가들에게는 창의적인 생각을 하기 위해 찾는 특별한 장소들이 있다. 그곳들은 대개 사적이며 조용한 장소들로, 심사숙고를 할 수 있는 곳들이다. 또한 그들에게는 언제든 갈 수 있는 정신적 공간, 즉 가장 창의적인 일을 할 수 있는 내면적 시각화 공간이 있다.

창의력을 향상할 수 있는 또 다른 방법은 여러 주제들에 대한 독서 및 연구를 게을리하지 않는 것이다. 나는 적어도 일주일에 책 한 권을 읽으려 애쓴다. 관심 있는 주제들에 대한 책을 읽으면서 메모를 하거나 글을 쓴다면 더욱 좋다. 이런 지식은 시간이 지나면 당신이 갖고 있는 '명백한 지식' 중 일부가 되어, 당신이 창의적인 일을 할 때 다른 아이디어들과 자연스레 뒤섞이게 된다. 나는 매일 아침 머릿속에 떠오르는 아이디어들을 메모하는 것을 좋아한다. 그냥 의식의 흐름에 따라 아이디어들을 적어 내려가는 것이다. '어떤 통찰력들을 갖게 될까?', '무엇이 개선되거나 또는 만들어질 수 있을까?', '그 모든 것들을 구현하는 것을 어떻게 마음속에 그릴 수 있을까?'와 같은 식으로 말이다.

마지막으로 그림 그리기도 창의력 향상을 위한 좋은 촉매제가 될 수 있다. 우리는 그림들을 보면서 서로 다른 생각을 하는 경우가 많은데, 똑같은 그림이라도 아주 다양한 이야기들을 보여주기 때문이다. 당신이 직접 그림을 그릴 수 있다면, 놀라울 정도로 큰 도움이 된다. 그렇다고 화가처럼 잘 그릴 필요는 없으니 부담 없이 그림 그리기를 시작해보라. 마음속으로 어떤 이미지를 떠올리고, 그 이미지를 그림으로 최대한 잘 나타내보라. 그런 다음 그림의 여백에 간단한 단어들이나 세세한 문구를 적어보라. 또한 혁신적인 아이디어들을 적어 넣을 수 있는 메모지를 늘 갖고 다녀라. 창의적인 마음을 더 활짝 열어젖히기 위해 그림 수업을 듣는 것도 좋다. 베티 에드워즈Betty Edwards의 책《오른쪽 두뇌로 그림 그리기Drawing on the Right Side of the Brain》를 참고해보는 것도 좋다. 레오나르도 다빈치처럼 그림을 활용해 내면의 창의력을 표현해보도록 하라.

단순성: 목표를 좁혀라

• • •

당신은 모든 것을 최대한 단순하게 하고 싶을 것이다. 그러나 단순한 것이 쉬운 것은 아니다. 사실 단순하다는 개념은 쉽다는 개념과 반대된다. 우리의 뇌는 모든 것을 복잡하게 만드는 경향이 있다. 우리는 뛰어난 아이디어들에 사로잡혀 많은 것이 더 나은 것으로 착각할 수도 있다. 만일 천 개의 단어로 된 문장을 짧고 명료한 한 단락으로 줄일 수 있다면, 그것이야말로 통달했다는 증거다. 단순성에 도달하기 위해서는 인내와 연습이 필요하다.

마친코는 단순성을 잘 이해하고 있었다. 제대로 성공하기 위해서는 팀의 관심사를 좁히고 전문화해야 한다는 사실을 잘 알고 있던 것이다. 그는 자기 휘하의 네이비씰 대원들이 다른 네이비씰 팀 대원들처럼 하늘 아래 모든 것을 할 수 있도록 훈련할 필요는 없다고 생각했다. 대신 자기 팀 대원들이 정복해야 할 기술들의 범위를 좁힌 다음 낙하, 다이빙, 기동 같은 특정 전술들을 익히는 데 집중하도록 만들었다. 또한 근접전 분야에서 세계 최고의 사격수들이 되기 위한 훈련도 했다.

마친코는 팀의 작전 리듬도 단순화시켰다. 다른 네이비씰 팀들의 경우, 작전 부대들은 12개월 이상 훈련을 받은 뒤 6개월 정도 전투에 투입된다. 그는 이와 같은 일정이 너무 길고 복잡하며, 대원들이 가족들과 너무 오래 헤어져 있게 만든다고 생각했다. 그래서 '4개월간 전투에 투입되고 4개월간 쉬는four on, four off' 작전 주기를 만들었다. 대원들은 4개월간 전투에 투입된 뒤, 이후 4개월간은 훈련을 받으며 동부 해안 지역 기지에서 활동할 수 있었다. 그 결과 대원들은 더 오랜 시간을 가족들과 함께할 수 있었으며, 무술 같은 개인적 관심사에 집중할 시간을 가질 수도 있었다. 마친코의 새로운 작전 모델 덕분에 대원들은 더 건강하고 균형 잡힌 삶을 살 수 있었고, 자신의 일에 더 집중할 수 있었다. 그는 몸과 마음 그리고 정신적인 측면에서 대체 무엇이 대원들을 효율적으로 만드는지를 잘 알고 있었다.

삶의 의미는 단순하다

• • •

단순성과 관련해 내가 사람들에게 들려주기 좋아하는 재미있는 이야기가 하나 있다. 옛날 옛적에 한 왕이 있었는데, 그는 자신이 놓치고 있는 삶의 의미가 있진 않은지 알고 싶어 했다. 그래서 현자들을 내보내 세상의 모든 지식을 살펴보게 했으며, 그 엄청난 위업을 완수하는 데 1년의 기간을 주었다. 그 해 말 현자들은 인류에게 알려진 모든 지식이 담긴 17권의 책을 들고 의기양양하게 돌아왔다. 그 책들 속에는 삶의 모든 비밀이 담겨 있었다. 왕은 기뻐하면서 현자들에게 이렇게 말했다. "오, 이건 정말 대단한 일이오. 하지만 사실 난 이 모든 것을 읽을 시간이 없소. 이 모든 것을 한 권의 책으로 줄여보시오." 현자들은 왕에게 그건 불가능하다고 했다. 한 권으로 줄이기엔 다뤄야 할 지식이 너무 많았던 것이다. "그럼 그대들은 모두 참수될 거요." 왕이 답했다. 그 말을 듣자 현자들은 바로 한 권의 책으로 줄이겠다고 했다. 왕은 그들에게 6개월의 말미를 주었다.

6개월 후 현자들은 돌아왔고, 온갖 공치사를 늘어놓은 뒤 자신들이 세상의 모든 지식을 한 권의 책으로 줄였다고 했다. 그들은 그 책을 왕에게 바쳤고, 왕은 기뻐했다. 그러면서 말했다. "정말 잘했소. 그런데 사실 이건 우리만 알고 있기엔 너무 소중한 지식이오. 우리 왕국의 다른 지도자들도 이 지식을 알 필요가 있는데, 현재 상태에선 그들에게 너무 부담스러운 것이 아닌가 싶소. 그러니 이것을 다시 한 장으로 줄입시다!" 현자들은 절망감에 망연자실했다. 왕은 그들의 목숨이 이 일을 제대로 완수하느냐 못하느냐에 달려 있다는 것을 상기시켰다. 이번에 주어진 시간은 3개월이었다.

온갖 어려움에도 불구하고, 현자들은 불가능해 보이던 일을 다시 한번 해냈다. 그들은 그 결과물을 왕에게 건넸다. 왕은 그것을 승인했으며, 왕국 내의 모든 지도자들에게 나눠주라고 명령했다. 그러자 현자들은 왕에게 이건 믿기 어려울 만큼 소중한 정보이니 왕국 내의 모든 국민들에게 나눠주면 좋겠다고 했다. 그러자 왕은 그렇다면 이번엔 그 정보를 단 한 단락으로 줄여보라고 했다. 지칠 대로 지친 현자들은 다시 왕의 명령을 따랐다. 글을 읽고 쓸 줄 아는 모든 백성들이 그 단락을 읽었고, 이 지식은 온 백성이 다 알아야 한다고 목청 높여 말했다. 그래서 왕은 한 단락을 한 구절로 줄이게 했다. "바로 이거요!" 왕은 소리를 질렀다. "드디어 해냈구려! 성벽 위에서 큰 소리로 읽어 주시오. 왕국 내 모든 백성들이 삶의 의미를 알아야 하오." 종이에는 뭐라고 쓰여 있었을까? 당신의 삶을 변화시킬 수도 있는 중요한 말일 것 같지 않은가? 종이에는 이렇게 쓰여 있었다. "세상에 공짜 점심 같은 것은 없다."

이 이야기는 단순화를 위해선 얼마나 많은 일을 해야 하는지를 잘 보여준다. 그러나 충분히 할 수 있는 일이며, 분명 그럴 만한 가치가 있는 일이다. 책 17권을 쓴 뒤 그것을 다시 한 문장으로 줄이는 것이 얼마나 힘든 일인지 상상해보라. 이는 전화기의 모든 버튼과 특징들을 없애고 홈 버튼(사용 화면을 초기 화면으로 전환시키는 버튼) 하나로 줄이는 것과 비슷한 일이다. 왠지 귀에 익은 말 같은가? 스스로에게 물어보라. 당신이 할 일을 짧은 단락 또는 한 문장으로 설명할 수 있는가? 만일 그럴 수 없다면, 할 일이 생긴 것이다. 늘 더 짧게 줄일 수는 없는지 생각해보라.

단순하게 생각하기 위해서는 삶 자체를 단순하게 살기 시작해야 한다. 복잡한 삶을 살고 있는 사람은 삶을 단순화하기 쉽지 않을 것이다. 씰 팀 식스 대원들은 미니멀리스트들이었다. 그들은 물질적인 것들을 많이 소유하지 않았다. 부름을 받는 즉시 자신이 가진 모든 것을 놔둔 채 떠날 마음의 준비가 되어 있었으며, 실제로도 그랬다.

나 역시 그랬다. 그야말로 비상 배낭만 메고 바로 다음 모험을 향해 떠났던 것이다. 지금은 가족들이 있어 그렇게 하기 힘들지만, 네이비씰에 들어가기 위해 뉴욕을 떠났을 때, 내가 등에 메고 있던 배낭에는 옷들과 '봉bo staff'이라 불리는 무술 훈련 무기만 들어 있었다. 사실 그 봉은 내 새로운 직업에는 별 소용이 없는 것이었다. 훗날 내가 씰 팀 쓰리를 떠나 하와이에 있는 씰 운송 차량 팀 원으로 떠났을 때, 해군에서는 내 소유로 되어 있는 물건들을 모두 배로 운송해 주었다. 물론 내 소유물은 그리 많지 않았다. 나는 이미 집과 오토바이를 처분했고, 가구들 중 상당수는 그대로 두고 떠났다. 하와이에 새로 마련한 집에는 배로 운송된 물건들을 들여놓을 공간이 없었고, 그래서 나는 대부분을 현장에서 이삿짐센터 직원들에게 나눠주었다. 당시 나는 '가볍게 여행하고 물건들에 집착하지 말라'는 단순하지만 중요한 원칙을 지키고 있었다. 솔직히 말해 그 모든 쓸데없는 물건들로부터 벗어나면 아주 자유롭다.

물질적인 소유물이든 집중하는 프로젝트 또는 일이든, 손에서 놓을 수 있는 것들이 무엇인지를 늘 자문해보도록 하라. 그러다 보면 혁신적인 능력들을 발휘할 정신적 공간이 생겨나게 된다. 비움을 위한 질문은 쓸데없는 것들을 걸러내는 필터 역할을 하며, 그 결과 시간과 에너지를 혁신을 위해 쓸 수 있게 된다.

단순성을 지킨다는 것은 시간 낭비와 끝없는 집중력 분산을 피하는 훈련을 한다는 의미이기도 하다. 현재 내가 일주일에 두 번 이상 사무실에 나가지 않는 이유 중 하나는 진보적인 대화나 보수적인 대화 같은 의미 없는 논쟁에 말려들기 싫기 때문이다. 그렇다고 그런 대화를 하는 것이 나쁘다는 의미는 아니다. 다만 현장에 나가 봐야 하는데, 이야기를 나누다 보면 아무 생각 없이 몇 시간이 흘러가는 경우가 많기 때문이다. 물론 팀원들과 어울리는 것도 중요하지만, 깊이 있고 창의적인 일을 해야 할 때는 방해가 될 수도 있다.

디지털 장치와 소셜 미디어는 제대로 활용하지 못할 경우 시간 낭비에 불과하다. 칼 뉴포트Cal Newport의 책《디지털 미니멀리즘Digital Minimalism》은 디지털 장치로 인한 집중력 분산을 거부하는 방법들을 소개한다. 삶을 최적화하기 위해 여러 방법들을 동원하는 것 역시 시간 낭비일 수 있다. 따라서 유행하는 다이어트를 하지 않고 새로운 뇌 훈련 앱을 쓰지 않고, 강도 높은 호흡법을 쓰지 않는 것이 피어 울프에 당당히 맞서는 데 도움이 될 때도 있다. 오랜 시간에 걸쳐 그 효과가 입증된 개발 방법을 고수해 당신이 변할 때까지 매일 그 방법을 쓰는 것이 더 좋다. 여러 방법들을 생각하다 보면 에너지가 고갈되고 집중력 또한 흩어지게 된다.

이 원칙이 얼마나 대단하고 중요한지는 아무리 강조해도 지나치지 않다. 모든 것을 단순화하는 데 집중하고, 또 중요한 것이 무엇이고 중요하지 않은 것이 무엇인지를 분명히 하라. 당신이 매 순간 집중해야 할 임무가 무엇인지를 정확히 아는 수준에 도달하게 되면, 큰 성공을 거두게 될 것이다. 나는 스스로에게 모든 것을 단순화하기 위해 집중력을 증진시켜주는 다음과 같은 질문들을 한다.

- 지금 내가 하고 있거나 혹은 하려고 하는 일은 나의 (또는 팀의) 임무와 잘 어울리는가?
- 지금 내가 집중할 수 있는 가장 중요한 일 그리고 나의 임무를 완성하는 데 있어서 가장 중요한 일은 무엇인가?
- 이 아이디어나 새로운 프로젝트는 FITS 모델을 통과할 수 있는가?
- 나는 보다 높은 수준의 성과를 위해 이 일을 거부할 수 있는가?
- 개선을 위해 이 과정을 깰 가치가 있는가?

그 외에도 내가 집중하기로 한 것이 단순히 시급하기만 한 것이 아니라 중요하기도 하다는 것을 확인하기 위해 제34대 미국 대통령 아이젠하워의 독특한 계획 수립 방법을 활용했다. '① 시급하면서도 중요하다, ② 시급하진 않지만 중요하다, ③ 시급하지만 중요하지 않다, ④ 시급하지도 중요하지도 않다'와 같은 의사 결정 항목이었는데, 이 방법을 통해 당신이 맡은 일 또는 프로젝트의 시급성과 중요성을 생각해볼 수 있다. 그리고는 항목 ①과 ②에 맞아떨어지는 일에만 집중하는 것이다. 나머지는 선택하든가 아니면 손에서 놔주도록 하라.

집중력을 연마하라

● ● ●

팀원들이 함께 집중력을 연마하면 단순화와 집중이 더 잘 이루어지고 빠른 성과를 낼 수 있게 된다. 그렇다면 집중력 강화는 어떻게 할 수 있을까? 내 팀은 가상 호출을 비롯한 모든 모임에 앞서 5분간 함께 박스 호흡법을 한다. 이 호흡법은 단순하면서도 효과적이다. 박스 호흡법은 호흡 패턴에 집중하면서 집중력 및 스트레스를 관리하는 것이다. 나는 하루에도 몇 번씩 박스 호흡법을 활용한다. 만일 5분이 너무 길게 느껴진다면, 처음에는 1분간 박스 호흡법을 해보는 것도 좋다. 나는 최근에 박스 호흡법에 관심을 보이는 월마트의 다국적 임원진을 만났는데, 그들은 자신들을 괴롭히는 끝없는 스트레스를 해소해줄 혁신적인 아이디어를 찾고 있었다. 큰 기업의 고위직 임원들까지 박스 호흡법에 관심을 보였다는 것은 그만큼 증명된 스트레스 및 집중력 관리법이라는 뜻일 것이다.

집중력에는 4가지 중요한 요소들이 있는데, 첫 번째는 유용하거나 중요한 일에 집중하겠다는 '의도intention'다. 의도란 당신이 집중하길 원하거나 집중할 필요가 있는 것과 관련해 당신이 추구하는 결과를 의미한다. 그리고 그것들은 FITS 모델을 통과할 수 있는 것들 그리고 아이젠하워의 의사결정 항목의 ①과 ②에 속하는 것들이다. 집중력과 탁월함을 겸비하기 위해서는 당신의 의도가 무엇인지를 명확히 해야 한다.

자신이 의도하는 바에 집중하면서 동시에 자신의 관심을 통제하는 것이 집중력의 두 번째 요소다. 자동차 운전에 비유하자면, 의도가 목적지라면 관심 통제는 목적지에 도달하게 해줄 올바른 도로를 따라 달리는 것이다. 그러나 이것만으로는 아직 충분치 않다.

집중력의 세 번째 요소는 지구력을 개발해서 도로에서 이탈하거나 다른 자동차와 충돌하지 않게 하는 것이다. 우리는 이따금 집중이 흐트러져 목적지에 도달하지 못하는 경우가 있다. 지구력은 당신의 자동 주행 제어 장치나 같다. 즉, 당신이 원하는 것에 계속 집중하게 해주는 능력이며, 오랜 기간 꾸준히 목적지를 향해 나아가게 해주는 능력인 것이다.

집중력의 마지막 요소는 주기적인 휴식을 취해 기운을 회복하고 에너지를 재충전하는 것이다. 가치 있는 목표를 위해 혁신적인 프로젝트를 계속하는 것은 매우 힘든 일이다. 이따금씩 휴식을 취할 필요가 있다. 그런 다음 다시 정신을 집중해 가속 페달을 밟으면 보다 큰 에너지와 의지력을 가질 수 있다. 집중하는 법을 연마하되 에너지가 다 소진될 정도로 무리하지는 말라.

나는 회복을 위해 '서클 데이circle day'라는 것을 활용한다. 이는 사업가 게셰 마이클 로치Geshe Michael Roach의 책 《비즈니스의 달인 붓다 The Diamond Cutter》를 읽고 참고한 것이다. 회복은 물론 창의적인 작업이나 집필 작업 또는 계획 짜기같이 집중력이 필요한 날에 동그라미를 친다. 그런 다음 그날이 되면 평소 작업하는 곳과는 다른 곳에서 일을 한다. 이를테면 당신의 집이나 공동 작업 공간 또는 커피숍 같은 곳들에서 말이다. 나는 이 시간에는 전화나 회의 또는 집중력을 방해할 그 어떤 것도 허용하지 않는다. 전화기는 아예 끈 상태로 배낭에 쑤셔 박아 놓는다.

우리는 이런 시간을 아주 짧게 가질 수도 있고 길게 가질 수도 있다. 이 책을 쓸 때 나는 몇 주에 걸친 날들에 동그라미를 치고, 유타주와 하와이에서 집필 작업을 했다. 보통 한 주에 이틀 정도는 동그라미를 쳐서 심층 작업을 하며, 팟캐스트 녹음이나 코칭 이벤트 같은 다른 창의적인 일을 하지 않는 한 서클 데이를 놓치지 않으려 한다.

시간 단위로 동그라미를 쳐서 창의적인 일을 하는 것이 도움이 된다고 생각하는 사람들도 있다. 어떤 방식이 자신에게 가장 잘 맞는지를 찾아야 한다. 멋진 일들을 많이 해내는 창의적인 사람들은 자신만의 방식을 갖고 있다. 칼 뉴포트는 자신의 책《딥 워크Deep Work》에서 이런 창의적인 습관들에 대한 견해를 자세히 밝히고 있다. 당신의 회사에 집중력 향상에 도움이 될 수 있는 넓고 개방적인 작업 공간을 조성하는 것을 고려해보라. 그런 공간이 있다면, 전화도 받지 않고 소셜 미디어도 사용하지 않고 완전한 침묵 속에서 일에만 몰두할 수 있게 되어 시간을 낭비하지 않게 될 것이다. 회사 내에 그런 공간이 있다면, 일에 대한 집중력을 높이는데 많은 도움이 될 것이다. 이메일과 문자 그리고 슬랙Slack(기업용 메신저 플랫폼) 같은 소셜 미디어들은 점심시간과 하루를 끝내는 시간에만 확인하는 이른바 '디지털 다이어트digital diet'를 해보는 것도 좋다. 마음을 안정시켜줄 뿐만 아니라, 일에 더 깊이 집중할 수 있게 해줄 것이다.

무사도 정신에서 얻은 영감

• • •

나는 지금 몇 년째 일본 기업 후지쯔와 함께 일하고 있다. 후지쯔는 시가 총액 310억 달러(38조 9,138억 원, 2022년 5월 기준, 이하 동일)짜리 전자기술 기업으로, 일본의 IBM이라 불린다. 이 기업은 관료주의에 찌든 괴물이었지만, 경영진은 VUCA 환경에서 살아남기 위해서는 호기심을 가져야 하며 진화해야 한다는 사실을 깨닫고 있었다. 내가 함께 일해온 부서는 실리콘 밸리에 위치한 'OIG Open Innovation Gateway'라는 특수기업 개발부서였다.

모히 아흐메드는 후지쯔에 최고의 기업가 정신을 심어주기 위해 OIG를 설립했다. 아흐메드는 후지쯔가 어떻게 개선될 수 있는지, 또 어떻게 리더들을 VUCA 환경에 익숙해지게 만들 수 있는지에 대해 호기심을 가졌다. 일본 문화에는 '체면치레'라고 불리는 피어 울프가 내재되어 있다. 이로 인해 현상 타파를 추구하는 기업가 정신이 자연스레 발현되기 힘든 경우가 많다. 그러나 이것 역시 훈련을 통해 극복할 수 있다. 아흐메드는 관료주의가 만연한 문화에서 기업가 정신을 가진 리더들을 길러낸다는 것이 아주 힘든 일이라는 점을 누구보다 잘 알고 있었다. 그래서 그는 조직 내에서 잠재력을 가진 젊은 리더들을 찾아내서 그들에게 어떻게 하면 많은 호기심을 가질 수 있는지, 어떻게 하면 복잡한 문제들을 보다 단순하게 해결할 수 있는지를 가르치고 있다.

아흐메드는 구글 연구소, 미국의 군용기 제조사인 록히드 마틴 사의 스컹크 웍스Skunk Works, 네이비씰 팀 같은 혁신 문화의 좋은 예들을 살펴보았다. 그리고는 그중에서 뛰어난 것들을 참고하여 OIG를 지원하는 데 활용했다. 그는 자신이 배운 것들을 후지쓰 문화에 맞게 바꾸어 적용하는 모방 개념을 도입했다. 그는 일본 무사들의 유산도 활용했다. 네이비씰이 스파르타 정신에서 영감을 얻었듯, 아흐메드는 일본의 사무라이 정신에서 영감을 얻은 것이다. 그는 탁월함과 혁신 그리고 단순성을 사무라이 행동 강령에 녹여 넣었고, 그것을 무사도 정신이라고 불렀다. 사무라이들은 초심자의 마음을 강조했는데, 이는 무언가를 배울 때 경직된 믿음이나 생각들에 매달리지 않고 늘 마음을 비워 배울 수 있는 상태가 된다는 뜻이다. 그런 정신에서 유연성과 호기심이 나오게 되며, 그 유연성과 호기심이 결국 혁신에 이르게 된다.

아흐메드는 이런 생각들을 OIG의 행동 강령에 집어넣었다. 그리고 단순성과 관련해, 그는 자신의 조직을 작고 민첩한 상태로 유지하기로 마음먹었다. 직원 수를 4명 이하로 줄이기로 한 것이다. 그 비전 또한 단순하고 명료했다. 그는 자신이 만든 특수부서의 비전에 대해 이렇게 설명하고 있다.

OIG에서 우리는 분명한 목적을 가진 혁신에 집중한다. 우리는 이런 접근방식을 '현명한 혁신'이라 부른다. 우리는 고객과 파트너들이 더 빨리 그리고 더 현명하게 혁신을 하길 바란다. 탁월함은 단순히 일을 잘 해낸다는 의미가 아니다. 탁월함이란 기대치를 훨씬 뛰어넘는다는 의미다. 그리고 우리 팀에서 탁월함이란 가능한 것들의 범위가 확대된다는 의미다. 열린 혁신의 열쇠는 열린 마음을 갖는 것이다. 이는 아주 쉬운 개념 같지만, 제대로 이해하는 데 평생이 걸릴 수도 있다. 열린 마음을 가지려면 우리가 가진 지식과 능력의 한계를 인정해야 한다. 또한 겸손한 자세를 유지해야 한다. 그래야 비로소 우리가 알고 있다고 믿는 것들 그 이상을 볼 수 있으며 새로운 아이디어들을 받아들일 수 있게 된다.

열린 마음으로 박스에 구멍을 내면서 우리는 바깥쪽을 상상하려 애쓴다. 바깥쪽을 상상하려면 호기심이 필요하다. 호기심은 새로운 것을 이해할 수 있도록 동기 부여를 해주는 힘이다. 호기심은 우리에게 새로운 탐험의 기회를 제공한다. OIG에서 우리는 호기심을 통해 새로운 아이디어들을 탐구할 수 있으며, 사람들과 함께 새로운 가능성들을 창출해낼 수 있다. 호기심은 우리를 혁신이 꽃피는 새로운 땅, 그 누구도 발을 들여놓지 않은 미지의 땅으로 이끌어줄 것이다. 우리를 혁신으로 이끌어주는 말들은 다음과 같다. "나는 늘 ~에 대해 궁금해했다", "~와 비슷한 다른 것이 있을까?", "만일 ~라면 어떻게 될까?"

이런 생각들은 OIG에 혁신의 불씨를 제공하지만, 아주 쉽게 사그러들 수도 있다. 복잡성이 더해지면 혁신의 초기 비전이 흐릿해질 수 있기 때문이다. 그리고 새로운 특징들과 모든 사람들의 비위를 맞추려는 시도, 복잡 미묘한 기업 절차들은 탁월함을 죽일 수 있다. 이래저래 단순함에 대한 강력한 추진력이 필요하다.

그런데 단순성을 유지하는 일은 생각보다 어렵다. 무엇보다 새로운 아이디어나 제품, 서비스, 사고방식들이 기존의 조직과 과정들에 잘 들어맞지 않는 경우가 많다. 이런 부조화는 미리 인지하기 힘들기 때문에 생겨난다. 상자 밖에 존재하는 상황에서 생겨나는 불가피한 일인 것이다. 새로운 것을 기존의 틀에 억지로 끼워 맞추려 하는 건 흔히 있는 일이다. 하지만 틀에 맞추기 위해 여러 층을 덧대 새것을 오래된 것처럼 보이게 만드는 것은 결과적으로 새것의 아름다움과 단순성을 흐릿하게 만들거나 아예 완전히 망가뜨릴 수 있다.

단순성이란 행동하기 더 쉬운 혁신을 고르는 것이 아니다. 단순성이란 혁신의 품위와 완전성을 유지하고, 순수하면서도 검증 가능한 것으로 보존하는 것이다. 이 부분이 아주 중요하다. 새롭다고 해서 반드시 좋은 것이란 의미는 아니기 때문이다. 반드시 검증을 해봐야 한다.

OIG에서는 모든 아이디어를 간단한 시제품으로 구현한 뒤 검증 절차를 거친다. 시제품들은 실제로 그것을 이용하는 고객들이 검증한다. 이 아이디어들은 OIG의 고객들이 문제를 해결하는 데 도움이 될 수도 있다. 시제품 형태로 구현된 아이디어들이 복잡성을 띠고 있을 경우, 시장에서의 수용 가능성에 대한 검증을 거칠 때 아이디어의 단순한 본질이 아니라 혁신을 둘러싼 복잡성에 대한 피드백을 받게 될 수 있다. 그러므로 OIG에게 단순성은 선택 사항이 아니라 필수 사항이다. OIG의 로고는 참선에서 완전함의 상징으로 여겨지는 원이며, 그 원의 각 부분은 그들의 임무와 관계가 있다. 아주 심오한 상징을 담고 있는 로고인 것이다.

　모히 아흐메드는 내 아이디어들을 자신의 엘리트 팀과 공유했고, 나 역시 서로 다른 문화들이 어떻게 탁월함으로 접근해가는지에 대한 통찰력을 갖게 됨으로써 합당한 보상을 받았다. 나는 또 단순성

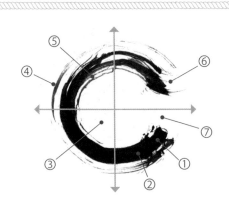

➤ OIG 로고는 붓으로 그리는 전통적인 일본 그림 '엔소'의 변형이다.
　이 로고는 탱고 마쓰모토가 OIG를 위해 그린 것이다.

① **여행의 시작**: 자신감과 낙관론 속에서 출발하다
② **고결한 자주색**: 보다 높은 정신 상태를 갈망하다
③ **빈 공간**: 새로운 가능성들을 순수하게 받아들이다
④ **많은 선들**: 사람들이 통일된 행동을 하게 만들다
⑤ **다양한 모양들**: 역동성과 비획일성을 통해 공동체에 활기를 불어넣다
⑥ **마무리 붓질**: 철저한 미지의 대상을 향해 자신을 열다
⑦ **올바른 방향으로 마음을 열기**: 일출을 향해 새로운 여행을 시작하다

없이는 호기심과 혁신은 생겨날 수 없다는 것을 깨달았는데, 이는 그야말로 불변의 원칙이다. 우리는 다른 문화들로부터 많은 것을 배울 수 있다.

상어들과 함께 헤엄치기

• • •

씰 팀 원 대원들과 함께 이라크에 있을 때, 나는 미국으로 돌아가면 박사와 조교수를 포기하고 온전히 사업에 집중하기로 마음먹었다. 또한 웹사이트 네이비씰즈닷컴의 온라인 판매를 중단하고 정신력 및 리더십, 팀워크 연마용으로 웹사이트를 활용하고 싶었다. 나는 정부와의 계약에 입찰해 계약권을 따냈고, 곧이어 네이비씰 지원자들을 위한 멘토링 프로그램을 만들었다. 당시 미 해군은 네이비씰 대원 수를 늘려야 할 상황이었다. 그들은 무엇보다 먼저 네이비씰 지원자들의 질적 수준을 높여야 한다고 믿었다. 실제로 훗날 BUD/S에서 더 많은 합격자를 배출할 수 있게 됐고, 시간이 지나면서 그 수는 5퍼센트 가까이 늘어나게 된다.

내 회사는 '해군 특수전 멘토 프로그램Naval Special Warfare Mentor Program'이라는 프로그램을 만들고 개시하며 관리하는 하도급(위탁받은 업무를 다시 제3자에게 위탁) 업체로 선정됐다. 나는 프로그램을 만들었고, 36명의 전직 네이비씰 대원들을 고용했으며, 이들을 신병 모집 지역에 파견해 특수부대 지원자들과 함께 일하게 했다. 이 새로운 팀은 곧 차세대 네이비씰을 준비하느라 바빠졌다.

5년 계약 후 1년 만에 해군 모병 사령부Navy Recruiting Command의 기대를 크게 뛰어넘는 실적을 올렸다. 내가 또 다른 네이비씰 대원이 운영하는 10억 달러(1조 1,920억 원)짜리 거대 기업 블랙워터 USABlackwater USA에 계약을 뺏긴 것도 바로 그 무렵이었다. 훗날 나는 그가 첫 계약 역시 자기 회사가 따낼 것으로 예상했었다는 말을 들었다. 내 회사 같은 신생 기업이 자기 회사처럼 거대한 상어들이 우글거리는 물에서 헤엄을 칠 수는 없을 거라고 생각했다는 것이다.

정부를 상대로 한 계약의 세계는 내게는 낯선 세계로, 그 세계가 아주 무자비하다는 것을 알게 됐다. 블랙워터 USA는 자신들이 이 세계에서 잔뼈가 굵고, 비약적인 성장을 했다며 정부 측 주 계약자를 상대로 이의를 제기했고, 주 계약자가 그 이의를 받아들이면서 나는 계약을 놓치게 됐다. 나는 상어에게 잡아먹힌 작은 물고기에 불과했다.

내게 조언을 해준 사람들 중 일부는 부정행위가 개입된 것이 아닌가 의심했고, 그래서 내가 맞서 싸워야 한다고 주장했다. 그러나 당시 나는 명상과 정서 발달에 집중하고 있었고, 의사결정을 하는 데도 늘 그 기술들에 의존했다. 두려움에 기반을 둔 사고방식은 과거에 별 효과가 없었기 때문에 나는 그런 사고방식은 피하고 싶었다. 그래서 나는 명상을 통해 앞으로 어떻게 해야 할지 깊이 생각했다. 며칠 후 나는 블랙워터 USA와 싸우는 것은 장기적으로 도움이 되지 않을 거라는 결론을 내렸다. 뿐만 아니라 더 이상 정부를 상대로 한 계약에만 매달리지 말아야겠다고도 결심했다. 그로 인해 부정적인 일들을 겪는다면 그것이 내게 맞지 않는다는 의미이기도 했기 때문이다. 나는 더 혁신적인 사고를 하고, 정부 분야보다는 민간 분야에서 큰 영향력을 행사해야겠다고 생각했다.

1,000만 달러(119억 2,500만 원)짜리 계약을 놓치고 3개월 정도 지난 후 나는 회사 이름을 씰핏으로 바꾸었다. 새롭게 탈바꿈한 회사에서는 관료주의적인 제약들 속에서는 결코 할 수 없었던 방식으로 네이비씰과 다른 특수부대 지원자들을 훈련시킬 계획이었다. 단순히 육체적인 단련에만 집중하는 것이 아니라, 폭넓은 리더십과 팀워크도 가르칠 계획이었다. 나는 참선과 각종 무술, 요가는 물론 인격 수행과 다른 정신적·정서적 훈련 방법과 같은 인성 개발에 극적인 영향을 주었던 방법들도 활용할 생각이었다. 이런 방법들은 네이비씰에서 공식적으로는 배울 수 없는 것들이다.

당시 나는 마친코 같은 혁신적인 사람들로부터 영감을 받았고, 과거의 실패들로부터 많은 것들을 배웠다. 2007년 씰핏을 설립할 무렵, 나는 이 책에서 이야기하고 있는 '집중해야 할 7가지 리더십 원칙들'의 대부분을 실천하고 있었다. 나는 내가 배운 모든 것들을 활용해야 할 필요가 있었으며, 물리적·정신적·정서적·직관적·영적인 모든 것들과 인간의 잠재력 및 개발 세계에 대해 열심히 배워야만 했다.

내 첫 번째 작품은 스파르타 전사들과 소림사 스님들이 활용했을 법한 기숙형 훈련 센터였다. 특수부대 지원자들은 캘리포니아 주 엔시니타스에 있는 훈련 센터에서 한 달가량 숙식하면서 몰입식 체험 훈련을 했다. 그들은 매일 오전 6시부터 오후 10시까지 훈련을 받았으며, 때론 24시간 내내 훈련을 받기도 했다. 나는 1년에 네 차례씩 훈련을 실시했고, 대성공을 거두었다. 훈련에 참가한 네이비씰 및 다른 특수부대 지원자들은 각 훈련 프로그램을 통과했고, 외부인들도 관심을 보이기 시작했다. 훈련 센터는 성공했지만 사업상의 다른 일들에도 관심을 쏟아야 했기 때문에 에너지가 소진되기 시작했다. 나는 혼자서 여러 일을 동시에 처리할 수 있는 방법을 찾아야 했고, 삶의 균형도 되찾아야 했다. 나를 둘러싼 상황이 복잡해지면서 나는 다시 모든 것을 단순화해야 한다는 직감을 느꼈다.

지속 가능하면서도 확장 가능한 사업 모델 그리고 한 사람에게 너무 의존하지 않는 사업 모델을 만들어내야 했다. 나는 내 방식대로 코치들을 훈련시킨 뒤 자격증을 부여하기로 마음먹었다. 그러기 위해서는 가르치는 내용들을 단순화하고 명확히 해야 했다. 그 결과 지금 우리 훈련 센터에서는 자격증을 가진 코치들이 훈련을 맞아 진행하고 있다. 더불어 코치들은 자기 계발을 계속하는 지원자들을 추적 관찰하면서 안내도 해준다.

특수부대 지원자들을 훈련시키는 데 성공하면서 나는 많은 기업가와 임원들로부터 자신들의 기업에도 씰핏 훈련을 도입해달라는 부탁을 받았다. 나는 이 새로운 고객들을 위해 훈련 원칙과 방법들을 변화시키는 혁신에 도전하기로 했다. 그 결과 나온 것이 바로《언비터블 마인드》라는 내 책과 그 책 제목을 딴 통합된 수직적 발전 프로그램이다. 나는 마친코가 자기 팀을 진화시키고 또 끊임없이 변하는 VUCA 환경에 맞춰 임무를 단순화하기 위해 사용한 원칙들을 그대로 활용했다. 그리고 정부를 상대로 한 큰 계약을 놓친 지 10년이 지난 후, 내 사업은 크게 번창했으며 미국 정부뿐만 아니라 수천 명의 특수부대원들, 기업가들, 임원들은 물론 스포츠 팀들과 기업 팀들을 상대하고 있다. 우리가 우리 나름대로의 탁월함을 획득하기 위해 애쓰는 가운데 끊임없는 혁신을 이루어 얻어낸 결과였다.

그렇다고 해서 피어 울프에 당당히 맞서는 긴 여정이 완전히 끝난 건 아니다. 변동성, 불확실성, 복잡성, 애매성이라는 특징을 가진 VUCA 환경에는 최고의 아이디어들과 사업 모델들을 검증해볼 수 있는 길이 있다. 나는 사업에서의 '회복력'이 리더와 밀접한 관련이 있다는 사실을 배웠다. 자, 여섯 번째 리더십 원칙인 회복력이 사업과 삶에서 지구력을 어떻게 보장해주는지 살펴보기로 하자.

탁월함에 힘쓰고 있는가?

1. 창의력을 확대시켜줄 새로운 것에 호기심을 가져라. 또한 당
   신이 배우고 싶어 하는 것들, 큰 관심을 갖고 있는 것들, 탐구
   하고 싶어 하는 것들(글쓰기, 그림 그리기, 노래하기, 예술, 연기 등)을
   나열해보라. 그런 다음 FITS 모델을 적용하여 지금 당신에게
   가장 잘 맞는 하나로 줄여보라. 이제 그 새로운 것을 얼마나
   깊이 파고들 건지에 대한 계획을 짜도록 하라. 예를 들어 수업
   을 듣고 멘토를 찾고 책을 사는 것처럼 말이다.

2. 혁신 과정을 메모하라. 매일 아침 5가지 새로운 아이디어들을
   적어 내려가라. 그 아이디어들은 서로 아무 상관 없는 것들일
   수도 있고, 또는 당신이 혁신하거나 진화시키거나 만들어내
   려 하는 개념에 들어맞는 것들일 수도 있다. 문제를 다양한 관
   점에서(예를 들어 물질에서 유체로 다시 공간으로, 또는 생물학 차원 대 전
   자 차원 등에서) 살펴보도록 하라.

3. 늘 단순성을 유지하라. 무엇을 빼거나 제거하거나 팔거나 기
   부하거나 떠넘길 수 있겠는가? 물질적인 것들에서부터 시작
   하여 헌신적인 노력으로 또 당신을 끌어내리는 사람들로 옮
   겨가라. 그리고 마지막으로 믿음을 제한하는 것을 고려해보
   라. 피어 울프에 당당히 맞서고, 또 늘 모든 것을 간단명료하
   게 유지하라.

리더십 원칙 6
회복력

일곱 번 넘어지면 여덟 번 일어나기

STARING DOWN THE WOLF

장애물에 대한 두려움에 맞서라

• • •

마커스 러트렐Marcus Luttrell은 미국 텍사스 주 휴스턴에서 쌍둥이로 태어났다. 형제는 모두 아주 저돌적이었고, 어린 나이에 전설적인 네이비씰 팀에 들어가기로 마음먹고 도움을 줄 멘토를 구했다. 그리곤 이후 4년간 매주 두 사람은 네이비씰 대원이 되기 위해 훈련했다. 끈질긴 노력을 통해 마커스는 네이비씰 대원이 되는 데 필요한 회복력을 발전시켰다. 이 형제는 18살 때 네이비씰 입대 신청을 했고, 곧이어 BUD/S 클래스 226 훈련을 수강했다.

그런데 마커스가 장애물 코스에서 추락하면서 대퇴골이 골절되는 사고를 당했다. 대부분의 사람들은 이런 사고를 당하면 모든 것이 끝났다고 생각하지만 그는 굴하지 않았다. 치료가 끝난 뒤 그는 다시 BUD/S 클래스 226 훈련을 받았고, 9개월 뒤에 졸업했다. 2년간의 훈련 과정을 훌륭하게 통과해 삼지창 휘장도 받았다. 모든 것은 잘 풀려나갔다.

마커스가 처음 배치된 곳은 이라크였다. 그는 그곳에서 많은 것을 배우고 경험했으며, 노련한 네이비씰 대원들을 가까이에서 관찰할 수 있었다. 팀의 인정을 받기 위해 그는 열심히 노력했고, 더 잘 배우기 위해 입은 다물었으며 눈은 크게 떴다. 그리고 네이비씰에서는 그 무엇보다 명예가 중요하다는 것을 깨달았다. 그들은 늘 자신이 뛰어난 대원인지, 책임을 다하고 있는지 자문했다. 네이비씰 대원들은 작전 및 전략 기술들에만 집중해서는 안 된다는 것을 잘 안다. 그래서 최고의 리더들은 대원들에게 각종 기술과 함께 인성을 개발하도록 독려한다. 마커스는 기술과 인성이라는 두 가지 측면에서 모두 확고한 명예를 얻었다.

장애물과 직면할 때마다 마커스는 더 강하고 나은 사람이 되고자 했다. 이 장은 회복력에 대한 내용이다. 회복력이란 '삶의 장애물들에도 불구하고'가 아니라 '그런 장애물들 덕분에' 더 나은 사람이 될 수 있는 능력을 의미한다. 라이언 홀리데이Ryan Holiday가 자신의 책 《장애물이 길이다The Obstacle Is the Way》에서 한 말이다. 나는 그의 말에 동의한다. 장애물은 당신의 길이 되며, 당신의 인성을 진화시켜 전반적으로 더 나은 사람이 될 수 있도록 돕는다.

마커스 러트렐은 네이비씰 팀에 있으면서 많은 장애물들과 부딪혔고, 그때마다 자신의 회복력을 입증했다. 2005년 마커스는 '레드 윙 작전'을 위해 4인조 정찰팀의 주임원사 자격으로 아프가니스탄에 파견됐다. 그 팀의 임무는 한 고위급 반군의 행방을 알아보고 가능하다면 반군 간부를 사로잡는 것이었다. 그와 팀원들은 낙하산을 타고 바위투성이의 산악 지대 깊숙한 곳으로 투입됐다.

반군들은 가파르고 험한 지형으로 둘러싸인 계곡 안쪽에 위치한 작은 마을에 숨어 있었다. 마커스와 팀은 그 마을에서 떨어진 곳에 자리 잡고 정찰을 하고 있었다. 작전은 계획대로 진행되고 있었다. 그러다 갑자기 염소를 모는 소년 2명과 맞닥뜨렸다. 네이비씰 대원들은 그 소년들을 붙잡을 만큼 가까운 거리에 있지 않았지만, 그 소년들을 내버려 두면 반군들에게 자신들의 위치를 알려줄 거라는 것을 알고 있었다. 도덕적 딜레마였다. 그 소년들을 죽여 자신들의 위치를 알려주지 못하게 막아야 하는가, 아니면 그냥 보내주고 별일 없길 바라야 하는가? 아이들은 무장을 하지 않은 비전투원들이었고, 비무장 민간인을 해치는 건 제네바 협정은 물론 미군 규약에도 위배되는 것이었다. 그러나 이 비상식적인 전쟁에서는 아이들마저 전투원이나 다름없었기에 네이비씰 대원들은 그런 가능성도 고려할 수밖에 없었다. 그들이 소년들을 죽인다면 귀국 이후 일부는 그들의 행동에 이의를 제기하겠지만, 아마 많은 사람들은 임무를 수행하고 자신들의 목숨을 지키기 위해선 올바른 조치였다고 받아들일 것이다.

네이비씰 대원들이 고민하는 동안 소년들은 몸을 돌려 산 아래로 내달렸다. 대원들은 많은 짐을 지고 있었고 에너지가 고갈된 상태여서 소년들을 쫓아갈 수 없었다. 결국 마커스와 팀원들은 소년들이 가게 내버려 둘 수밖에 없었고, 그 선택은 치명적인 결과를 가져왔다. 작전은 실패했고 최대한 서둘러 탈출 지점으로 이동해야 했다. 산악 지대에서 적들의 공격이 시작됐다. 대구경 기관총과 RPG 로켓포(휴대용 대전차 유탄 발사기)뿐만 아니라 박격포 공격도 이어졌다. 네이비씰 대원은 4명 뿐이었고, 훨씬 더 많은 수의 적들이 유리한 위치에서 공격해오는 절망적인 상황이었다. 네이비씰 대원들에게 유리한점은 뛰어난 훈련을 받았다는 것뿐이었다. 그 절망적인 상황에서 마커스가 살아나온 것도 바로 그 훈련 덕이었다. 그러나 그 훈련도 팀원들을 모두 살릴 수는 없었다. 리더였던 마이클 머피Michael Murphy 소위는 신속대응군 지원을 요청하려고 애썼지만, 주변이 온통 산으로 둘러싸여 있어 무전기가 작동하지 않았다. 결국 아무 지원 없이 싸워야 할 판이었다. 게다가 어둠까지 깔리고 있어 상황은 더 복잡해지고 있었다.

자포자기한 상태에서 머피는 위성 전화기로 연락을 취하기 위해 높은 지역을 향해 전력 질주했다. 그러면 적들에게 노출되어 집중 사격을 받을 것이 뻔했지만, 그는 팀원들을 살리기 위해 자신을 희생했다. 머피 소위가 총탄에 쓰러졌고, 곧 이어 다른 네이비씰 대원들도 쓰러졌다. 신속대응군이 출동했지만, 현장으로 다가오던 헬리콥터가 로켓포에 맞아 탑승자 전원이 목숨을 잃는 비극이 발생했다.

대재앙이었다.

마커스는 팀원들을 잃고 실의에 빠진 채 사투를 벌였다. 그는 그야말로 산에서 굴러 떨어지듯 협곡으로 내려왔다. 바위들과 다른 파편들이 사방팔방으로 튀어나갔고, 그의 근처에서 로켓 포탄이 폭발하면서 의식을 잃었다. 그가 의식을 되찾았을 때는 칠흑같이 어두웠고 오싹할 정도로 조용했다. 신의 은총으로 적들은 그를 찾아내지 못했다. 그들은 자신들이 네이비씰 대원을 다 죽였다고 생각해 날이 밝은 뒤 시신들을 회수하러 돌아올 계획인 듯했다. 마커스는 부상을 당했지만 치명적인 부상은 아니었고, 자신을 도와줄 사람들을 찾을 수 있을지도 모른다는 희망으로 산을 내려왔다.

그러다가 그는 파슈툰 족(아프가니스탄 전역과 파키스탄 북서부에 거주하는 아리안계 민족) 마을 근처에서 한 민간인과 맞닥뜨렸다. 누군가 도움이 필요한 사람을 발견하면 도움을 주고, 자신들의 목숨을 걸고라도 그 사람을 보호해주는 것이 파슈툰 족의 전통이었다. 그 민간인은 자신과 가족들의 목숨을 걸고 마커스를 돕기로 마음먹었다. 그 사람은 마커스를 마을로 데려갔고, 반군들로부터 그를 숨겨주었다. 그런 다음 부상당한 미군을 숨겨주고 있다는 사실을 미군들에게 알릴 방법을 찾아냈다. 며칠 후 아미 레인저스Army Rangers 파견대가 마커스를 구출했는데, 그들 역시 반군들과 총격전을 벌여야 했다. 반군들이 마커스를 찾아 집집마다 뒤지고 다녔기 때문이다.

영화 〈론 서바이버Lone Survivor〉는 이 사건을 토대로 제작된 것이다. 씰 팀 원의 본부가 있는 캘리포니아 주 코로나도에서는 며칠간 마커스가 반군들에게 생포됐다는 소문이 돌았다. 네이비씰 대원들은 한 번도 생포된 적이 없었기 때문에 그들에게 이 소문은 충격적이었다. 훗날 마커스가 살아서 돌아오자 위대한 대원들 셋을 잃은 슬픔에도 불구하고 모든 관계자들이 그야말로 "오, 하나님" 하며 안도의 한숨을 내쉴 정도였다.

마커스는 육체적·정서적 상처를 치유하느라 안간힘을 썼다. 군 당국은 의학적인 이유로 그를 퇴역시키려 했지만, 그는 아직 퇴역하고 싶지 않다며 강력하게 반발했다. 그는 팀원들과 함께하고 싶어 했다. 그렇게 그는 타고난 회복력을 이용해 앞으로 나아갔다. 군 당국은 마커스의 의견을 따라주었고, 결국 그는 다시 전투 현장에 투입되었다. 이번에는 분쟁 지역인 이라크 라마디에서 활동 중인 '씰 팀 파이브SEAL Team Five'에 합류했다. 그곳에서 마커스는 간 손상을 입었고 척추 골절을 당했다. 결국 그의 뜻과는 달리, 부상 때문에 퇴역할 수밖에 없었다. 만일 그의 뜻대로 했다면, 그는 아직까지도 전투 현장을 지키고 있을 것이다.

그 이후 지금까지 마커스는 바위투성이의 산꼭대기에서 잃은 팀 동료들을 기리는 데 삶을 바쳤다. 그는 책을 썼고, 영화에 직접 출연해 연기도 했으며, 사람들에게 그들의 이야기를 들려주고 전사한 영웅들의 가족들을 지원하기 위해 '론 서바이버 재단Lone Survivor Foundation'도 발족했다.

회복력이 뛰어난 전사였던 마커스는 어떤 상황에서든 긍정적으로 반응했고, 멈추려 하지 않았다. 그는 늘 앞으로 나아가려 했고,

넘어질 때마다 더 강해져서 다시 일어났다. 그는 깊이 논의해볼 가치가 있는 회복력의 3가지 특징들, 즉 '적응력adaptability'과 '끈기persistence', 그리고 '학습 능력learning'을 갖춘 살아 있는 예였다. 자, 이제 회복력의 3가지 특성들에 대해 살펴보도록 하자.

적응력: 실패를 극복하라

● ● ●

참선 마스터 다다시 나카무라는 칠판 위에 무언가를 휘갈겨 썼는데, 일본어 한자인 간지로 쓰여 있었다. 그리고 우리가 질문하기도 전에 그는 그 밑에 이렇게 영어로 그 뜻을 적어놓았다. "Fall down seven times, get up eight(일곱 번 넘어지면 여덟 번 일어나라)." 그런 다음 그는 엉터리 영어로 그 의미를 멋지게 설명했다. 그의 설명이 칠판에 쓰인 말 그 자체가 의미하는 것보다 훨씬 더 심오하게 느껴졌다. 설명의 요지는 단순히 넘어진 뒤에 일어나야 한다는 것이 아니라, 얼마나 잘 일어나느냐 하는 것이 중요하다는 것이었다.

당신은 살아오면서 얼마나 자주 넘어졌는가? 그리고 또 빠른 속도로 바뀌는 새로운 현실에 적응하지 못한 채, 얼마나 자주 어설프게 반응하거나 겁을 먹은 채 일어났는가? 우리는 종종 우리에게 찾아온 불행에 대해 "대체 어디서 온 거야? 왜 하필 나야?"라고 생각한다. 그리고 누군가는 내가 넘어지는 바람에 자신이 무사했을 것이라고 생각한다. 인간은 타인의 불행에서 자신의 불완전성이 더 나은 것이라고 느껴질 때가 있기 때문이다.

실패에 부정적으로 반응하면 가뜩이나 안 좋은 상황을 더 안 좋게 만들면서 불안정한 상태에 도달하게 된다. 때론 몇 년이 지난 뒤에야 그 일이 일어난 덕분에 내가 더 강하고 더 현명해졌다는 것을 깨닫기도 한다. 그러나 회복력이 있는 사람들은 이렇게 반응하지 않는다. 회복력이 있는 사람들은 장애물에 걸려 넘어지는 것에 대한 두려움에 맞서며, 긍정적인 반응을 보이며 바로 일어나는 훈련을 한다. 그들은 시큼하기만 한 레몬을 맛있는 레모네이드로 변화시킬 수 있는 기회를 찾는다. 일곱 번 넘어지면 여덟 번 일어난다. 그러면 더 강해지고 더 나은 사람이 되고 더 유능해지며, 주어진 상황으로부터 얻을 수 있는 모든 것을 배우게 된다. 그것이 바로 '적응력'이다.

탄력성: 끊어지지 않는 고무줄이 돼라

그렇다면 어떻게 적응력을 가질 수 있을까? 그 한 가지 방법이 바로 '탄력성elasticity'을 기르는 것이다. 탄력성은 늘리고 줄이는 것을 반복하는 것을 말한다. 너무 많이 늘렸을 때도 빠른 속도로 회복할 수 있어야 한다. 당신은 고무줄처럼 되는 법을 배워야 한다. 늘리고 줄일 때마다 더 약해지는 것이 아니라 더 강해지는 것이다.

예를 들어 마커스는 BUD/S에서 너무 많이 늘렸다가 부상을 입었지만, 빠른 속도로 회복해 훌륭한 성적으로 졸업했다. 그는 원점으로 되돌아가 모든 것을 다시 시작해야 했는데, 자신의 능력을 확장시켜 새로운 현실에 적응함으로써 빠르게 회복했다. 빠른 속도로 회복하는 능력을 기르려면 끊어지지 않고 얼마나 늘어날 수 있는지를 알아야 한다. 내 멘토 맥레이븐이 팀원들에게 가르쳐준 것처럼 자신의 레드 라인을 찾아내야 한다. 과도한 확장을 할 때 심각한 실패에 이를 수도 있는 위험 지대를 가리키는 레드 라인 말이다. 탄력성이 있는 사람들은 일이 잘못되더라도 책임을 회피하지 않는다. 그들은 확실히 책임을 지고, 실수를 통해 배우며, 최대한 빠른 속도로 다시 궤도로 되돌아간다. 그들은 계속해서 허용 가능한 레드 라인을 찾아내며, 작은 실패를 하거나 상황을 보고 배운 후 경계선을 재설정한다.

이는 노력과 이완, 밀고 당기기, 양과 음 간의 균형을 맞추는 수련이다. 당신은 시장에 의해 한 방향으로 당겨지며, 그런 다음 경쟁에 의해 또 다른 방향으로 당겨지고, 다시 조직에 의해 또 다른 방향으로 당겨진다. 그리고 VUCA 환경에서 계속 늘어나는 중이다. 당신은 늘어나면서 배우고, 품위를 지키면서 실패하며, 빠른 속도로 회복될 수 있는가? 당신과 팀원들이 그 정도 수준의 탄력성을 기를 수 있게 된다면 얼마나 가치 있는 일이겠는가?

탄력성이 있다는 것은 오랜 기간 지속된다는 의미가 아니다. 매일매일 자신의 능력을 살짝 벗어나는 경계선을 찾아내 그 선을 밟아보고, 다시 되돌아와 균형을 찾는다는 의미다. 너무 늘리기만 하면 찢어진 고무줄이 될 수 있으니 매번 조금씩 늘렸다 다시 제자리로 되돌아오고, 그때마다 더 강해져야 한다.

유연성: 어떤 환경에서도 '검비'처럼 적응하라

'유연성pliancy'은 탄력성과 관련 있는 능력으로, 각종 도전들에 맞닥뜨릴 때 적절히 변화하는 능력이다. 네이비씰에서 우리는 '셈페르 검비Semper Gumby'라는 용어를 만들어냈는데, 이는 '늘 유연하다always flexible'는 의미를 지닌 라틴어다. '셈페르 파이Semper Fi('늘 충성스럽다 always faithful'라는 뜻을 가진 라틴어 Semper Fidelis의 줄임말)를 모토로 삼고 있는 미 해병대원들이라면 모르는 사람이 없을 것이다. 네이비씰 대원들은 미군 내에서도 약간 반문화적인 사람들인데, 그런 우리가 유연함을 상징하는 마스코트로 여긴 것이 바로 조그만 녹색 찰흙 인형 '검비Gumby'였다. 그것을 변형시켜 온갖 모양으로 바꿀 수 있었지만, 그 인형은 약간의 노력만으로도 늘 원래의 모양으로 되돌아왔다. 그래서 평소 나는 내가 꼭 그 검비 인형 같다고 느꼈다.

마커스 러트렐은 목표를 달성하기 위해 셈페르 검비처럼 끝없이 적응하고 변신하고 변화하면서 살아왔다. 네이비씰 대원들은 사막에서 작전을 펼치다가도 다음 해에는 아프가니스탄 산악 지대의 살을 에는 한겨울 추위 속에서 작전을 펼칠 수도 있고, 몇 개월 뒤에는 인도양 한가운데서 작전을 펼칠 수도 있다. 아마 이보다 더 드라마틱한 인생을 찾기는 힘들 것이다. 그러니 편안한 유연성을 갖도록 하라. 그러면 검비 인형같이 빠른 속도로 변신하고 변화할 수 있을 것이다.

지구력: 위기에 대비하고 목표를 향해 돌진하라

탄력성의 또 다른 구성요소에는 '지구력durability'이 있다. 모든 것이 잘못되어가고 있는 상황에서도 그대로 밀고 나갈 수 있는 능력이다. 물론 우리는 모든 일이 잘되길 바라며, 몸과 마음을 강하게 훈련하지만, 좋은 의도들에도 불구하고 삶은 종종 우리를 가로막고 나선다. 그러므로 중요한 일이 잘못되더라도 효율적인 방식으로 대처할 필요가 있다.

살다 보면 핵심 프로젝트의 리더나 전문가가 다른 회사로 떠나거나 병이 들거나 육아 휴직을 떠날 수도 있다. 그렇다고 팀 전체가 멈출 수는 없다. 공백을 빨리 메우고 계속 앞으로 나아가야 한다. 그래서 네이비씰에서는 늘 예비 인력과 장비 등을 준비해 놓는다. 작전 중에 각종 장비가 분실되거나 파손될 경우를 대비해야 하고, 팀원이 부상을 당하거나 죽을 경우에도 임무를 계속 수행할 수 있도록 준비해야 한다. 결국 지구력은 '둘은 하나이고 하나는 아무것도 아니다'라는 원칙이다. 우리는 늘 예비 장비, 예비 기술, 예비 계획을 갖고 있었다.

VUCA 환경 속에 있는 기업에게 이 같은 지구력은 필수적이다. 지구력에는 단단한 측면과 부드러운 측면이 공존한다. 당신의 팀은 강력한 참나무처럼 힘을 발산하면서, 비바람에 맞서 굳세게 버틸 줄 알아야 하며, 동시에 바람의 변화에 따라 움직이는 갈대처럼 유연하게 구부릴 줄도 알아야 한다. 참나무는 거센 폭풍우에 뿌리째 뽑힐 수도 있지만, 갈대는 살아남을 수 있기 때문이다.

사고방식: 긍정적인 늑대를 키워라

썰핏에서 우리는 특수부대 지원자들에게 중요한 4가지 능력, 즉 호흡법을 통한 스트레스 조절과 집중력 향상 방법, 시각화 능력, 작은 목표 달성 능력을 키우기 위해 많은 훈련을 실시한다. 그러나 아무리 강도 높은 훈련을 한다 해도 부정적인 사고방식을 갖고 있다면 아무 소용 없다. 조절 능력을 기르는 것이 싸움의 반을 차지한다면, 피어 울프에 당당히 맞서고 용기를 키우는 것이 나머지 반을 차지한다. 단 한 사람이라도 부정적인 사고방식을 갖고 있으면 팀 전체의 실적이 저하된다.

그래서 당신은 긍정적인 늑대를 키워야 한다. '사고방식attitude'에 대한 강조가 진부해 보일 수도 있지만, 이것은 매우 중요한 훈련 도구다. 부정적인 사고와 감정 에너지가 주는 위협은 현존하는 명백한 위험이다. 부정적인 힘들에 의해 발목 잡힌 잠재력을 제대로 발휘하기 위해서는 긍정적인 대화와 감정 에너지로 긍정적인 늑대를 키우는 일에 노력을 기울여야 한다. 당신의 팀은 '반드시 해내겠다'라는 사고방식을 갖고 있는가? 아니면 숨겨진 내면에 '어쩌면' 또는 '확실하진 않지만' 등의 사고방식이 숨어 있는가? 조직문화가 낙관적이고 긍정적이며 상호보완적이어서 팀원의 승리가 팀의 승리로 이어지는가? 아니면 너무 경쟁적이어서 한 사람의 승리가 다른 사람의 패배로 이어지는가? 장애물들과 맞닥뜨릴 때 패배해 쓰러지는 두려움에 당당히 맞설 수 있는가?

나는 실적이 아주 뛰어난 팀들이 부정적인 사고방식 때문에 무너지는 것을 많이 봐왔다. 이런 결과는 지나치게 경쟁이 치열한 세 번째 고원의 편견에서 비롯된 것이다. 서구 문화 속에는 개인주의와 경쟁주의가 만연해 있어서 부정적인 영향을 미치고 있다. 팀 내에 자기중심적이고 부정적인 사람이 단 한 명만 있어도 그 팀의 공동체 정신은 깨진다. 미꾸라지 한 마리가 온 물을 흐려놓는 것이다. 부정적인 팀 동료들의 문제를 해결하는 것은 정말 힘든 일이다. 무엇보다 우리 자신이 온 물을 흐리는 미꾸라지가 되지 않도록 노력하고, 먼저 팀을 생각하도록 하자. 부정적인 사고방식은 여러 형태로 나타날 수 있다. 다음의 예들을 살펴보자.

- 경쟁에 실패한 사람이 패배자처럼 느껴지게 만드는 환경(성장을 유도하는 경쟁 환경을 조성하기 위해서는 '협조적 경쟁co-opetition'이 필요하다)
- 동료를 향한 험담
- 두려움 조성
- 독재적인 리더
- 팀원들의 부정적 사고방식 허용
- 의심과 수치심, 비난 또는 죄책감 전가
- '할 수도 있었다', '해야 했다', '~할 생각이었다' 또는 '~할 수 없다' 같은 빈번한 후회
- 활기가 없고 우울한 분위기

규모가 큰 관료주의 조직들은 여기서 지적한 여러 특징들이 혼합

된 부정적인 환경을 갖고 있는 경우가 많다. 물론 그런 환경 속에 있는 팀원들이 모두 부정적인 사고방식을 갖고 있다는 의미는 아니다. 당신이 만일 그런 조직들 중 하나에 몸담고 있다면, 이 얘기를 개인적인 얘기로 받아들이지 않길 바란다.

특수부대의 경우 뛰어난 리더들은 긍정적인 사고방식을 갖고 있다. 부정적인 사고방식을 갖고서도 어떻게든 훈련을 통과할 수 있겠지만, 자신이 팀에 미치는 영향을 알게 되면서 스스로 변화하거나 팀을 떠나라는 압력을 받게 된다. 부정적인 사고방식 앞에서는 믿음과 존경이 약화되며, 적응력을 키우기 위해서는 긍정적인 사고방식이 필수적이다. 어쨌든 매사가 잘 풀릴 때는 장밋빛 미래를 그리기 쉽다. 네이비씰 교관들은 이를 이렇게 표현했다. "화창한 날엔 모두가 개구리맨이 되고 싶어 한다Everyone wants to be a frogman on a sunny day."

연구 결과에 따르면, 인간은 부정적인 사고방식을 타고 나며 이를 '부정 편향negativity bias'이라고 한다. 뉴스 미디어와 TV 프로그램들과 영화들은 보통 신랄하면서도 냉소적인 내용을 담고 있다. 그렇다. 그 것들은 정말 재미있지만, 자꾸 부정적인 유머를 접하다 보면 부정적인 사고와 느낌을 전달하는 신경 경로들이 깊어지게 된다. 이로 인해 어두운 사고방식이 만들어지게 되며, 그 결과 극단적인 방식으로 표출될 수 있다. 그러므로 부정적인 사고방식을 거부해야 한다. 그것도 매우 강력하게 거부해야 한다.

긍정적인 늑대를 키우면 낙관주의와 동정심을 갖게 된다. 저변에 깔린 부정적인 사고방식을 실패와 위기에서 교훈을 찾으며 변화시키는 것이다. 불행 속에 희망을 보는 훈련이 필요하다. 당신의 잔은 반이나 차 있는가, 아니면 반 밖에 남아 있지 않은가? 당신에게 어떤 임무가 주어지든, 미래와 관련해 그리고 또 그 임무를 수행할 팀의 능력과 관련해서 낙관주의는 꼭 필요하다. 엘리트 팀들은 늘 낙관주의를 갖고 있으며, 그 낙관주의를 긍정적인 말들로 나타낸다. 예를 들어 피할 길 없는 위기가 닥쳐올 때 엘리트 팀들은 "좋아! 우린 이 교훈을 배울 필요가 있었어. 이제 우린 보다 분명히 그리고 끈기 있게 앞으로 나아갈 거야"라고 말한다. 이 같은 사고방식은 매일 수련해야 할 중요한 과제 중 하나로, 내적 대화와 감정 상태에 대한 관심과 개선을 필요로 한다.

늘 팀이 우선이다

팀 동료들이 필요로 하는 것과 목표를 지원하는 데 전력을 다하는 것도 탄력성을 기르는 좋은 방법이다. 이것을 실현하는 첫 번째 방법은 팀 동료들의 행복에 대해 진심 어린 관심을 갖는 것이다. 그런데 불행히도 내 경험상 이런 경우는 아주 드물었다. 사람들은 대개 자기 일에만 관심이 있기 때문이다. 그런 의미에서 두 번째 방법에 주목해보자. 문화적으로 그렇게 할 수 있는 환경을 만들어주는 것이다. 네이비씰에서 우리는 수영을 하기 전 동료들의 장비를 점검해주었다. 우리는 서로 도울 것이 없냐고 물었고, 필요한 도움을 주었다. 동료의 장비가 완벽하다는 것을 확인한 후에야 자신의 장비를 점검했으며, 그때는 동료가 나를 도왔다. 우리는 공동으로 쓰는 팀 장비도 철저히 점검했는데, 우선순위는 제일 먼저 팀, 두 번째로 팀 동료 그리고 마지막이 나 자신이었다. 이런 관행이 팀원들 사이에 깊이 뿌리내리게 되면, 팀원들이 나에게 도와줄 것이 없냐고 묻게 되고, 내 삶은 보다 편해진다. 이런 식으로 팀 전체가 나를 지원해주고 내가 팀원들을 지원해줄 때, 우리는 최대한의 영향력을 발휘하게 된다. 이것이 습관이 되고, 팀원들이 상호 이익이 된다는 것을 경험하게 되면 자기중심적인 행동으로 돌아갈 가능성은 줄어든다. 그러다 보면 주고받았기 때문에 이타적 행동을 하는 것이 아니라 아예 이타적인 사람으로 변모하게 된다. 서로를 돕다 보니 믿음과 존경과 선의가 자연스럽게 생겨나게 된다.

이는 '나 먼저'에서 '우리 먼저 그런 다음 나'로 관점이 바뀌어야 하는 강력한 관행이다. 팀원들이 나를 지원하고 있다는 것을 확신하게 되면 팀 전체의 실적을 올리는 데 엄청난 도움이 된다. 우리는 팀원들의 눈을 들여다보며 진지하게 "내가 밀어줄게"라고 말했다. 이 말은 단결력을 높여주고 서로가 서로를 돌본다는 느낌을 강화시켜주었다. 얼마나 많은 팀 동료들이 일말의 의심도 없이 당신을 밀어주고 있는가? 그리고 또 당신은 어떠한가? 이는 팀의 적응력을 알아보기 위한 좋은 시험대다.

'우리는 이 모든 것을 함께한다', '내 고통은 네 고통보다 크지 않다', '팀에 좋은 건 내게도 좋은 것이다'라는 사고방식을 가지고 팀원들에게 관심을 보일 때, 팀 전체는 그 에너지와 낙관주의로부터 도움을 받게 된다. 그리고 이는 일종의 선순환으로 이어져 모든 사람들이 보다 깊은 믿음과 존경과 선의를 경험하게 된다.

유머: 신랄한 냉소가 아닌 긍정적인 에너지를 남겨라

나는 정말 어려운 상황들을 극복해야 할 때 긍정적인 유머를 활용하길 권한다. 뛰어난 팀들은 비참한 상황에서도 유머 감각을 발휘하여 다시 긍정적인 에너지가 흐르게 만든다. 웃음은 정말 효과가 좋으며, 게다가 무료다. 웃을 때 몸속을 흐르는 산소와 긍정적인 에너지는 강력한 한 방을 갖고 있다.

처음 네이비씰에 들어갔을 때 내게는 유머 감각이 없었다. 어린 시절의 내 유머는 부정적이고 신랄한 냉소에 가까웠다. 그래서 나는 유머를 긍정적으로 활용하는 법을 팀 동료들에게 배웠다. 그 덕분에 나는 어려운 상황에서도 제대로 된 유머 감각을 발휘할 수 있게 됐다. 유머를 잘 활용하는 사람들은 비단 팀뿐만이 아니라 스스로에게도 긍정적인 영향을 발휘한다.

첫 번째, 두 번째, 세 번째 고원 문화에서는 유머가 부적절한 방향으로 갈 수도 있다. 이런 가능성에 유의해 냉소나 부정적인 농담보다는 긍정적인 유머를 장려하도록 하라. 이 모든 사고방식들을 갖기 위해서는 우선 자신이 어떤 사람인지를 제대로 알아야 하며, 자기 인식에 대해서도 잘 알아야 한다. 내가 이 책에서 계속 강조해왔듯이 자신의 피어 울프에 당당히 맞서 편향되고 반동적인 행동을 유발하는 부정적이고 무기력한 패턴들로부터 벗어나야 한다. 그런 패턴들을 안고 팀에 들어갈 경우, 팀원들에게서 믿음과 존경을 얻기는 힘들 것이다. 부정적인 사고방식은 회복력을 손상시킨다. 당신이 지금 팀의 골치 아픈 문제아는 아닌지 잘 생각해보라. 부정적인 가십에 몰두하고 있지 않은가? 아무도 이해하지 못하는 문제들을 가진 사람 또는 영원한 부담의 무게에 눌려 포기하는 사람은 아닌가? 아무도 당신에게 찍힌 고통의 낙인을 알아보지 못하고 있진 않은가? 아니면 당신 팀은 당신 없이는 돌아갈 수 없으며, 그래서 당신한테 더 잘해주어야 한다고 생각하는가? 이런 유형의 부정적인 사고방식은 팀의 발목을 잡는다.

부정적인 사고방식을 갖고 있을 때 우리는 쉽게 넘어질 수 있으며, 그 상황에서 다시 일어날 수 있게 도와줄 팀원이 아무도 없다는 것을 알게 될 것이다. 우리는 자기 인식 훈련을 통해 자존심을 억제하고 겸손함을 키울 수 있다. 호흡법과 명상을 통해 모든 사람이 가치 있으며 서로 연결되어 있다는 사실을 깨닫게 된다. 당신은 이제 더 이상 골치 아픈 문제아가 아니며, 스스로에 대한 집착도 줄어들게 된다. 이로 인해 팀 동료들을 세심하게 챙겨주면서 새로운 가능성들이 활짝 열리게 된다. 자기 집착과 자존심 세우기를 멈추면 팀의 중요성이 더 커지게 된다.

자기 인식 훈련이 거듭되면서 당신은 스스로의 이야기에서 벗어나야 한다는 것을 깨닫게 된다. 넘어질지 모른다는 두려움, 장애물들을 뛰어넘지 못할 거라는 두려움, 완벽한 사람이나 가장 유능한 사람이 되지 못할지도 모른다는 두려움을 극복하게 되는 것이다. 또한 실패를 개인적인 것으로 받아들이는 일도 중단하게 된다. 실패를 경험할 수 있지만 그렇다고 해서 당신이 실패작이라는 의미는 아니며, 따라서 그 실패로 인해 그 어떤 수치심이나 죄책감 또는 비난을 감수할 필요도 없다. 그렇다고 당신에게 일어나는 일들, 당신이 하는 일들, 그리고 당신의 뛰어난 업적들로 당신을 규정해서도 안 된다. 결과에서 벗어나고 대신 성장을 받아들여라. 위기는 당신의 스승이 될 것이며, 지혜와 탄력성을 배울 또 다른 기회가 될 것이다. 그 기회를 활용해 유머를 찾아내고 힘든 상황을 극복하라.

잠시 멈추고 호흡하고 생각하고 행동하라

사람들이 적응하지 못할 경우 회복력이 떨어지고 유약해진다. 위기는 일어나기 마련이며, 사람들은 그 위기에 대해 자동으로 반응을 보이게 된다. 팀 역시 조건부 반응들을 보인다. 그러나 적응을 못할 경우 그들은 장애물과 함께 주어지는 잠재적 기회를 거부하게 된다. 새로운 현실을 거부할 때, 사람들은 도피하게 되고, 결과적으로 유약해진다. 팀 전체가 집단적인 후회로 무너지면서, 일종의 마비 상태에 빠져 모든 움직임을 멈추게 되는 것이다. 이렇듯 유약한 행동은 스스로 강화되면서 부정적인 고리를 만든다.

유약함에 대한 해결책은 회복력을 발달시키는 것이다. 장애물들이 나타날 경우, 즉각 다음 네 단계를 밟도록 하라.

- **잠시 멈춰라:** 하고 있는 일들과 생각을 잠시 멈춰라. 이렇게 잠시 멈추는 것이 습관이 되면, 두려움에 토대를 둔 반응이 중단되고, 전두엽이 적극

개입하게 된다. 도덕적 추론, 경험 그리고 훈련이 축적되는 것은 바로 이 시점이다. 당신은 잠시 멈춰 몇 차례 심호흡을 해 뇌에 산소를 공급하며, 그 결과 반동적인 마음이 선택권들을 박탈하지 않도록 만들어라.

- **호흡하라:** 심호흡을 해 당신의 몸과 감정들을 통제하라.
- **생각하라:** 무슨 일이 일어나고 있는지 관찰하라. 무엇이 또 누가 영향을 받고 있는지 그리고 당신의 현재 계획에 어떤 의미가 있는지를 살펴보라. 새로운 현실에 적응하고 그동안 배운 것들을 토대로 새로운 행동 방침을 세워라.
- **행동하라:** 무엇이 가장 소소하면서도 가장 영향력 있는 행동인지 결정한 후, 행동에 나서라. 행동의 결과를 평가해보고 이 모든 과정을 되풀이해보라.

의심은 PBTA(잠시 멈추고 호흡하고 생각하고 행동하라)로 제거될 수 있다. 한 번에 하나씩 장애물을 제거하라. 소소하면서도 평가 가능한 행동들을 하다 보면 팀이 재편될 수 있다. 피드백을 주면 팀원들이 서서히 기운을 회복해 자신감을 갖고 나아가는 데 도움이 될 것이다. 당신의 팀은 강풍에 휘어지는 갈대처럼 강력한 회복력을 보여줄 것이다. 뼈는 부러진 뒤에 더 단단해지듯, 갈대 또한 진흙 속에서 다시 일어날 때 더 강해진다. 잠시 멈추고 호흡하고 생각하고 행동하라. 그리고 반복하라.

끈기: 감정을 통제하라

• • •

끈기란 장기간에 걸쳐 끝없이 변화되는 새로운 '정상normal'에 대처하기 위한 참을성을 뜻한다. 당신은 절대 집중력이나 동기를 잃지 않으며, 중단하지도 않는다. 당신은 수많은 훈련 과정을 거치면서 엘리트 팀의 일원이 되는 데 필요한 육체적 기술과 지능 그리고 강한 정신력을 갖추고도 한 순간 감정 통제에 실패해 중도 탈락한 네이비씰 지원자가 되고 싶지는 않을 것이다.

끈기는 감정 통제를 필요로 한다. 감정에는 우리의 꿈을 망가뜨릴 힘도 있지만, 우리를 가장 높은 데까지 이끌어줄 힘도 있다. 감정은 우리를 가장 높은 곳으로 밀어 올릴 수도 있지만, 우리를 끌어내려 절망과 우울함 속에 빠뜨릴 수도 있다. 만일 감정적으로 자신을 통제하지 못한다면, 자기 인식에 대한 훈련을 시작하기 아주 좋은 때다.

만일 부정적인 감정 상태를 경험할 때 적절히 반응하지 못한다면 진정성이 손상될 수 있다. 나는 코로나도 양조회사 이사들 앞에서 자제력을 잃으면서 믿음에 큰 타격을 입었다. 아마 당신에게도 이처럼 후회하는 순간들이 있을 것이다. 감정은 아주 중요하며 삶을 즐겁게 해준다. 우리는 그런 감정들을 억누르거나 부정하고 싶진 않지만, 특정한 환경들에서는 감정을 통제해야 한다. 우리는 그 감정들의 특성을 긍정적으로 바꿀 수 있으며, 감정들을 이용해 팀원들에게 영감을 불어넣어 줄 수 있다. 표현해야 할 때가 있고 통제해야 할 때도 있는 것이다.

그러나 많은 사람들은 감정 표현 및 통제를 배우기보다는 부정적인 감정들을 강화시키고 집중력을 약화시키는 디지털 기기들을 사용하며 담배를 피우거나 술을 마시거나 운동을 한다. 이는 일종의 억압과 부인이며, 당신의 진정성을 보여줄 리더십을 가로막고 또 좋은 팀 동료가 될 수 있는 기회도 가로막는다. 위대한 감정적 인식과 통제 수단들을 훈련하면, 부정적인 감정들을 가라앉히거나 변화시킬 수 있다.

통제되지 않은 분노와 불안, 질투 또는 기타 부적절한 느낌들은 다른 사람들로 하여금 당신을 무력하게 보이게 하고 스스로도 무력하다고 느끼게 만든다. 결국 자신감을 잃게 되고 당신에 대한 팀원들의 믿음도 무너뜨리게 되는 것이다. 그러나 엘리트 팀은 그렇지 않다. 엘리트 팀은 팀원에게 깊이 있는 감정적 인식 및 통제 능력을 기르도록 하기 때문이다. 이는 겉으로 드러나는 원초적인 감정들뿐만 아니라, 우리가 그간 다뤄온 부정적인 감정들과 관련된 얘기다. 억눌린 감정 에너지들은 부정적인 조건부 반응들을 야기한다. 때로는 이런 것들이 분노의 폭발 같은 원초적인 감정 표현보다 훨씬 더 해로울 수 있다. 진정성과 회복력을 강화하다 보면, 부정적인 조건 형성 요소들을 알게 되고, 이 요소들을 떨쳐버리려 애쓰게 될 것이다.

나는 각종 요법들이 리더들에게 얼마나 큰 도움이 되는지에 대해 이야기해왔다. 거기에 명상 수련을 추가해보자. 그러면 정서 인식과 숙련된 통제력을 발전시킬 강력한 방법들을 갖게 될 것이다. 명상 수련은 혼자서도 할 수 있지만, 팀 단위로도 할 수도 있다. 현재 이 기술은 많은 조직에 도입되고 있는데, 나는 당신에게도 명상 수련을 해보라고 권하고 싶다.

명상 수련을 하라

최소 5분 이상 시간을 내서 명상 수련을 시작하라. 팀원들로 하여금 두 눈을 감고 조용히 앉아 호흡에 정신을 집중하게 하라. 다른 무언가에 정신을 집중하려 하지 말고, 그냥 이 과정에서 생겨나는 생각과 감정들을 주시하라. 그리고 구름이 흘러가듯 그것들이 흘러가게 내버려 두는 것이 중요하다. 그 후 팀원들과 함께 각종 도전과 통찰력에 대해 공유할 수 있을 것이다. 이때 중요한 것은 팀원들이 함께 수련하는 것에 편안함을 느끼고, 자신의 부정적인 패턴들을 인식할 수 있게 되어야 한다는 것이다.

이 같은 수련은 스트레스 및 건강 관리에 좋다는 것이 충분히 입증됐을 뿐만 아니라, 시간이 지날수록 당신의 부정적 패턴들을 인지하는 데 도움을 줄 것이다. 부정적 패턴들의 문제는 치료 전문가나 코치를 통해 해결할 수 있다. 부정적 패턴들을 객관화하고 이해하려 애쓴다면, 부정적 영향은 줄어들거나 완전히 사라지게 된다. 오래되고 부정적인 에너지가 새롭고 긍정적인 에너지로 바뀌게 되는 것이다. EMDR 요법과 호프만 프로세스의 치료 수단들이 나의 잠재의식 속 감정 패턴들을 다루는 데 특히 도움이 됐다.

언비터블 마인드 훈련 프로그램에서 감정 발전은 통합된 수직적 발전의 일부다. 나는 감정 인식 및 통제 부족으로 인해 대부분의 리더들이 기대 이하의 실적을 거두고 있다는 것을 알게 됐다. 훈련 기간 동안 우리는 박스 호흡, '소매틱 무브먼트somatic movement(몸과 마음이 협력하고 소통하는 상태)', 명상, 이미지화 작업 등을 함께한다. 이미지화 작업의 핵심은 새로운 자신의 미래를 떠올리는 것이며, 동시에 과거의 후회스러운 행동들을 다시 떠올려 피어 울프에 당당히 맞서는 것이다. 고객들은 담당자들과 함께 자신들의 부정적 패턴들과 대체 가능한 방식에 대한 얘기를 나눈다. 이 훈련을 통해 고객들은 몇 개월도 안 돼 자신들의 감정 세계에 대해 훨씬 더 많은 것을 알게 된다.

그러나 부정적인 패턴들은 보통 깊이 뿌리내리고 있어서 단순히 그 패턴들에 대해 말하는 것으로는 충분치 않다. 그래서 우리는 고객들을 힘든 상황에 노출시켜 스트레스를 받게 만든다. 통제된 상황 속에서 압력을 받으면 부정적인 패턴들이 드러나게 된다. 이 과정에서 얻게 된 통찰력들은 팀원들 전체가 공유하게 되며, 그 결과 팀원들은 부정적인 패턴들을 만들어내는 원인들을 알게 되고, 감정들을 표현할 수 있게 되며, 또 어떻게 문제가 생겨나고 그것이 왜 진정성과 믿음을 약화시키는지를 알 수 있게 된다. 또한 대체 가능한 감정 반응들도 알 수 있게 된다.

통제된 훈련 환경 속에서 감정 작업을 하다 보면, 리더들은 일상생활 중에 장애물에 부딪힐 때 더 큰 자기 인식과 통제력을 갖게 된다. 그들은 또 훈련 기간 중에 알게 된 가장 파괴적인 피어 울프 패턴에 대해 코치에게 상담하거나 명상을 통해 문제를 해결할 수 있다.

팀이 이 같은 감정 관련 작업을 진지하게 받아들일 경우, 팀원들 전체가 서로를 도와 각 팀원이 감정적 실패를 딛고 일어설 수 있도록 서로의 지지대가 되어 준다. 그들은 한 배를 탄 사람들이며, 그 누구도 서로를 끌어내리지 않는다. 그들은 모두 어느 시점에서 자신도 도움을 필요로 할 수 있다는 것을 안다. 모든 것은 무엇이 방아쇠 역할을 하는지 그리고 그것이 언제 당겨지는지에 달려 있다. 감정은 이제 더 이상 팀원들을 고립시키는 문제들을 야기하지도 않으며, 언제 터질지 모르는 시한폭탄 같은 존재도 아니다. 대신 팀 성장과 회복력의 초점이 된다. 그리고 시간이 지날수록 팀원들은 다른 팀원이 부정적인 감정을 드러낼 때 그것을 알아내는 능력을 기르게 된다. 팀원들은 즉시 그것을 느끼게 되며, 과거처럼 그것을 무시하거나 빙빙 돌려 말하거나 기분 나빠하지 않는다. 훈련을 통해 그런 문제를 능숙하면서도 비폭력적인 소통으로 해결하는 것이다. 이런 훈련을 끈기 있게 계속하라. 그러면 감정들이 임무를 방해하는 일은 절대 다시 일어나지 않을 것이다.

당신의 이유는 무엇인가?

지구력과 끈기는 서로 관련이 있으며, 어느 한쪽이 다른 한쪽을 강화시켜주는 경향이 있다. 끈기가 불가피한 감정의 기복에도 불구하고 끝까지 밀고 나가는 것이라면, 지구력은 오랜 기간 싸움을 계속하게 만드는 가공되지 않은 정신력, 즉 '결의'와 관련이 있다. 지구력은 중단을 모르는 투지 넘치는 정신이다. 우리는 감정 문제들이 발생하더라도 끝까지 지구력만 유지하면 된다. 일주일에 세 번 50킬로미터씩 달리는 것과 한 번에 150킬로미터를 달리는 것은 완전히 다른 일이다.

나는 대단한 끈기를 가지고 있지만 장기적으로 팀을 파멸로 몰고 가는 리더들을 많이 알고 있다. 팀에 대해 계속 긍정적이며 낙관적인 관점을 유지한다는 것은 정말 대단한 능력이다. 지구력을 기를 수 있는 가장 좋은 방법은 당신의 임무들을 반드시 수행해야 할 이유들을 만들고, 작전 중 지구력이 필요한 국면에 부딪힐 때 그 이유를 떠올리는 것이다. 아주 개인적인 이유라도 상관없다. 그러나 그 이유는 팀의 이유와 맞아떨어져야 하며, 상호보완적이어야 한다. 그리고 상황이 힘들어질 때 2가지 중요한 이유들을 잊지 말아야 한다. 하나는 팀의 임무와 맞아떨어져야 하는 당신의 개인적 이유이고, 다른 하나는 팀의 이유, 즉 팀의 행동들이 갖고 있는 중요성과 근거다. 이 2가지 이유는 함께 움직여야 하며, 지구력과 끈기를 뒷받침하기 위해 적용되어야 한다. 당신이 만일 계속 싸우고 싶다면, 무엇보다 먼저 당신이 왜 싸우는지 그 이유를 떠올려야 한다. 그리고 그 근거는 매일 점검을 통해 마음속 가장 중요한 곳에 위치해 있어야 한다.

그런데 잘못된 싸움을 계속하는 데 지구력을 발휘할 수도 있다는 것을 잊지 말라. 특히 당신이 발전하는 과정에서는 현실에 안주하기 위해 실제 임무를 망각하게 되는 경우가 흔히 일어난다. 오늘 당신을 이끌어주는 이유가 2~3년 후에도 당신을 이끌어주는 이유가 되지 못할 수도 있다. 2년 전 유효했던 이유가 지금도 유효한가? 여전히 당신의 지구력을 뒷받침해줄 만큼 강력한가? 그 이유가 바뀌었다면, 당신의 임무 또한 재설정할 필요가 있다. 당신의 임무는 지금 당신에게 무엇을 요구하고 있는가? 지금 당신이 추진하고 있는 일은 여전히 FITS 모델에 부합되는가? 당신이 명확한 이유를 알고 있다면, 그 대상과 방법은 조정 가능하다. 회복력이 강한 리더들과 팀들은 늘 이 모든 것들을 가장 중요하게 여긴다.

효과가 있는 것과 효과가 없는 것

끈기의 마지막 원칙은 효과가 있는 것과 효과가 없는 것에 철저히 초점을 맞추는 것이다. 효과가 없는 것에 대해 대안을 개발하거나 새롭고 나은 방법을 만들어내는 것이다. 이는 장기적인 관점에서 실행해야 한다. 끈기와 적응력이 서로 관련이 있는 건 바로 이 때문이다. 당신이 만일 변화하는 환경 속에서도 변화하지 않고 같은 결과를 기대하며 같은 일을 한다면 실망하게 될 것이다. 환경은 늘 변화하기 때문이다.

당신은 효과가 없는 것에 대해 그리고 그것을 어떻게 다르게 바꿀 것인지에 대해 평가하고 생각할 필요가 있다. 또한 보다 나은 결과를 얻기 위해 새로운 것을 하고 싶을 것인데, 이것이 바로 온전한 정신 상태에 대한 새로운 정의다. 이를 위해서는 효과가 있는 것과 효과가 없는 것을 알아내고 더 나은 해결책을 생각해내기 위한 과정을 마련해야 한다. 이를 통해 팀은 지구력을 발휘할 수 있는 팀으로 진화하게 될 것이다. 그리고 그 과정에서 당신과 팀원들은 학습

기계(어떤 것을 입력하면 이에 대응하는 출력을 반복하여 학습하는 것)이 되어야한다. 이는 다음 장에서 엘리트 부대인 미 해군 특수전 개발단이 그 과정을 어떻게 실천하고 있는지를 통해 살펴볼 것이다.

빨리 배우는 법을 배워라

● ● ●

회복력과 관련된 3가지 중요한 원칙들 중 마지막 원칙은 '배우는 짐승learning beast'이 되는 것이다. 우리는 모든 것을 알 수 없으며, 모든 것을 배울 수도 없다. 그래서 알아야 할 것이 무엇인지를 지혜롭게 고를 필요가 있다. 그것을 고르는 데 아주 중요한 역할을 하는 것이 바로 배움이다. 배움을 위한 중요한 훈련들 중 하나가 바로 앞서 언급한 훈련이다. 보다 나은 결과를 위해 '아니오'라고 말하며 배울 필요가 없는 것을 고름으로써, 꼭 알고 있어야 하고 배워야 할 것들에 철저히 집중할 수 있는 것이다. 그러니 당신의 삶을 단순화하기 위해 필요 없는 기술과 지식에 대해 '아니오'라고 말할 수 있는 용기를 길러라. 그렇게 함으로써 쓸데없는 것들을 덜 배우고 필요한 것들을 더 많이 배울 시간을 갖게 될 것이다.

오늘날 우리는 엄청난 속도로 움직인다. 우리의 뇌와 정신은 무서운 속도로 일처리를 하며, 메일함에 들어오는 모든 것들에 대해 별 생각 없이 '네'라고 말하거나 암묵적인 승인을 하는 데 익숙해져 있다. 배워야 할 것들이 너무 많고 알아야 한다고 생각하는 것들도 너무 많아 수렁에 빠진 듯 옴짝달싹 못하고 있다. 그럴수록 지혜롭게 고르고 영역을 좁혀야 한다. 일단 어떤 지식이 유용한지 결정을 내리면, 그것을 이미 알고 있는 지식과 비교해 어떤 차이가 있는지를 확인한다. 그런 다음 좀 더 자세히 알아보기로 결정한 영역에서 알지 못하는 것을 배움으로써 그 차이를 좁히고, 제외시켜야 할 지식들을 결정해 집중해야 할 지식을 고르면 된다.

많은 것들을 향해 열려 있는 문을 닫고 중요한 몇 가지에 집중하며 새로운 지식을 받아들이기 전에 그 출처가 믿을 만한지 살펴봐야 한다. 새로운 아이디어를 배우는 것은 좋은 책 한 권이면 족하지만, 복잡한 기술을 쌓으려면 경험 많은 스승이 필요할 것이다. 스승의 가르침을 통해 얻게 되는 정보에 대해 깊이 생각하고 그 맥락과 내용을 정확하게 파악하기 위해 질문하는 것이 첫 단계다. 다음으로는 밖으로 나가 훈련을 통해 직접 경험해보고 피드백을 받고, 이를 반복하고 또 반복하라. 악기를 배우거나 합기도 같은 무술을 배우는 것처럼 더없이 복잡한 기술들을 익히기 위해 스승을 찾을 때, 나는 개인적 훈련과 가르침에 5,000시간에서 1만 시간 정도를 쏟지 않은 스승들은 제외한다. 스승을 고를 때 특정 지식을 정복하고 가르치는 데 10년 가까이 보낸 사람을 찾는다는 얘기다. 선정 기준치고는 아주 높은 기준이라 할 수 있겠다. 당신의 기준은 어떠한가?

팟캐스트 진행하거나 책을 독립 출판하는 등 인터넷을 기반으로 사업을 시작하는 건 비교적 쉽기 때문에 자격도 안 되는 사람들이 깊은 지식과 지혜도 없이 가르치는 일을 하는 경우가 많다. 당신의 소중한 시간과 관심을 소비할 스승이 과연 그럴 자격이 있는 사람인지를 확인하라. 훌륭한 스승은 자신에게 많은 스포트라이트가 쏟아지는 것을 원치 않는다. 전문가의 시대는 갔다. 가장 내밀한 통찰력들은 전문가에게 배우는 것이 아니라, 새로운 지식이 팀원들에게 전수되고 검증되는 과정에서 생겨난다.

나는 오랜 세월 각종 무술을 수련해왔고, 그래서 가끔 "배우기 좋은 무술은 무엇인가요?"와 같은 질문을 받는다. 이에 대해 나는 그 사람의 목표가 무엇인지 그리고 또 그 사람에게 가장 좋은 스승은 누구인지에 따라 다르다고 답한다. 그것에 대해 알아가다보면 자신에게 적합한 특정 무술이 떠오르게 된다. 그런데 사람들은 적절한 질문들을 해보지도 않은 채 불완전하거나 결함 있는 지식을 가지고 시작하여 시간을 낭비하는 경우가 많다.

배우는 이유도 분명히 알지 못한 채 적당한 스승을 골라서 새로운 것을 배우다 보면 큰 대가를 치를 수도 있다. 내가 다시 스승을 찾아 무술 수련을 하기로 마음먹었을 때, 나는 삶의 이 시점에서 어떤 무술 수련이 내게 가장 큰 도움이 될 건가를 생각하면서 내가 무술을 배우는 이유를 곰곰이 따져보았다. 그리고 여러 방면으로 알아본 뒤, 합기도를 수련하기로 결론을 내렸다. 합기도가 갈등의 평화로운 해결에 집중하고 에너지를 많이 쏟을 수 있는 운동이었기 때문이다. 그렇다고 해서 그냥 가장 가까운 도장을 찾아 들어가 수련을 시작한 건 아니다. 나는 평소 알고 지내던 합기도 검은 띠 유단자들에게 연락했는데, 그들은 무술 실력이 뛰어나고 소그룹의 제자들만 가르치고 있는 한 스승을 소개해주었다. 그는 마침 우리 집에서 멀지 않은 곳에 살고 있었다. 나는 3개월간 그에게 배우면서 내가 무술 수련을 하는 이유를 스스로 검증해보고, 스승의 성격과 기술 그리고 가르치는 능력을 알아보기로 했다. 나는 스승에게 필요한 피드백을 적절히 받았으며, 장기 수련 계획을 아주 성실히 따랐다. 그 덕분에 굳이 다른 스승을 찾지 않아도 돼서 많은 시간을 절약할 수 있었다.

확실성은 점점 더 커진다

우리가 미래와 예상 결과들에 대해 확실성을 갖고 있을 때 회복력을 유지하기가 더 쉽다. 그러나 VUCA 환경에서는 그 정도의 확실성을 갖기 어렵다. 나는 외부의 것들에 대해 더 이상 100퍼센트 확신할 수 있다고 생각지 않는다. 심지어 내부 세계조차 이 책에서 거론되고 있는 온갖 편견과 반동적인 패턴들로 가득 차 있다. 우리가 삶을 이리저리 헤쳐 나가고 있다는 것이 신기하게 느껴질 정도다.

우리가 진정성과 자아를 발견하기 위해 자기 인식 훈련을 할 경우 확실성은 더 커진다. 내가 리더십 향상을 위해 이런 수련들에 의존하는 것도 바로 이 때문이다. 매일 수련을 하다 보면 자기 인식이 점점 더 향상되면서 더 나은 결정을 내리고 올바른 행동을 할 수 있게 된다. 그리고 외부의 다른 모든 것들에서도 확실성을 확보하려면, 성공하는 데 필요한 각종 기술들의 기본을 정복해야 한다. 여기서도 역시 기본은 지식의 요새를 구축하는 토대가 된다. 그 토대가 없다면, 배움은 사상누각과 다름없다. 그러니 깊이 있는 지식을 추구하려면 늘 기본으로 돌아가도록 하라.

자신을 지키는 법을 배울 때 가장 중요한 것은 무기가 아니며, 발로 차고 주먹으로 때리고 붙잡고 싸우는 행위도 아니다. 가장 중요한 것은 원칙이다. 올바른 자세를 취하고, 몸의 위치를 정하고 균형을 잡고, 호흡을 잘하고 올바른 정신을 유지하는 것 말이다. 이런 기본을 정복하라. 사람은 기본은 무시하면서 비밀스럽고 멋진 기술 같은 것들에 끌리기 쉽다. 그렇게 되면 실제 누군가와 맞붙을 때 정신적으로도 육체적으로도 균형을 잃게 되어 그런 기술들은 활용하지 못할 확률이 높다.

일단 자기 인식 능력이 일정 수준에 도달하게 된다면, 기술 측면에서 다른 사람들에게 멘토링을 해주도록 하라. 지식을 구현하게 되는 것인데, 이는 당신의 머리가 아니라 당신의 존재에서 비롯된다. 이를 '무의식적인 능력unconscious competence'이라 부른다.

이 정도 수준으로 기본기와 지식을 다지면 자신감이 아주 커진다. 그러면 빨리 배우는 법을 배우게 되고, 다른 분야에서도 빨리 확실성을 높일 수 있게 되며, 배움에 가속도가 붙게 된다. 나는 여러 가지 무술을 배웠고, 이미 검은 띠를 여러 개 딴 상태였지만, 합기도를 배우기로 결심하고는 기본부터 다시 시작했다. 무술에 있어 이미 상당한 성취를 거둔 상태에서 흰 띠부터 시작한다는 것은 매우 겸손한 행동으로 처음부터 다시 채워가는 과정을 즐길 수 있다. 게다가 이미 기본을 정복하고 빨리 배우는 법까지 배웠기 때문에 나는 아주 빠르게 승단했다.

미지의 것들에 도전하라

배움을 통해 두려움은 기대로 바뀌게 된다. 안전지대 안에 머물러 있으면 두려움만 더 커진다. 주변 세상은 변하고 있는 데 당신은 가만히 있기 때문이다. 그러다 갑자기 당신이 알고 있다고 생각한 것들이 그리고 안전하다고 느끼게 해 준 것들이 더 이상 그렇지 않게 느껴질 것이다. 아무 행동도 취하지 않음으로써 미지의 것으로부터 멀어지는 것이 아니라 미지의 것에 더 가까이 다가가는 것이 두려움을 줄이는 가장 좋은 방법이다.

이미 가지고 있거나 관심이 많은 기술과 배움을 정복하는 것으로는 충분치 않다. 당신은 당신을 두렵게 만드는 것이 무엇인지 또는 당신이 편견을 갖고 멀리하는 것은 무엇인지 묻고 싶을 것이며, 그것에 대해 제대로 알고 싶을 것이다. 그러니 머물고 있는 안전지대의 경계선을 탐구해 두려워하는 것이 무엇인지 알아내고, 사각지대들을 찾아내라. 그리고 미지의 것에 도전하기 위한 계획을 세워라. 끊임없이 자신에게 도전해 자신을 불편하게 만드는 것들에 대해 배워라. 모르는 것은 약이 아니다. 당신을 두렵게 만드는 지식을 무시하면 성장할 수 없다. 당신이 두려워하는 것들을 활용해 성장을 촉진하라.

믿음: 당신의 직감을 신뢰하라

세상에는 알 수 없는 것들도 있다는 것을 인정하라. 어떤 것들은 도무지 알 수가 없다. 모든 문제를 해결할 수는 없다. 바로 이 대목에서 믿음이 필요하다. 나는 지금 종교적인 의미에서의 믿음을 이야기하는 것이 아니다. 위기를 함께 헤쳐나가기 위해 자신과 팀의 무한한 잠재력에 대해 믿음을 가지라는 말이다.

모든 팀원들이 이 책에서 언급하고 있는 원칙들에 집중한다면 마법 같은 일이 일어날 것이다. 팀의 집단적 직감은 놀랄 만한 결과들을 만들어낸다. 사실 당신은 어떻게 해결책을 만들어내는지 알지 못한다. 그냥 그런 것이다. 그것이 바로 직감이다. 직감은 제대로 이해할 수 없다. 그렇다고 해서 직감을 믿을 수 없다는 의미는 아니다. 믿음이란 당신의 직감을 신뢰하는 것이다. 그러므로 직감이 어떻게 작동되는지 알지 못한다 해도, 그것을 활용해 자신의 생각을 점검하고 행동을 이끌어주도록 하라.

믿음과 직감은 단순히 옳다고 믿는 것 이상이며, 일종의 수련이기도 하다. 과거의 일반적인 분석 및 결정 모델로 해결할 수 없는 문제들을 해결할 수 있다는 믿음을 가진 팀들은 믿음 그 자체를 이용해 자신들의 믿음을 더 굳건하게 만든다. 창의적인 천재성을 활용하려면, 합리적인 훈련을 받은 우리의 뇌를 뛰어넘어 마음에서 우러나오는 지혜와 직감적인 지능에 의존해야 한다.

믿음이 필요한 팀에게 유용한 방법이 2가지 있는데 호흡 요법과 시각화 기법이다. 내 팀은 중요한 회의에 앞서 늘 침묵 속에서 박스 호흡을 한다. 이는 팀원들의 마음을 차분하면서도 명료하게 만들어줄 뿐만 아니라, 팀원들이 창의력을 발휘하고 새로운 정보를 받아들일 수 있는 상태로 만들어준다. 그 결과 우리는 자연스럽게 지식을 활용할 수 있게 되며, 마음속에 나만의 훈련 공간도 만들 수 있게 된다. 여기서 우리는 마음속 안식처를 시각화하게 되며, 그 안식처에서 직감의 안내를 받을 수 있다. 이런 수련이 자연스럽고 창의적인 해결책들을 찾아내는 데 얼마나 도움이 되는지를 안다면 아마 놀랄 것이다.

또 다른 유용한 방법은 통찰력 명상 수련으로, 이 수련을 통해 우리는 티베트의 명상 전문가들이 말하는 이른바 '비평상심non-ordinary mind'을 활용할 수 있게 된다. 평상심은 생각과 문제 해결에 관여하는 마음의 일부다. 명상을 하면서 우리는 생각과 감정들을 지켜보면서 집착에서 벗어나게 된다. 명상은 해방감을 주며 스트레스를 줄여주고 우리가 갖고 있는 패턴들에 대한 메타인지(배움과 가르침의 바탕이 되는 점검과 조절 과정)를 기르는 데 도움이 된다. 그리고 그 모든 것은 합리적인 평상심을 통해 이루어진다. 통찰력 명상 기술은 비평상심과 연결되는 법을 배우는 것이며, 그런 비평상심 상태에서는 지식에 대한 인식이 구조적인 사고를 통하지 않고 생겨난다. 마음의 이런 부분을 초월적 의식superconsciousness 또는 목격witnessing이라고 부른다. 이 기술을 통해 우리는 사고를 뛰어넘어 정보를 인식할 수 있게 된다. 심지어 사고보다 훨씬 더 빠른 속도로 받아들일 수 있다. 이렇게 되려면 많은 수련이 필요하지만, 미래에는 리더들에게 중요한 기술이 될 것이다.

회복력 훈련: 위험에 적응하고 문제를 해결하라

● ● ●

요즘은 변화의 속도가 워낙 빠르고 복잡한 시스템들도 많기 때문에 리더들과 조직들은 살아남기 위해 빠르게 적응해야 한다. 요즘 거대 기업들의 복잡성은 직접 그 환경에서 일하지 않는 사람들은 상상하기도 힘들 정도다. 2018년에 나는 석유 기업 셸로부터 멕시코만 심해 작전 그룹과 함께 일을 해달라는 요청을 받았고, 회복력 훈련에 대한 그들의 사고 수준이 예상외로 높다는 사실을 알게 되었다. 나는 엄청나게 복잡한 문제들을 끈기와 적응력 그리고 끊임없는 배움을 통해 해결해나가는 심해 작전 그룹의 능력에 큰 감명을 받았다.

만일 셸이 에너지를 끊임없이 안전하게 공급하지 못했다면, 그들은 거대 기업이 되지 못했을 것이다. 회복력은 어쩌다 한 번씩 훈련하는 것이 아니라 매일 해야 하는 기본적인 요소다. 안전 리더십 콘퍼런스에서 발표를 해 달라며 나를 초대한 크리스찬 오버톤Christian Overton은 자신들의 신조가 'NO 손해, NO 누출no harm, no leaks이라고 했다. 아주 깊은 바닷속에서 아주 높은 압력을 받고 있는 액체 에너지를 시추하려면 집중력이 필요하다. 셸 팀은 계속 변하는 위험에 적응하기 위해 매일 다음과 같은 질문들을 던지고 있다.

- 어떤 일이 일어날 수 있는가? 우리가 놓치고 있는 건 무엇인가?
- 어떻게 그런 일이 일어날 수 있는가?

- 어떻게 그런 일이 일어나지 않게 막을 수 있는가?
- 만일 그런 일이 일어난다면, 어떻게 사람들과 환경과 우리 재산에 미치는 피해를 최소화할 수 있는가?
- 어떻게 안전 작업을 뒷받침할 수 있는 시스템들을 구축할 수 있는가?
- 어떻게 각 직원의 상황 인식을 높이는 데 도움을 줄 수 있는가?

크리스찬 오버톤과 그녀의 팀은 종종 '상상한 대로 일하기 vs. 예전에 했던 대로 일하기' 개념에 대한 얘기를 하는데, 그 개념은 시드니 데커Sidney Dekker에 의해 위험 수위가 높은 업계에 도입된 '인간 성과Human Performance' 개념이다. 당신이 해야 할 일을 분석하고 계획하는 데 아무리 많은 시간을 쓴다 해도 일은 잘못될 수 있고 예상한 대로 돌아가지 않을 수 있다. 그래서 반드시 다음과 같이 해야 한다.

- 최대한 세세하게 그리고 최대한 많은 정보를 가지고 계획을 짜라.
- 잘못될 경우를 대비해 시스템을 여러 개 만들라.
- 늘 소통 창구들을 활짝 열어 두어라.
- 상황 인식을 높여라.

적응력과 끊임없는 배움은 현실에 안주하려는 것을 막는 데 도움이 되는데, 현실 안주는 군에서와 마찬가지로 석유 및 가스 업계에서도 아주 치명적인 문제다. 셸은 끊임없이 지속적인 개선 작업을 밀어붙이고 있으며, 자신들의 편견으로 인해 무엇을 놓치고 있는지,

또 자신들이 알지 못하는 것이 무엇인지를 스스로에게 묻도록 한다. 그들은 알지 못하는 것들로 인해 사고가 발생하지 않도록 늘 경계를 늦추지 않는다.

위험의 정상화는 회복력의 적이다. 역사적으로 큰 재앙들은 종종 정상적인 것이 일정 시간을 두고 서서히 변하면서, 사람들이 실제로는 문제가 있는 데 별 문제 없는 것으로 느끼게 될 때 일어난다. 미국의 에너지 회사 엔론Enron이나 투자은행 리먼 브라더스Lehman Brothers의 파산도 바로 이 위험의 정상화 때문에 일어났다. 금융 위기 역시 비슷한 이유로 발생한다. 사람들은 대개 윤리적 한계를 고의로 넘어서지는 않는다. 무언가 안 좋은 일이 일어나진 않기 때문에 시간이 지나면서 보다 큰 위험들을 무심코 받아들이는 것뿐이다. 일종의 위험한 편견인 자신들의 안전지대 안에 머물고 있는 것이다. 셸의 리더들은 이러한 안전지대에서 벗어나기 위해 공개적으로 자신들의 편견에 도전하고 있다.

크리스찬 오버톤과 나는 자만심이 어떻게 배움을 가로막는 가장 큰 장애물들 중 하나이며 기업의 가장 큰 위험들 중 하나인지에 대해 많은 얘기를 나누었다. 자신감과 에고는 전혀 다른 것들이다. 셸은 리더들이 자기반성적이고, 피드백을 찾으며, 다른 견해들에 대해 마음의 문을 열 수 있도록 격려한다. 크리스찬 오버톤은 "당신이 충분히 겸손하지 못하다면, 팀원들과 통하지 않을 겁니다. 당신이 계속 강한 에고를 갖고 있게 된다면, 사람들은 당신을 믿지 않을 겁니다. 그들은 누군가의 지위는 존경할지 몰라도, 그 사람 자체는 존경하지 않으니까요. 결국 그 때문에 팀의 진정한 잠재력이 흔적도 없이 사라지게 될 겁니다"라고 말했다. 실적이 뛰어난 사람들과 함께 일할 경우, 그중 일부는 강한 에고를 갖고 있을 거라고 생각하기 쉽다. 그러나 그것은 편견이다. 오히려 높은 위험도를 가진 일을 하는 업계에서는 강한 에고를 가진 리더를 찾기 힘들다. 이 경우 당신이 이런저런 편견들을 갖고 있다는 사실을 인정하고, 그중 가장 위험한 편견이 무엇인지를 알아내서 그것을 제거하는 데 도움을 줄 사람들과 관계를 맺고 적절한 훈련을 하는 것이 좋다.

셸에서는 서로 다른 부서들이 정보를 공유하며 함께 훈련도 한다. 한 부서에서 어떤 과정을 바꾸거나 추가할 경우, 시스템 내의 나머지 부서들에도 영향을 미칠 수 있기 때문이다. 크리스찬 오버톤과 그녀의 팀은 각 팀의 비전과 과정을 통일하기 위해 종종 여러 팀에 소속된 사람들을 소집한다. 크리스찬은 격주로 진행되는 팀 소집을 보강하기 위해 분기별로 대면 회의를 열어 여러 분야에 종사하는 사람들을 한 자리에 모으기도 한다. 또한 각 팀은 여러 분야에 걸친 협업의 결과로 생겨나는 긴장 상태를 해소하려 애쓴다. 그 결과 각 팀은 보다 높은 목표를 위해 서로 협력하게 된다.

셸은 가장 노련한 팀들조차 위기에서 회복되는 과정이 힘들 수도 있다는 것을 잘 안다. 리더들은 굳이 자신이 인간 본성을 초월한 척할 필요가 없으며 슬픈 일이 있을 땐 슬퍼해야 한다. 그리고 모든 조건을 팀의 회복에 맞추어야 한다. 이는 경영대학원이나 참 스쿨charm school(젊은이들에게 예의범절을 가르치는 곳)에서 배울 수 있는 것이 아니다. 리더들은 깊이 파고들어야 하며 그러기 위해 진정성을 보여야 한다. 맥레이븐이 그랬던 것처럼 리더들은 손실을 받아들여야 하고, 팀원들을 돌봐야 하며, 깊은 교훈을 찾아내야 하고, 다시는 그런 일이 일어나지 않게 최선을 다해야 한다. 리더들은 위기에서 벗어난 모든 팀원들이 슬퍼하는 과정을 거칠 수 있게 해주어야 한다. 조직 내에서 리더가 되고 팀을 이끄는 건 현실이다. 팀을 이끌다 보면 입밖으로 욕이 나올 만한 일이 자주 생길 것이다. 이러한 상황을 제대로 해결하는 팀이 바로 회복력이 좋은 팀이다.

끈기에는 보상이 따른다

• • •

1985년 나는 대학을 졸업한 뒤 뉴욕대학교 경영대학원에서 '일하면서 공부하는' 프로그램을 시작했다. 그해 참선과 각종 무술 수련을 시작했고 공인회계사 공부를 시작했다. 그때 많은 성장이 이루어졌다. 사실 나는 의과대학 예과 출신이다. 신입생 때 물리학, 미적분학, 영어 그리고 생물학을 수강했다. 특히 물리학을 좋아했는데, 물리학은 의과대학 예과 과정에도 필요했기 때문이다. 물리학을 공부하면서 나는 끈기와 관련해 소중한 교훈을 얻었다.

물리학 수업은 중간고사와 기말고사가 있었는데, 나는 중간고사를 완전히 망쳤다고 생각했다. 작은 공립 고등학교에 다녔던 나는 공부에 관해 실패한 적이 전혀 없었고, 그래서 중간고사를 망쳤다는 생각이 들자 부정적으로 반응했다. 그러면서 나 자신이 가치 있거나 똑똑한 사람이 아니라는 피어 울프를 경험했다. 나는 내가 의사가 될 자격이 있다는 생각을 거부한 채 두려움 속으로 도피했다. 당시 나는 신입생 카운슬러를 만났는데, 그는 물리학 수강을 취소하되 먼저 담당 교수에게 얘기하라고 조언해주었다. 나는 조언대로 담당 교수를 만나 상담했고, 그 교수 역시 수강을 취소하라고 했다. 그래서 나는 수강을 취소했다.

나는 그때까지 상대 평가라는 말을 들어본 적이 없었다. 내가 다녔던 작은 고등학교에서 나는 늘 별 노력 없이도 전 과목 A학점을 받았다. 나는 자신이 완벽한 학생이라고 믿었기 때문에 F학점을 받는 학생이 될 것이라고는 단 한번도 상상해본 적이 없었다. 학기 말 무렵, 나는 같이 물리학 수강을 했던 의대 예과 학생과 중간고사 시험지를 비교해보았다. 그리고 문제의 물리학 중간고사에서 내가 가장 높은 점수를 받았을지도 모른다는 사실을 알고는 깜짝 놀랐다. 물리학 수강 신청 취소는 내게 중요한 교훈들을 주었다. 나의 지능을 믿는 것에 대한 자기 인식을 주었던 것이다. 그 일로 내 삶의 궤적은 완전히 바뀌었다.

처음에 나는 물리학 수강을 취소한 것을 후회했고, 재수강을 해 다시 의사가 되기 위한 여정에 오를 계획을 세웠다. 그러나 그 일 덕분에 잠시 걸음을 멈추고 미래에 대해 보다 면밀히 생각해볼 수 있게 되었고, 이는 내게 새로운 경험이었다. 그 무렵에 나는 수영 코치에게 시각화 기법을 배우고 있었고, 이를 활용해 내가 의사가 된 미래를 시각화해보기 시작했다. 문제는 그런 미래의 내 모습을 상상할 수 없었다는 것이다. 설사 볼 수 있다 해도 마음에 들지 않았다. 이 시각화 수련을 통해 나는 내가 애초부터 의사가 될 운명이 아니었다는 것을 깨닫게 됐다. 의사는 내 꿈이 아니라 어머니의 꿈이었다. 만일 그 길을 갔다면, 나는 아마 절대 네이비씰 리더가 되지 못했을 것이고, 그것을 깨달았을 때에는 결국 중년의 위기를 맞게 됐을 것이다. 힘과 통찰력의 관점에서 볼 때도, 그 당시 나는 단순히 물리학 수강 취소를 후회하는 것보다는 아예 의학계 이외의 다른 길을 가는 결정을 내리는 것이 더 나았다. 그 결과 내게는 내 반응들을 연구할 명분이 생겼다.

의학을 대체할 학문의 길은 경제학이었고, 경제학을 공부하면서 나는 기업에 초점을 맞췄다. 그러나 그 길 역시 제대로 된 것이 아니었다. 당시 나는 경제학을 공부하면 많은 돈을 벌고 가업을 이끌 수 있을 거라고 확신했다. 8대 회계 기업들 중 한 곳에 들어가게 됐으며, 엘리트 경영대학원에도 합격했다. 회계 일을 하며 밤에는 뉴욕대학교 경영대학원을 다녔다.

회계 기업 쿠퍼스 앤 리브랜드Coopers & Lybrand에서 2년을 보내면서, 나는 내가 하는 일에 꼭 필요한 공인회계사 시험 때문에 아주 큰 실망을 맛보았다. 공인회계사 시험은 크게 이론과 법 그리고 회계실무에 대한 두 부분으로, 총 4가지로 구성되어 있다. 그 네 부분을 다 통과하지 못하면, 이 시험에서 합격하지 못한다. 첫 번째 시도에서 나는 세 부분에서만 합격 점수를 받았다. 다시 공부를 시작했지만, 아무리 생각해도 인생에서 그 힘든 시험공부를 하는 것이 내가 해야 할 일은 아닌 듯했다. 나는 풀타임으로 일을 했고, 밤에는 MBA 강좌들을 수강했으며, 틈틈이 시간을 내 무술 수업도 받았다. 그렇게 한밤중까지 잠도 안 자고 공부를 했으며, 그런 다음 새벽 6시에 일어나 출근했다. 계속 그런 생활을 반복했다.

다행히 나는 무술 수련을 하면서 배운 원칙들에 몰입해 있었다. 무술에선 상대에게 맞아 쓰러져도 바로 일어나 다시 싸울 준비를 한다. 그리고 아무리 많은 감정적 혼란을 겪더라도, 몇 달이고 몇 년이고 계속해서 검은 띠를 따기 위해 버틴다. 이것이 삶의 회복력 기술이었다. 지금 들으면 좀 유치해 보일 수도 있는 얘기지만, 당시 나에게는 아주 큰 통찰력이었다. 나는 막 공인회계사 시험에 실패했고, 내가 마지막으로 실패했던 경험을 떠올렸다. 나는 스스로에게 두 번 다시 그런 일은 없을 거라고 다짐했다. 그만두는 것은 장애물 그 자체에 대한 두려움에서 나오는 감정적 반응이다. 내게도 그런 두려움이 있었다. 하지만 당시 나는 그 두려움을 극복하려 애썼다. 나는 다시 공인회계사 시험을 치렀고, 또 실패했다.

두 번 넘어지면 세 번 일어나라. 나는 정말 실망했지만, 멘토인 다다시 나카무라의 가르침들에 대한 믿음이 있었고, 6개월 후 세 번째 시험을 치렀다. 그리고 마침내 모든 과목에 합격했다. 그것도 단 1점 차로. 나는 그만두지 않았고, 앞으로는 감정적인 반응 때문에 그만두는 일은 절대 없으리라는 것을 알았다.

정말 놀라운 일이지만, 그런 경험을 한 뒤에 나는 스스로 공인회계사에 큰 관심이 없다는 것을 깨달았다. 세 번이나 시험을 치르고 2년간 죽어라 공부한 뒤에야 깨달은 것이다. 그러나 나는 그 경험이 회복력을 기르는 데 도움이 됐다는 사실에 고마움을 느꼈다. 이제 내가 가치 있는 일에 최선을 다하고 중간에 그만두지 않으리라는 것을 알고 있었기 때문이다. 그런 경험은 미래에 도움이 될 것이 분명했다. 그리고 실제 그렇게 됐다. 신병 모집 담당자들이 내게 끝까지 버틸 가능성이 거의 없다고 말했음에도 불구하고, 힘들게 공인회계사 공부를 한 경험은 끈기 있게 네이비씰 훈련을 마치는 데도 도움이 됐다. 그 경험은 내가 코로나도 양조회사를 설립할 때도 도움이 됐다. 비록 그 결과는 만족스럽지 못했지만 말이다. 그리고 내가 만일 네이비씰에만 몸담았더라면, 1996년에 사업을 시작했을 때 투자자들을 끌어들이지 못했을 수도 있다. 내가 4년간 세계적인 회계 기업에서 일했고, 명문 경영대학원에서 MBA 학위를 땄다는 사실이 사람들에게 신뢰감을 준 것이다.

각종 무술을 끈기 있게 수행한 것 역시 큰 도움이 됐다. 내가 만일 무술 수련을 중간에 그만두었더라면, 아마 내 인생 스토리 역시 달라졌을 것이다. 내가 가라데에서 검은 띠를 딴 것은 참선 명상을 꾸준히 수행한 것이 서로 상승작용을 했기 때문이다. 4년 동안 나는 전혀 새로운 정신 능력들을 갖게 됐으며, 더 나은 리더와 자기 인식이 있는 사람이 될 수 있었고, 다른 사람들과 깊게 연결될 수도 있었다. 나는 굳건한 회복력을 갖게 되었고, 네이비씰 훈련에서 185명의 지원자들 가운데 끝까지 버텨 졸업까지 한 19명 중 한 명이 될 수 있었다. 그런 회복력은 군을 떠난 이후 지금까지 내 사업 경력에도 계속 큰 도움이 되고 있다.

당신의 끈기가 언제 또는 어디에서 도움을 주게 될지 절대 모른다. 빨리 실패를 딛고 나아가라. 절대 중간에 그만두지 말라. 돌이켜 보면 너무 쉬운 일이 될 것이다.

배움에 대한 열정 덕분에 나는 학습기계가 됐다. 참선을 통해 수련한 끈기를 통해 외부의 인정을 받으려 애쓰는 것을 중단했지만, 그 대신 스스로를 들여다보고 내 결정을 믿게 됐다. 사업을 통해 쌓은 적응력 덕분에 수익성도 있고 보람도 있으면서 동시에 많은 사람들에게 도움도 주는 사업을 하게 됐다. 또 내 가족 및 팀들과의 관계에서 더 큰 회복력과 연민을 갖게 됐다. 결국 기본적으로 회복력의 원칙들은 오늘날의 내가 존재하는 데 결정적인 역할을 했다. 당신이 노력만 한다면, 그 원칙들은 큰 도움이 될 것이다.

다음에 살펴볼 것은 조정 능력으로, 여기에서 전투 커뮤니케이션과 공유 그리고 철저한 집중으로 팀을 적절히 조정할 수 있는 방법을 알아볼 것이다.

회복력을 쌓는 노하우

- **감정 통제**: 반동적인 행동을 막고 긍정적인 반응으로 대체하기 위해, 이 장에서 소개한 '잠시 멈추고, 호흡하고, 생각하고, 행동하라'라는 네 단계를 밟도록 하라. 이 네 단계를 밟다 보면 낙관적인 생각을 하게 되고 무언가를 모르거나 넘어질 것 같다는 두려움이 사라지게 된다.

- **팀 집중**: 팀원들에게 당신은 늘 그들의 편이라는 것을 공개적으로 말하라. 이런 행동에 좀 더 익숙해지면, 팀원의 가슴에 한 손을 얹고 또 상대의 손은 당신의 가슴에 얹고 말할 수도 있을 것이다. 이는 정신적인 차원에서 팀원들과 연결될 수 있는 놀라운 방법이며, 팀원들은 당신이 자신들의 편이라고 느끼게 된다.

- **팀 구호**: 팀원들이 긍정적인 늑대를 키울 수 있도록 분위기를 만들고 그 어떤 도전에도 굴하지 않게 해줄 팀 구호를 만들어내라. 내 팀은 이런 구호를 갖고 있다. "파이팅! 모든 것이 술술 풀리는 날!"

- **배움의 가속화**: 팀 명상을 시도하라. 그리고 수련이 끝난 뒤 개인적인 목표와 팀의 목표, 개인적인 편견과 팀의 편견, 개인적인 기술 및 지식 격차와 팀의 기술 및 지식 격차와 같은 것에 대해 함께 생각해보거나 얘기를 나눠보라.

리더십 원칙 7

조정 능력

자신의 약점과 비밀을 공개하라

STARING DOWN THE WOLF

공유의 두려움에 맞서라

• • •

마이크 마가라시^{Mike Magaraci}는 은퇴한 미 해군 주임원사(현역 네이비 씰 대원들 중에 가장 선임)로, 평소 매그스^{Mags}라고 불렸다. 그는 BUD/S 에서 지원자들에게 리더십과 강한 정신력을 심어주는 멘토십 책임 자로 있으며 인성 멘토링도 함께하고 있다. 그는 마음이 열린 리더 들 중 한 사람으로, 네이비씰 훈련 프로그램에 각종 정신 발달 기술 들을 도입해왔으며 그 새로운 기술들을 통해 지원자들에게 강한 회 복력과 인식력을 심어주고자 했다. 매그스는 미 해군의 대테러 부대인 특수전 개발단의 주임원사이기도 했다. 리더들이 상부에 올리는 보고는 자연스럽게 가장 높은 위치에 있는 그에게 흘러갔다. 엘리트 리더들을 이끄는 것은 사자들을 길들이는 것과 같다. 네이비씰 주임원사는 강인하고 노련한 대원들을 이끌고 다양한 작전들을 수행해야 하는 자리여서, 전군을 통틀어 가장 힘든 자리 중 하나다. 그는 18년 넘게 쉬지 않고 네이비씰 대원들을 이끌고 전투를 벌여왔으며, 역사상 유례가 없을 만큼 빠른 속도로 전투 작전들을 수행해야 했기에 리더십 위기에 늘 직면해왔다. 매그스는 자신이 가진 에너지 중 상당 부분을 지휘 체계를 보존하고 개선하는 일에 쏟아부었다. 그는 네이비씰 대원들을 이끄는 다른 주임원사들과 협력하여 팀원들이 계속 진화되는 최첨단 전술들과 기법들과 절차들에 익숙해질 수 있도록 훈련을 실시했다. 그리고 각 부대에서 개발 중인 새로운 기법과 표준 작전 규정들을 지휘 계통과 군 전체에 공유하도록 했다. 그 덕분에 세계 이곳저곳에 배치되어 있는 해군 특수부대들은 늘 임무에 투입될 준비가 되어 있었다.

조직 내의 리더들은 대부분 상당한 재능을 갖고 있고 자기가 가는 길은 옳다고 생각하기 쉽다. 성취도가 높은 팀들 역시 마찬가지다. 이런 타입의 리더들은 복잡한 상황으로 무능함이 드러나는 것을 피하기 위해 모든 일을 혼자 하려 한다. 그들은 황소처럼 고개를 숙인 채 전진을 외치는데, 이는 그들이 전체 임무보다는 자신들의 임무에 더 집중한다는 것을 의미한다. 매그스는 개인주의적인 리더들을 잘 조정하는 것이 리더의 임무라고 보았다. 하지만 그의 방법을 모두가 환영한 것은 아니었다. 사실 많은 불평불만이 있었다. 그러나 결국 그는 '불평불만이 많은 개구리맨이 행복한 개구리맨이 된다'는 사실도 알고 있었다. 조정을 하려면 개인적 임무들에 집중되어 있는 팀원들의 관심을 돌려 큰 그림을 보게 할 시간이 필요하다. 그러나 현장에 있는 대원들은 대부분 큰 그림을 보는 데 투자하는 시간을 행정적인 집중력 분산 행위이자 시간 낭비라고 생각한다. 사실 그들에게는 최우선 과제가 아닌 일들을 할 시간이 없다. 매그스가 찾아낸 해결책은 '참여 리더십 성찰 세션'이란 이름의 화상회의를 매주 여는 것이었다. 참석 대상에 뽑힌 리더들은 아무리 바쁜 상황이더라도 이 화상회의에 참여해야 했다. 이 화상회의는 90분으로 예정되어 있었지만, 4시간 동안 계속되기도 했다. 회의는 늘 같은 순서대로 진행됐다. 먼저 팀의 리더가 비전과 임무와 전술에 대한 지침을 제시했다. 그다음에는 지휘관 입장에서 모두가 계속 알고 있을 필요가 있다고 느끼는 큰 그림과 관련된 주요 관심사들에 대한 최신 정보들이 제공됐다. 그런 다음 매그스가 리더들을 향해 다음과 같은 4가지 질문을 던졌다.

- 당신의 전술 목표와 현재 진행 중인 프로젝트들은 무엇인가?
- 당신은 지금 어떤 새로운 기술을 검증하고 평가하고 활용 중인가?
- 당신은 지금 어떤 특수작전 규정들을 개발 중인가? 또한 당신이 활용 중인 전술과 기법 그리고 과정이 기존의 것보다 새롭거나 크게 다른가?
- 당신이 안고 있는 사기 진작 및 훈련 문제들은 무엇이며, 그 문제들을 어

떻게 해결하고 있는가?

만일 다른 사람들과 공유할 것이 전혀 없다면, 리더들은 "입력 사항 없음"이라고 하면 된다. 공유할 내용이 있을 때는 효과가 있는 것, 효과가 없는 것 그리고 그 이유를 설명하면 된다. 그 화상회의는 자신의 성공 사례나 자신이 혁신 중인 것들을 강조할 수 있는 절호의 기회였으며, 자신의 실패를 비롯한 각종 실패 사례를 공유할 수 있는 좋은 기회이기도 했다. 매그스는 리더들이 중요한 문제들을 함께 논의한다면 임무를 더 효과적으로 수행할 수 있을 것이라고 생각했다. 시간이 지나면서 이런 회의들은 지휘 본부는 물론 모든 예하 부대들의 투명성 유지에 중요한 역할을 해주었다. 투명성은 깊은 수준의 이해 및 믿음에 도달하는 데 그리고 모두가 필요로 하는 결과에 도달하는 데 필요한 요소였다. 이를 통해 리더들은 자만심이나 임무의 중요성이란 핑계 뒤에 숨을 수 없게 되었다. 화상회의를 하려면 철저한 준비가 필요했다. 늘 공유할 것이 없는 상태로 회의에 임하는 것은 시간 낭비였기 때문이다. 그래서 리더들은 평소 같았으면 무시하고 지나갔을 일들에 대해서도 깊이 생각할 수밖에 없었다. 회의를 준비하기 위해 리더들은 잠시 휴식을 취하면서 여러 가지 깊은 생각을 했다.

화상회의를 통해 떠오른 문제들은 추적 관찰됐고, 매그스는 직접 현장에서 도움을 주기도 했다. 리더들은 자신의 문제가 비단 자신만의 문제가 아니라는 것을 알기 시작했다. 다른 리더들도 비슷한 문제를 겪고 있었기 때문이다. 그리고 그들은 혼자 문제를 해결할 필요가 없었다. 동료들이 도움을 주려고 애썼기 때문이다. 또 한 가지 긍정적인 점은 고위직 리더들이 골치 아픈 흐름들과 맹점들을 더 큰 문제로 발전되기 전에 파악할 수 있었다는 것이다. 화상회의의 전반적인 분위기는 마친코 같은 베트남 전쟁 참전 대원들에 의해 처음 시작되어 에릭 올슨, 맥레이븐, 짐 오코넬, 호라, 마커스 러트렐 같은 리더들에 의해 계속 이어진 네이비씰의 보고 과정과 분위기가 비슷했다. 좋은 일과 나쁜 일은 물론 추한 일들도 징계에 대한 두려움 없이 공개할 수 있었다. 모든 것이 공정하게 진행되었고, 그 무엇 하나 개인적인 일로 여겨지지 않았기 때문에 과정과 조직문화 개선에 집중할 수 있었다. 게다가 화상회의 후 그 어떤 징계도 없었기 때문에 큰 실수도 공개할 수 있었다. 추한 일들을 꼼꼼히 추려내 언론을 통해 알려지거나 네이비씰 대원들에게 법적 문제가 발생하지 않게 하는 것이 매그스가 할 일이었다. 또한 리더들은 관료주의적인 해군 조직에서 요구하는 산더미 같은 서류 작업을 피하기 위해 보다 일상적인 문제들도 실시간으로 다루었다. 그 덕분에 적의 총탄에 가장 가까이에 있는 대원들 사이에 훨씬 더 큰 믿음이 생겨나게 됐다.

화상회의를 시작하고 3개월도 지나지 않아서 모든 팀 리더들은 이구동성으로 이런 회의가 없었다면 대체 어떻게 지냈을지 모르겠다고 말했다. 이제 리더들은 화상회의가 임무에 꼭 필요한 것으로 받아들이게 되었다. 그리고 화상회의를 통해 서로의 실수에서 배울 수 있었기 때문에 그들은 더 나은 리더가 되어갔다. 매그스는 내게

"화상회의를 하려면 많은 시간을 투자해야 했지만 순금처럼 귀한 결과를 만들어냈습니다. 좋은 관행들은 공유를 통해 더 좋게 발전했고, 지역 차원에서 놓친 새로운 통찰력들이 수면 위로 떠올랐죠. 분쟁 지역에서 한 팀이 찾아낸 해결책이 조금만 수정하면 다른 분쟁 지역에서 활동하는 다른 팀에게도 좋은 해결책이 됐습니다. 그리고 나는 우리가 활용할 수도 있는 사기 진작 및 훈련 추세들을 찾아낼 수 있었습니다"라고 말했다.

우리는 셸을 통해 현실 안주는 회복력 향상의 적이라는 사실을 배웠다. 당신이 바쁜 일상에 쫓겨 예리한 질문 공세 속에 깊이 생각해볼 시간을 갖지 않는다면, 결국 디테일을 지배하는 악마가 당신에게 불타는 창을 집어던질 것이다. 왜 문제가 생기는지를 알지 못한다면, 어떤 배움도 있을 수 없다. 변화할 수 있는 기회가 사라지는 것이다. 이런 위기들은 대개 스트레스와 불편함에 의해 유발되는 그림자 패턴들로 생겨나는 감정적 문제들의 결과다. 이는 VUCA 환경이 모든 것을 망칠 때의 공식이기도 하다. 비록 실수나 실패를 공유하는 것이 고통스럽긴 했지만, 매그스의 방법은 심한 스트레스를 받을 때 인간 본성으로 인해 최악의 결과들이 생겨나는 것을 막는 데 도움이 됐다. 그 결과 모든 사람들이 전투의 경험을 공유할 수 있었다. 또한 이처럼 주 단위의 조정 작업을 통해 스트레스의 근본 원인들을 발견해 큰 문제로 발전하기 전에 그 싹을 잘라버릴 수 있었다. 이렇듯 조정 능력은 미 해군 특수전 개발단 내에 존재하는 믿음, 존경, 성장, 탁월함, 회복력의 문화를 성장시켜주는 결정적 요소로 밝혀졌다.

매그스가 조정 능력 향상을 위한 조치를 취하고 있는 동안, 미 육군 소장 스탠리 맥크리스털은 아프가니스탄에서 ISAF^{International Security Assistance Force}(국제안보지원군)를 이끌고 있었다. 맥크리스털 장군은 여러 지휘 계급들의 활동들을 조정해야 했다. 당시 아프가니스탄 연합군 내에는 미국뿐만 아니라 다른 나라들에서 온 다양한 정부 단체들과 비정부 단체들이 있었다. 그의 휘하에는 미 특수작전 사령부, 재래식 전투 사령부, 중앙정보부^{CIA}, 국방부 정보국^{DIA}, 국무부 등에 속한 부대들이 있었고, 그 부대들은 모두 각기 독특한 조직문화와 소통 방식을 갖고 있었다. 맥크리스털 장군은 대체 어떻게 하면 이 모든 대원들과 관료들, 정치인들, 군수 전문가들, 민간 군수업자들을 이끌고 중요한 임무들을 수행해나갈 수 있을지 고민했다. 생각만 해도 골치가 아팠을 것이다. 각 부대가 자신들의 몫을 수행하기 위해 아프가니스탄에 갔을 때, 그들은 모두 과거에 해오던 방식대로 일들을 처리하려 했고, 그 결과는 늘 자기중심적이고 비효율적이었다. 적들은 생각했던 것보다 훨씬 더 변화무쌍했고 예측 불가능했다. 그들은 자신들이 만들어놓은 VUCA 환경 안에서 맥크리스털 장군의 국제안보지원군을 맘껏 짓밟았다. 그 바람에 맥크리스털 장군과 그의 군대는 모든 면에서 적들의 공세에 몰리면서 완전히 방어적인 모드에 들어가 있었다.

그 무렵 맥크리스털 장군 머릿속에 너무나도 다른 팀들을 한 팀으로 만들어야겠다는 생각이 떠올랐다. 하나의 임무를 수행하는 그 '한 팀'은 각기 나름대로의 하위문화를 가진 별개의 팀들로 이루어졌지만, 모든 팀들이 한 가지 의식을 공유하는 것이다. 그는 '권한이 주어진 실행empowered execution'을 실시했다. 이는 매그스가 직면했던 것과 같은 도전이었지만, 그 규모가 훨씬 더 컸고, 하나의 조직이 아닌 이질적인 문화들을 가진 조직에 관련된 도전이었다. 해결하기가 훨씬 더 힘든 문제였지만 원칙들은 같았고, 해결책 역시 놀랄 만큼 유사했다. 맥크리스털 장군 밑에서 일한 적이 있는 매그스에 따르면, 맥크리스털 장군은 자기 군대를 향해 "네트워크를 물리치려면 네트워크가 필요합니다"라고 말했다고 한다. 그들은 이질적인 팀들을 모두 연결하기 위해 디지털 포털 네트워크를 구축했다. 그들은 적보다 더 빨리 정보를 퍼뜨리고 이해할 수 있어야 했다. 네트워크는 공격부대에서 지휘관의 지침을 말단 병사에게까지 전파하는 주요 수단이었다. 네트워크는 조직을 평등하게 만들었고, 모든 사람이 같은 지침에 따라 움직일 수 있었다. 조직의 힘을 강화하기 위해 맥크리스털 장군이 사용한 또 다른 방법은 '불가사리'였다. 그는 가장 뛰어난 조직 구조는 불가사리와 비슷해야 한다고 생각했다. 불가사리의 경우 다리 하나를 잃어도 중앙 몸통만 온전하면 여전히 제 기능을 발휘한다. 그리고 다리는 나중에 재생될 수 있다.

정보 공유와 '권한이 주어진 실행'을 위해 맥크리스털 장군은 자신의 지휘 하에 있는 모든 조직의 핵심 리더들과 매일 화상회의를 했다. 세계 각지에 흩어져 있던 그들은 장소와 상관없이 화상회의에 참석했고, 매그스의 화상회의와 마찬가지로 여러 질문들을 철저히 파고들었다. 맥크리스털 장군의 역할은 단순히 듣고 답하는 수준 그 이상이었다. 그는 모든 조직의 이질적인 문화들을 대체하고 연결해줄 공유된 사고방식을 만들어낼 필요성을 느꼈고 비전 및 규범들을 명확하게 밝힘으로써 마침내 만들어낼 수 있었다. 맥크리스털 장군은 모든 화상회의 때마다 자신의 비전에 대해 그리고 자신이 새로운 '팀들의 팀'에게 바라는 행동 규범들에 대해 논의할 기회를 만들었다. 또한 전쟁터에서의 전사의 정신, 특히 압박을 받는 상황에서의 전사의 정신에 대해 그리고 미군과 연합군이 이 전쟁을 어떻게 치르게 될 것인지에 대해서도 이야기하고는 했다. 그 결과 관련된 모든 이해당사자들은 자신이 지금 어디에 서 있는지, 또 불가피하게 VUCA 환경 중 애매한 영역들에 맞닥뜨릴 때 어떤 결정을 내려야 하는지를 알게 됐다.

맥크리스털 장군은 지휘 계통의 경직성을 깨부쉈다. 모든 사람은 소중한 팀원이었고, 그다음이 역할과 계급이었다. 화상회의에서는 일부 깊은 논의가 필요한 경우가 있었는데, 이럴 때에는 그 문제를 채팅방으로 가져가 실시간으로 논의했다. 채팅방에서도 그들은 각종 아이디어와 연락처들을 공유했고, 화상회의의 흐름을 방해하지 않을 수 있었다. 경직된 조직도 안에서 역동적으로 변화할 수 있는 계기를 만들어준 셈이다. 맥크리스털 장군의 책《팀 오브 팀스Team of Teams》에는 조직원들 간의 소통 연결선을 보여주는 스파게티 모양의 조직도가 소개되어 있다. 그것을 조직도라고 착각하는 사람들도 있겠지만, 사실 그것은 단순한 조직도가 아니다. 평소에 전혀 소통하지 않던 리더들이 갑자기 점선으로 서로 연결됐고, 그렇게 그들은 정상적인 지휘 체계 밖에서 각종 아이디어와 정보와 자원들을 공유할 수 있게 되었다. 그 결과 분산형 네트워크가 형성되어 중앙집권적인 구조 안에서는 서로 연결되어 있지 않던 이질적인 팀들이 서로 연결될 수 있었다. 조직은 관료주의적인 측면에선 여전히 문서 작업이 대세였지만, 분산형 네트워크를 통해 신축성과 적응성이 업그레이드된 각 팀은 적을 상대로 민첩하게 대처할 수 있었다.

리더들은 자신이 배운 것들을 바로 팀원들에게 전달해줄 수 있었고, 팀원들은 팀 목표에 계속 집중할 수 있었다. 또한 다른 팀들의 문제들도 알게 되면서, 모든 사람들이 다른 팀들의 중요한 문제에 관심을 갖게 됐다. 그래서 만일 어떤 팀이 지원을 필요로 한다면, 신속히 그리고 효과적으로 그 팀을 지원해줄 수 있었다. 방대해진 팀들의 임무와 비전 그리고 가치들을 분명히 조정함으로써 의식의 공유가 이루어졌고, 그 결과 모두가 독자적으로 작전을 수행할 수 있게 됐다. 하급 팀들에게는 가장 낮은 수준에서 집행할 수 있는 권한이 주어졌다. 적과 가장 가까이 있는 병사, 네이비씰 대원, 공군 장병, 해병대 대원 또는 민간인에게 행동할 수 있는 권한이 주어진 것이다. 느려 터진 관료주의의 속도가 아니라 신속한 생각과 계획의 속도로 움직일 수 있게 됐다. 맥크리스털 장군의 '권한이 주어진 집행'은 이렇게 탄생했다. 이러한 명확성 덕분에 그들은 신속하게 적들에 대응할 수 있었다. 조정 작업의 3가지 중요한 측면은 '전투 커뮤니케이션battle communications'과 '공유sharing' 그리고 '철저한 집중radical focus'이다.

전투 커뮤니케이션: 전투 리듬을 파악하라

• • •

당신이 만일 전투 중이라면 소통 규약을 만들어라. VUCA 환경에서는 전투 기반이 필요하다. 비즈니스 세계는 점점 더 특수작전 전쟁터를 닮아가고 있고, 따라서 전투태세를 갖추는 데 필요한 소통 과정을 만들 필요가 있다. 맥크리스털 장군은 매일 회의를 했고 매그스는 주별로 회의를 했다. 당신 팀에는 어떤 '전투 리듬'이 있는가? 여기서 논의되는 팀 중에 가장 규모가 큰 셀의 경우, 그 전투 리듬은 부서별로 결정된다. 더불어 분기별로 전체적인 회의를 하고 있으며, 위기 상황이 도래할 경우에는 전체회의를 더 자주 한다. 우리 회사도 매주 핵심 리더들과 함께 회의를 하며, 그 핵심 리더들은 매일 자기 팀원들과 함께 회의를 한다. 이뿐만 아니라 매달 작전 회의와 분기별 전략 계획 회의도 한다. 만일 팀이 맞는 '전투 리듬'을 찾고자 한다면 매그스와 맥크리스털 장군에게 배운 것들을 활용하여 다음과 같은 질문을 던지고 답을 하는 것이 효과적일 것이다.

- 무엇이 효과가 있고, 무엇이 효과가 없는가?
- 그 간극을 어떻게 메울 것인가?
- 조직문화와 훈련 문제들은 무엇인가? 그리고 어떻게 하면 그 문제들을 잘 해결할 수 있겠는가?

이 질문들 밑에 깔려 있는 세세한 부분들은 회의에 회의를 거듭하면서 끈질기게 그 질문들에 대한 답을 찾으며 보완할 수 있다. 한때 미 해군 특수전 개발단의 지휘관이기도 했던 해군 소장 H. 와이먼 하워드 3세는 자신의 팀원들에게 "우리는 절대 승리에 도취해 있어선 안 되고, 실패에 낙담해 있어서도 안 되며, 우리의 허점을 숨겨서도 안 된다"라고 말했다. 모든 전투에 리듬이 있듯이, 사업에도 리듬이 있다. 따라서 팀은 지금 치르는 전투에 맞춰 적절한 빈도로 회의를 하면 된다. 엘리트 팀들은 전투 리듬들이 다 다르다는 것을 인정하며, 그 리듬들에 맞춰 작전을 진행한다. 다른 누군가의 전투 악기에 따라 음악을 연주하지 말고, 회의를 잘 활용해 자신만의 음악을 연주해보도록 하라.

당신이 새로운 임무나 프로젝트를 맡게 된다면, 나는 즉시 전투 커뮤니케이션 전략에 대해 생각해보라고 권하고 싶다. 보통 주어진 상황을 당연하게 받아들이기 쉬운데, 그렇게 되면 정보 및 이해에 큰 허점들이 생겨날 수 있다. 조금만 더 생각해본다면 얼마든지 피할 수 있는 허점들이다. 전투 리듬을 생각할 때는 조직의 임무, 부대의 임무 그리고 팀 프로젝트들이 정보의 흐름에 영향을 줄 수 있다는 것을 잊지 말라. 예를 들어 미 해군 특수전 개발단의 임무는 거시적이며 자주 변하지 않는다. 그러나 개발단의 각 예하 부대는 적을 생포해야 한다거나 무기들을 지켜야 하는 등 구체적인 임무를 갖고 있고, 그 임무는 언제든지 변할 수 있다. 또한 각 부대의 소통 방식도 모두 다 다르다. 새로운 기술 혁신 또는 과정 향상을 꾀할 경우에는 새로운 목표들이 또 다른 층의 정보 흐름을 만들어내게 되는데, 이는 이렇게 복잡한 상황을 감안해서 어떤 식으로 정보 흐름을 일원화하고, 모든 팀들 간에 인식을 공유할 수 있게 할 것인지를 깊이 생각해봐야 한다는 것이다. 이 모든 것을 통해 결국 더 나은 조정이 이루어지고 모든 것이 가속화된다.

쓸데없는 회의들이 조정을 망친다

• • •

지금까지의 얘기와는 반대되는 것이지만, 우리 모두 '회의로 인한 죽음'을 경험해왔다. 나는 이미 조정 작업을 잘해오고 있는 상황에서 단순히 아이디어들을 공유하기 위해 회의를 더 하라고 권한 것이 아니다. 사실 너무 많은 회의는 완전한 시간 낭비로 팀의 '할 수 있다' 정신과 '해내겠다' 정신을 손상시킨다. 효과적인 소통 없이는 한 팀으로 일하는 것이 불가능하며 대부분의 팀들은 바로 이런 측면에서 부족하다는 데 동의할 것이다. 잘못된 회의는 그 회의만 아니었다면 완벽하게 멋졌을 날을 완전히 망가뜨린다. 더 안 좋은 일은 그런 회의로 인해 팀이 날아오르는 데 필요한 열린 소통이 중단될 수도 있다는 것이다. 만일 어떤 회의가 분명한 목적과 구조를 갖고 있다면 그 회의는 충분한 가치가 있다. 효율적인 회의에서는 회의의 목적과 의제가 명확하며 꼭 참석할 필요가 있는 사람들만 참석한다.

또한 회의에서 정보를 공유하고 필요한 결정들만 내리기 때문에 금방 끝난다. 물론 그렇다고 해서 모든 것을 제한된 시간에 억지로 끝내려고 할 필요는 없다. 가장 중요한 것은 모든 회의에 목적과 비전, 임무 그리고 규범들에 대한 지침을 주는 것이다. 팀원들이 직접 얼굴을 맞대고 또는 화상회의 등을 통해 함께한다면 확실한 조정 작업을 할 기회를 갖게 된다.

대부분의 기업들은 부서 업무를 위해 기능적인 회의를 한다. 그런 회의는 필요하다. 팀들은 팀의 수평적·수직적 발전은 물론 목표 선정을 위한 회의들도 진행하게 되는데, 이 경우 FITS 모델을 통해 현재의 단기 목표들을 평가하면서 그 목표들이 적절한지 여부를 판단할 수 있다. 여기에 나는 매그스와 맥크리스털 장군의 회의같이 조정 작업을 위한 회의를 추가하라고 권하고 싶다. 또한 모든 주요 '임무'에 대해 '브리프' 회의와 '디브리프' 회의는 반드시 해라. 브리프 회의와 디브리프 회의는 독특한 프로토콜을 갖고 있으며, 특수부대원들이 임무에 계속 집중하는 데 도움을 준다.

브리프^{Brief} 회의는 당신이 표적을 어떻게 공격할 것인지에 대한 전투 계획 프레젠테이션 회의로 SMEAC(특수부대의 임무 계획 과정의 한 버전으로, Situation(상황), Mission(임무), Execution(집행), Administration/Logistics(행정/군수), Command/Signal(지휘/신호)의 줄임말)가 반영된 전투 계획을 발표하는 자리다. 이 5가지 분야는 각기 그 분야를 책임지는 전문가들이 발표한다. 브리프 회의는 전반적인 임무를 이끄는 리더에 의해 진행되고, 임무를 조정해 명시적이며 암묵적인 목표들을 분명히 하는 데 목적이 있다. 또한 이 회의는 팀원 전체와 함께 작전을 시각화 해봄으로써 작전에 대한 리허설의 개념도 포함되는데, 그래서 특수 부대원들은 사진과 비디오를 활용해 브리프 회의를 진행한다.

디브리프Debrief 회의는 임무가 완료되고 표적이 확보된 뒤에 진행 된다. 장기 임무인 경우, 디브리프 회의는 작전의 각 단계별로 행해 져야 한다. 이 회의 중에는 예리한 질문들이 던져지고, 작전이 전반 적으로 어떻게 진행되고 있는지에 대한 의견이 이어지며, 꾸준한 향 상을 목적으로 팀과 팀원의 실적이 평가된다. 회의의 분위기는 대단 히 중요하다. 개인적인 공격이나 망신, 죄책감, 피어 울프에 대한 공 격과 같은 부정적인 비난은 허용되지 않는다. 만약 그렇다면 회의는 모든 가치를 놓치게 되고 중요한 요점 또한 놓치게 될 것이다.

모든 전투 커뮤니케이션에서는 어떤 일탈이나 혼란도 허용되지 않는다. 만일 누군가 혼란을 일으킨다면, 그 혼란은 즉시 해결되어야 하며, 앞으로의 회의에서는 혼란을 일으키는 사람은 나머지 팀원들 과 함께 참여하거나 아니면 떠나는 등 나름대로의 기준을 정해야 한 다. 그렇다고 해서 당신의 비전과 아이디어들에 무조건 찬성하는 팀 을 찾으라거나 당신이 집단적 사고나 환상적 사고를 해내야 한다고 주장하는 것은 아니다. 그보다는 그들에게 어려운 질문들을 던지고 그 질문들에 답하며 집단에 악영향을 주는 편견들을 극복하라는 것 이다. 모든 견해는 사려 깊고 감정적으로 성숙한 방식으로 표현되어 야 한다. 모든 사람은 준비되어 있어야 하며 심판과 정의를 운운하 며 팀의 에너지를 갉아먹기보다는 적극적으로 귀 기울이고 이의를 제기하는 훈련을 해야 한다. 그리고 비상사태의 경우가 아니라면 휴대전화를 사용해서 집중을 방해하는 행위 등은 허용되지 않는다.

회의 후속 조치는 전투 커뮤니케이션의 또 다른 중요한 측면이다. 나는 어떤 사람이 프로젝트를 맡는다는 데 합의가 됐지만, 그 뒤에 무거운 침묵이 깔리는 회의들을 종종 봤다. VUCA 환경이 조성되면 또 다른 문제가 생기거나 다른 시급한 또는 중요한 일들이 일어나기 때문이다. 그 경우 다음 회의에서는 마치 지금이 첫 회의인 것 같은 분위기가 조성된다. 팀의 리더였을 때 나는 이런 상황이 벌어지면 완전히 무력화되는 기분이었다. 뛰어난 전투 커뮤니케이션 규약을 정해놓으면 그런 문제의 싹을 잘라낼 수 있다. 팀 리더는 미리 원하는 결과와 의제들을 보내고, 해야 할 일과 할당받은 과제들을 정리한 회의 요약서를 보낸다. 그 요약서에는 회의 내용을 완전히 소화한 리더가 정리한 통찰력과 조정 지침 등이 담기게 된다. 여기서 중요한 것은 지속적인 배움과 조직문화 조정 작업을 거쳐 회의들을 잘 활용해 팀을 발전시켜야 한다는 것이다.

위기 상황에 봉착할 경우 전투 커뮤니케이션은 다른 차원의 긴급성을 요하게 된다. 위기는 한 팀을 무력화시킬 수 있으므로, 위기에 대비한 훈련은 임시 전투 계획을 짜는 데 도움이 된다. 이를 통해 위기 때문에 소통이 붕괴되지는 않게 될 것이다. 만일 어떤 작전을 진행하는데 매복 공격이 있을 경우 네이비씰 대원들은 즉각 위기 행동 모드로 들어가게 된다. 먼저 팀원 각자의 생리학적 반응과 감정적 반응들을 통제하게 된다. 그러기 위해 그들은 심호흡과 긍정적인 내적 대화 그리고 감정 통제 전술들을 활용한다. 다음에는 표적으로부터 벗어나고 부상자를 분류하고, 필요에 따라 팀을 온전하게 유지하는 일에 집중하게 된다. 그런 다음 '우다 루프'를 작동해 다음 반응을 결정한다. 마지막으로 그들은 새로운 현실에 대처하기 위해 자신들의 계획과 소통 전략을 바꿀 것이다. 결과적으로 모두 새로운 계획에 적극적이면서도 능동적으로 반응할 수 있는 것이다. 위기 상황이 끝난 뒤에는 디브리프 회의를 통해 미래의 작전에 대비하고, 이번 위기에서 배우고 개선할 점을 찾아야 한다. 이 모든 과정은 실제 전쟁터뿐만 아니라 그 어떤 환경에서도 통한다.

전투에 앞서 먼저 마음속으로 이겨라

● ● ●

전투 커뮤니케이션이란 단순히 팀원들과의 소통만을 의미하지 않는다. 자기 자신과 어떻게 소통하는가와도 관련이 있다. 전투 중에는 모든 날을 성과 이벤트처럼 여겨라. 당신은 '전투에 앞서 먼저 마음속으로 이김'으로써 전투 준비를 할 수 있다. 이는 전투 커뮤니케이션 조정 원칙을 스스로에게 적용하는 것이다. 그런 다음 팀원들에게 하루 종일 최고의 성과를 올리기 위해 먼저 마음속으로 이기는 훈련을 시켜라.

내 개인적인 전투 커뮤니케이션을 예로 들자면, 나는 박스 호흡을 하는 것으로 아침을 시작한다. 그런 다음 짧은 명상과 미래의 모습을 시각화하면서 내 목적과 임무를 되새긴다. 마지막으로 마음속으로 내가 하려고 계획 중인 일들을 정리해보고 큰 성공을 거두는 내 모습을 시각화해본다. 덧붙여 잘못될 수도 있는 상황을 예측해보고 또한 큰 문제가 발생하더라도 긍정적인 반응을 하려고 노력함으로써 각종 문제들에 대비한다. 이 모든 준비를 마치는 데는 2~30분밖에 안 걸리며, 그 결과 하루 종일 좋은 성과를 올릴 수 있는 최적의 여건을 만들 수 있다. 나는 주로 낮에 조정 작업을 한다. 심호흡과 근력 운동, 적극적인 경청, 명상 등을 하면서 회복을 위한 휴식을 취하는 경우가 많다. 나는 무엇이 필요한지와 관련해 직관을 따르며, 정신적으로 중요한 회의 등에 대비하고, 필요하다면 개인적으로 사후 검토도 한다. 하루를 마무리하는 시간에는 마음속으로 되돌아보며, 잘 된 점은 무엇이고, 잘못된 점은 무엇인지, 그날 있었던 일들을 검토해본다. 이는 매일 자기 자신과 갖는 회의와 다름없다. 그 회의에서는 다음과 같은 질문을 해보자.

- 내가 장애물을 통해 얻은 가장 큰 통찰력과 교훈은 무엇인가?
- 오늘의 나는 더 나은 사람으로 성장했는가? 나는 무엇을 배웠는가?
- 내 행동 덕분에 나는 내 비전과 목표를 향해 더 나아갔는가?
- 내가 해결하지 못한 문제나 답하지 못한 질문들이 있는가?

이런 전략은 내가 목적과 임무의 중요하고도 시급한 측면들을 꾸준히 조정하는 데 도움이 된다. 전투 커뮤니케이션은 강력한 사고방식을 갖게 해주며, 이 책에서 거론한 리더십의 핵심 원칙인 용기와 믿음, 존경, 성장, 탁월함 그리고 회복력을 구현하게 해준다. 또한 전투 커뮤니케이션은 최대의 효과를 낼 수 있도록 나와 팀원들을 조정해준다. 그래서 네이비씰 대원들은 "무엇이든 하는 방법은 모든 것을 하는 방법이다"라는 말을 즐겨한다. 그리고 다른 사람들과 소통하는 방법에 따라 팀에서 의미와 의도성을 공유하는 방법이 결정된다. 이를 위해서는 많은 훈련이 필요하다. 자기 관리, 팀 소통의 빈도, 회의 규범, 원칙과 의도, 팀의 긍정적인 마음자세와 감정 상태, 공개성과 투명성 그리고 판단하지 않는 문화 등이 모두 개입된다. 이런 식으로 소통하는 것은 쉽지 않지만 분명 그럴 만한 가치가 있다.

공유를 최대화하라

• • •

이 책의 중심 주제 중 하나는 팀은 당신이 리더로 성장하는 데 없어서는 안 될 중요한 수단이라는 것이다. 함께 성장하기 위해 노력하고, 공통의 임무를 수행하기 위해 애쓰는 팀원들은 함께 위대해질 것이다. 여태껏 우리는 조정 작업이 꾸준한 소통과 규범의 제시 그리고 의도의 결과인지를 살펴보았다. 그러나 어떤 의도에 대한 완벽한 조정 작업만으로는 팀의 성장이 보장되지 않는다. 이 책에서 논의한 리더십 원칙들을 제대로 행하기 위해 리더와 팀은 기꺼이 경험을 공유해야 하며, 같은 수준의 위험에 자신을 노출할 수 있어야 한다. 리더를 포함한 모든 팀원들은 정보와 경험 그리고 위험을 비롯한 모든 것들을 최대한 공유해야 한다. 자신만의 관점에서 생각하고 느끼는 것들에 대한 경험을 공유하면, 팀원들은 다른 사람들도 비슷한 두려움과 취약한 면들을 갖고 있다는 사실을 깨닫게 된다. 팀이 완벽하지 못하다는 것을 인정하면, 그때부터 성장이 시작되며, 서로의 간극을 줄일 수 있다. 또한 서로를 견제하기 위해 편향된 의사결정을 내릴 필요가 없게 된다. 엘리트 팀들의 경우 언제 어디서든 서로에게 숨기는 것이 없다. 모든 것을 기꺼이 공유한다. 매그스는 기꺼이 분쟁 지역들로 찾아갔고, 팀원들과 함께 여러 작전들을 펼쳤다. 맥크리스털 장군은 수시로 전투 현장에 뛰어들어 자신을 큰 위험에 노출시켰으며, 일반 대원들과 정보 수집 요원들의 경험을 공유했다. 맥레이븐은 올슨과 짐 오코넬처럼 목숨과 명성을 걸고 대원들과 경험을 공유했다. 이들은 자신의 일을 잘 해내려면 사무실 밖으로 나가 정보와 팀원들의 아이디어를 공유하고 그들을 지원해야 하며, 그들과 함께 위험을 감수해야 한다는 것을 잘 알고 있었다.

리더가 공유하지 않을 경우 그에 대한 믿음이 식게 된다. 네이비씰 팀 쓰리 시절 나는 리더 역할을 하면서 한 주임원사의 도움을 많이 받았다. 그는 위대한 전사였으며, 베트남 정글에서 겪은 흥미진진한 이야기들로 우리 모두를 즐겁게 해주었다. 그는 헬리콥터 추락 사고를 여러 차례 겪었고, 우리가 헬리콥터를 이용한 훈련을 할 때면 늘 긴장을 했다. 나는 팀원들이 낙하산 투하 훈련을 하거나 현수 하강(경사가 급한 사면을 고정된 줄을 이용해서 하강하는 방법) 훈련을 하거나 패스트 로핑fast-roping(굵은 밧줄을 타고 신속하게 내려가는 기술) 훈련을 할 때면, 그가 급한 일이 생겨 다른 곳에 간다는 사실을 눈치챘고, 팀원들 역시 그 사실을 알고 있었다. 그들은 그가 자신들과 각종 위험과 경험들을 공유하지 않는다며 분개했다. 그렇다. 그는 과거에는 모든 것을 함께했지만, 지금은 그렇지 않았다. 당신은 지금 팀을 위해 무엇을 하고 있는가? 절대 과거의 성취에 기대지 말라. 결국 나는 그 주임원사에게 지금 그가 비행 훈련의 위험을 자신들과 공유하지 않고 있으며, 주임원사답게 선두에서 팀원들을 이끌어주고 있지 않다고 말했다. 그는 내게 자신은 또다시 추락 사고를 당할까 봐 두렵고, 그래서 지금 '불필요한 비행'은 피하려고 애쓰고 있다고 고백했다. 나는 다른 팀원들의 관점에서 그의 행동들이 어떻게 보이는지를 설명했고, 지금 그에 대한 그들의 믿음이 식고 있다는 얘기도 했다. 그 이후 그는 두 번 다시 비행 훈련에 빠지지 않았다. 그가 계속해서 팀원들과 위험을 공유하려 하지 않았다면, 나는 아마 그에게 팀을 떠나 달라고 요청했을 것이다. 공유는 그만큼 중요하다.

팀 내의 모든 사람들은 항상 올인을 해야 한다. 만일 리더가 경험을 공유하지 않는다면, 가장 얻기 힘든 2가지 요소인 팀원들의 믿음과 존경을 완전히 잃게 될 것이다. 기꺼이 위험을 공유하려 하지 않는다면, 떠나 달라는 요구들을 받기 전에 알아서 먼저 팀을 떠나야 할 것이다. 이 원칙은 당신이 팀원을 선정할 때도 해당된다. 만일 이처럼 모든 것을 공유하려 하지 않는 사람을 뽑게 된다면, 팀을 분열시키고 무력화시킬 문제를 일으킬 것이다. 팀원들이 기꺼이 각자의 가면을 벗어던지고 공유를 최대화하려고 애쓰는 팀을 만들어라.

당신이 팀원들에게 무언가를 하라고 요구할 때는 스스로 먼저 기꺼이 할 수 있어야 한다. 그렇다고 불가능한 일을 하라는 뜻은 아니다. 예를 들어 네이비씰 시절에 나는 팀원들과 함께 자유낙하 낙하산 점프를 하지 않았다. 나는 자유낙하 훈련을 받은 적이 없었기 때문이다. 훈련이 부족하거나 능숙하지 못한 일에 동참해 팀의 임무 자체를 위태롭게 만드는 것보다는 차라리 위험을 공유하지 않는 것이 더 낫다고 생각했다. 위험을 공유할 적절한 방법은 얼마든지 있으며 그 방법은 팀원과 상황에 따라 달라진다. 나는 팀원들이 자유낙하 훈련을 할 때 비행기 안에서 지켜보면서 내가 받은 훈련 수준에 맞는 방식으로 팀원들이 낙하산 점프를 하는 것에 도움을 주려고 했다. 당신의 훈련 정도, 자격 그리고 직책에 적절한 수준으로 공유하도록 하라. 중요한 것은 힘든 일이 있을 때 도피하거나 숨지 않는 것이다.

마찬가지로 당신이 교류하는 다른 팀들과도 평소 작전 경험들을 최대한 공유하는 것이 좋다. 지금 모든 사람은 '팀들의 팀' 안에서 일하고 있다. 그렇기 때문에 다른 팀들이 일하는 곳을 찾아갈 경우 그들은 매우 고마워할 것이다. 현장 속으로 들어가서 다른 부대에는 어떤 일이 일어나고 있는지 직접 살펴보라. 조직도만 펼쳐놓고 작전 전체를 살펴보는 것만으로는 충분치 않다. 엘리트 팀들은 안전지대에서 벗어나 다른 팀들과 서로의 경험을 공유한다. 셸의 경우 사무실을 벗어나 석유 굴착 장치와 정유 공장이 있는 현장으로 간다는 의미다. 네이비씰의 경우 팀들이 야간 작전을 펼치는 전방의 작전 기지들로 간다는 의미다. 이때는 매우 신중해야 하는데, 그것이 작전에 지장을 줄 경우 그 누구에게도 도움이 되지 않기 때문이다.

많은 정보를 공유하는 것이 얼마나 중요한지에 대해서는 이미 살펴봤다. 조정 작업에는 비전과 임무 그리고 각종 규범에 대한 꾸준한 공유가 필요하다는 것도 안다. 그러나 종종 너무 빨리 움직여서 다른 중요한 정보를 공유할 시간이 없는 경우가 있다. 아니면 권력과 명성을 지키기 위해 정보를 꼭 쥐고 있을 수도 있다. 나는 정보를 끝없이 끌어 모으는 사람은 되지 말라고 권하고 싶다. 특히 무엇이 효과가 있는지, 어떤 일이 일어날 거라고 생각하는지 그리고 이미 일어난 일들에서 무엇을 배웠는지 등과 관련해서는 통찰력과 교훈들을 신속히 공유할 필요가 있다.

나는 미래의 제품 및 사업 아이디어들을 팀원들과 공유하는 것을 좋아했는데, 그다지 도움이 되지 못했다. 나는 그저 아이디어를 테스트해보고 조언을 들으려 한 것인데 사람들은 집중하지 못했고, 스트레스를 받을 뿐이었다. 그러므로 '알아야 할 필요가 있는' 정보는 공유하되 지금 또는 가까운 미래에 팀에 영향을 주지 않을 정보는 공유할 필요가 없다. 그런 정보는 미래 계획을 짤 때를 대비해 잘 보관해두어라. 그러나 VUCA 환경에서는 '알아야 할 필요가 있는' 정보가 더 적어지기 때문에 닥치는 대로 정보를 긁어모을 필요가 없다.

정보의 자유로운 흐름은 팀원들이 전세가 어디로 기울지, 또 어떤 방향으로 향할지를 아는 데 도움이 되며, 공유 의식을 만들어내는 데도 도움이 된다.

지금은 리더십도 공유해야 할 때다. 최고의 리더들은 권한을 틀어쥐고 있지 않는다. 그들은 책임을 회피하지 않고 리더의 책임을 공유하고, 팀원들은 그 경험을 공유하며 믿음을 구축해나간다. 엘리트 팀의 리더들은 자신이 모든 답을 갖고 있지 않으며, 궁극적인 리더는 팀 그 자체이고, 자신은 그저 임시 리더일 뿐이라는 사실을 인정한다. 그들은 조만간 자신은 리더 자리에서 물러나고 다른 사람들이 리더가 되길 기대하면서 리더십 기회를 적극적으로 공유하려 한다. 팀은 바로 이런 과정을 거치면서 성장하며 전체의 집단 지성을 활용한다. 모든 사람이 언제든지 리더가 될 수도 있고 리더를 따르는 일반 팀원이 될 수도 있다고 생각할 때, 전통적인 위계 구조가 약화되면서 진정한 팀이 만들어지고, 팀 전체가 그 팀원들의 총합보다 더 커지게 된다. 네이비씰의 리더들은 매일 "누가 이 책임을 맡을 가장 뛰어난 리더인가? 그리고 우리는 어떻게 그를 지지할 수 있는가?"라고 묻는다. 당신의 성공이 바로 내 성공이다. 이런 접근방식 덕분에 팀은 리더 한 사람이 어떤 결과를 도출해내려 애쓰는 것이 아니라 팀원들 전체가 힘을 합쳐 온갖 문제들에 대처할 수 있게 된다. 또한 팀원들 각자의 열정 또한 공유되어야 한다. 그렇게 되면 믿음과 진정성이 더 깊어질 뿐만 아니라 언젠가 누군가의 취미가 쓸모 있는 전략이 될 수 있기 때문이다. 또한 특수부대의 경우 모든 사람이 다

재다능한 사람이면서 전문가이기도 하다. 사격, 이동, 소통 같은 일 반적인 기술들은 모든 팀원들이 꾸준히 익히게 되지만, 전문적인 기 술들은 주로 팀원의 열정에 따라 각자 익히게 된다. 최고의 팀들은 이런 전문적인 지식을 공유하며 그 지식을 활용해 팀의 능력을 심화 시킨다.

기업은 일반적인 직무 기술들을 훈련시키는 데는 예산을 지원하 지만 팀원들이 팀에 소중한 힘을 가져다줄 수 있는 독특하고 열정적 인 기술들을 익히는 데 시간과 돈을 쓰는 것은 거부하는 경우가 많 을 것이다. 그런데 VUCA 환경에서는 다양한 기술과 지식이 돌파구 를 열어주는 역할을 할 수도 있다. 색다른 기술을 가진 사람들이 브 레인스토밍brainstorming(어떤 문제의 해결책을 찾기 위해 여러 사람이 생각나는 대로 아이디어를 쏟아내는 방법)에 참여해 생각지도 못했던 탁월한 관점 을 제공할 수도 있는 것이다.

당신의 진정한 자아를 팀원들과 공유하고 그들의 진정한 자아를 끌어내도록 하라. 이를 통해 당신과 팀은 성장할 수 있다. 그렇다고 해서 자신을 잃게 되는 건 아니며 오히려 자신이 누구인지 더 잘 알 게 된다. 자신의 장점과 단점들, 열정 그리고 남들에 대한 영향력 등 을 더 잘 알게 되는 것이다. 그리고 당신의 성공이 팀에서의 영향력 증가로 이어지면서 당신의 능력 또한 훨씬 더 강해질 것이다. 이를 통해 큰 동기부여를 얻고, 스스로 타고난 능력을 발견하게 될 수도 있다. 또한 가족을 포함해 당신이 교류하는 모든 사람들과 보다 깊 이 연결될 수 있는 능력을 기를 수 있다. 팀은 강력한 리더십 그 자체다. 리더 한 명이 모든 책임을 끌어 모을 때보다 훨씬 더 강력한 리더십을 가진 그룹이 되는 것이다.

강도 높은 집중력을 키워라

• • •

엘리트 팀들은 목표를 향해 강도 높은 집중력을 발휘한다. 네이비씰에서 우리는 작은 행동으로 큰 결과들을 만들어낼 수 있는 훈련을 받았다. 그런 다음 제대로 마무리될 수 있게 강도 높은 집중을 했다. 그리고 완전히 숙달될 때까지 이런 과정을 계속 되풀이했다. 단번에 한 가지 목표에 집중시키는 능력을 통해 놀라운 결과들이 나오게 된다. 특수작전사령부 사령관 시절에 맥레이븐의 팀이 오사마 빈 라덴을 비롯한 많은 고위급 인사들을 잡아낸 것도 바로 이런 방법을 통해서였다. 강도 높은 집중력을 훈련할 수 있는 좋은 방법은 매일 자신과 팀을 향해 다음과 같은 질문들을 던지는 것이다. 수시로 이 질문들에 답함으로써 당신은 그때그때 적절히 계획을 조정하게 된다. 그 질문들은 다음과 같다.

- 오늘 나의 개인적인 비전과 임무를 성취할 수 있도록 이끌어주는 것이 무엇인가? 팀의 비전과 임무인가?
- 오늘 내가 집중해야 할 가장 중요한 목표는 무엇이며, 나는 앞으로 나아

가기 위해 어떤 행동을 취해야 하는가?

- 나와 팀의 믿음 혹은 우리가 지지하는 믿음을 지키기 위해 나는 무엇을 해야 하는가?

- 오늘 나는 팀을 더 잘 조정하기 위해, 팀에 명료성을 주기 위해 무엇을 해야 하는가?

- 오늘의 계획에는 경험과 위험 그리고 도전에 대한 공유가 포함되어 있는가?

- 오늘 나는 팀원들과 어떤 방식으로, 언제 소통할 수 있는가?

- 내가 계획하고 있는 또는 계획하고 있지 않은 그 무엇으로 인해 내가 조정 작업에서 빠질 수도 있는가?

- 집중력을 분산시키는 요소들 중 가장 조심해야 할 점은 무엇인가?

- 팀이 강도 높은 집중력을 유지하고 전투에 대비하기 위해 내가 할 수 있는 일은 무엇인가?

이 질문들에 답하다 보면, 내가 계획했던 것보다 조금 더 나은 방법이나 지금까지와는 다른 방법을 찾아낼 수도 있다. 이는 더 나은 방법들을 추가하고 나머지를 개선하도록 하며, VUCA 환경에 직면했을 때, 올바른 이유들로 올바른 일들에 집중하게 하며, 시급한 상황에 대처하기 위해 신속히 방향 전환을 할 수 있게 된다.

전투에 대비한 훈련을 하라

• • •

이라크 전쟁 이후 이어진 내전은 새로운 유형의 전투였다. 네이비씰 대원들은 완전히 다른 방식으로 전투에 임해야 했다. 이 전쟁 이전까지만 해도 네이비씰 훈련은 정적이었다. 우리는 표적이 정해지면 공격을 계획했고, 그런 다음 표적을 급습했다. 그런 다음 집으로 귀환했다. 다른 부대들과 협조도 잘하지 않았다. 그때 우리의 사고방식은 분명 '팀들의 팀' 사고방식은 아니었다.

그러나 이제 상황이 변했고, 네이비씰은 완전히 새로운 사고방식과 훈련 방법이 필요했다. 네이비씰은 지상의 미사일 격납고 공격 같은 '하드 타깃hard target' 중심 훈련에서 새로운 이라크 지도자들을 보호하고 납치된 피해자들을 구하고 테러리스트들을 사냥하는 '소프트 타깃soft target' 중심 훈련으로 바꾸었다. 이를 위해 실시간 정보가 필요했고, 지속적으로 전투 현장에 있어야 했다. 우리는 이전에 받은 훈련 덕분에 처음 접하는 VUCA 환경에서도 어느 정도 대비는 할 수 있었지만, 지속적으로 우리를 위협하는 환경에서의 작전 방법도 배워야 했다.

VUCA 환경에서 당신은 대부분의 시간을 통제하고 당신이 선택한 시간과 장소에서 발생할지도 모르는 혼란스러운 상황에 대비할 계획을 갖고 있어야 한다. 네이비씰의 경우 그런 상황은 대체로 표적을 공격할 때 생겨났으며, 혼란은 문제를 해결하기 전까지 계속

됐다. 그리고 작전이 끝난 뒤에는 모든 것이 정상으로 돌아갔다. 결국 이 새로운 유형의 전쟁에서 우리가 통제할 수 있는 것은 우리의 마음뿐이었다. 그런데 어쩌면 통제할 수 있는 것이 마음뿐인 상황에 익숙해지는 것도 나쁘지 않다. 네이비씰은 예전 방식이 더 이상 통하지 않는다는 것을 곧 깨달았고, 그래서 마친코처럼 정해진 틀을 깨야 했다. 네이비씰 팀들은 보다 유연한 조직으로 재편됐다. 폭발물 처리대^{EOD} 기술자, 커뮤니케이터, 해군 항공대 같은 다른 해군 특수전 부대들과 보다 밀접한 협조 아래에서 작전을 펼쳐야 할 필요성도 높아지면서 관련 부대원들을 초빙해 함께 훈련을 받았다.

나는 2005년 제대를 한 뒤 사업가로서 네이비씰과 계약했을 때, 전쟁 준비 훈련에 도움을 주었는데, 이 훈련은 내가 짐 오코넬의 제안에 따라 다시 현역으로 복귀를 했을 때 만들고 운영했던 프로그램과 똑같았다. 우리는 네이비씰 팀들에게 철저한 시나리오와 정보에 기초한 복합 임무 훈련을 실시했다. 훈련 목표는 그들이 직면하게 될 전투 환경과 최대한 비슷한 환경을 제공하는 것이었다. 그들은 매일 모든 리더들이 참석하는 회의를 했고, 작전 부대들 역시 회의를 했다. 훈련 총책임자였던 나는 전투 커뮤니케이션 및 전투 리듬을 정했다. 각 팀에는 초기 임무가 주어졌고, 그런 다음 우리는 시나리오 속에 정보 '기폭제'를 넣었다. 기폭제 역할을 하는 메시지에 따라 팀들은 어떤 정보원을 만나거나 미심쩍은 무기 은닉 장소를 정찰해야 했다. 팀들은 행동에 나서고 새로운 정보를 찾아야 했으며, 그에 따라 계획을 수정해야 했다. 팀들은 그때그때 상황을 봐가면서 처음부터 문제가 있던 계획들을 수정했다.

우리 또한 계속 시나리오를 바꿔가면서, 그들이 단순 반응을 하는 것이 아니라 제대로 대응을 하게 만들었다. 그 과정에서 그들은 재빨리 계획을 짜고 신속한 작전 리듬을 익히는 법을 배웠다. 그들은 또 모의 적군의 '우다 루프'를 능가해야 했으며, 그렇지 않을 경우 상황이 악화되어 작전 실패를 맛봐야 했다. 전쟁은 우리가 시뮬레이션할 수 있는 것보다 훨씬 더 복잡했지만, 이런 훈련은 그들이 겪게 될 실제 전투를 이해하는 데 많은 도움이 됐다.

팀들은 이제 자신들의 반동적인 행동을 통제하는 법을 배우기 위해 함께 피어 울프에 맞서야 했고, 이 훈련을 통해 실제 전투에서도 부정적으로 반응하지 않게 되었다. "평상시에 땀을 더 많이 흘릴수록 전쟁이 났을 때 피를 덜 흘리게 된다"는 말을 잊지 말라. 팀원들은 훈련을 통해 서로 더 큰 믿음과 존경을 갖게 됐다. 적을 섬멸한다는 명확한 목표를 향해 나아가면서 다른 사람들을 자기 자신처럼 보는 법도 배웠다. 끊임없는 전투 커뮤니케이션을 통해 통일성이 생겨났고, 임무에 대한 강도 높은 집중력은 물론 집단적인 의식도 생겨났다. 이런 능력을 갖춘 팀들이 전투를 지배하는 것이다.

군의 여러 팀들을 도와 중요한 훈련법을 개발하는 데 일조한 것은 기업가이자 네이비씰 장교였던 내 입장에선 정말 소중한 일이었다. 2006년에 내 회사는 다시 군과 계약을 체결하여, 전국적인 규모의 네이비씰 멘토 프로그램을 만들고 시행했다. 그리고 이 글을 쓰고 있는 지금, 나는 영광스럽게도 다시 내 팀 동료들의 정신력 강화

및 인성 훈련에 도움을 주고 있다.

삶에서 일어나는 모든 일들에 이유가 있다고 느끼는가? 삶에서 어떤 방향성 같은 것이 보이는가? 당신 자신의 방식에서 벗어나면 모든 것이 잘 풀릴 것처럼 느껴지는가? 나는 그렇다. 나는 마음의 목소리에 귀 기울이는 법을 배웠고, 이는 나에게 많은 도움을 주었다.

우리는 너 나 할 것 없이 모두 보다 진정성 있는 리더가 되고 싶어 하며 가혹한 VUCA 환경 속에서도 엘리트 팀을 이끌고 임무를 멋지게 수행하고 싶어 한다. 그러나 두려움과 그림자들이 발목을 잡게 된다. 우리가 그 두려움과 그림자들을 인지하지 못한다고 해도 말이다. 완벽한 사람은 없다. 그리고 모든 사람이 자신의 리더십에 부담을 갖는다. 이제 내가 당신에게 좀 더 깊이 생각해보라고 권하고 싶은 질문은 '당신은 어떤 두려움에 당당히 맞서야 하는가?'이다. 당신은 두려움에 당당히 맞서고 또 잠재력을 좀 더 발휘할 수 있는가? 나는 당신이 그럴 수 있다고 확신하며, 7가지 리더십 원칙들에 대한 훈련들을 해보라고 권하고 싶다. 그러나 훈련을 시작하거나 아니면 팀으로 되돌아가기 전에 당신이 생각해봐야 할 원칙이 하나 더 있다.

조정 능력을 극대화 하는 방법

1. 전투 커뮤니케이션을 행하라

팀의 전투 커뮤니케이션 상태를 점검해보라. 조정 능력과 의식 공유가 이루어지고 있는가? 팀원들은 모두 특정 전투의 리듬과 잘 맞는가? 회의를 얼마나 자주 하는가? 회의를 어떻게 진행하는가? 비전과 규범은 어떻게 또 언제 공유하는가? 이 모든 과정에서 당신은 무엇을 더 잘할 수 있는가? 마지막으로 당신은 전투에 돌입하기에 앞서 마음속으로 이기는 법을 익혀야 한다.

2. 공유를 극대화하라

당신은 팀원들과 위험을 비롯해 당신의 진정성 있는 자아를 공유하는가? 무엇을 더 잘할 수 있는가? 정보의 투명성과 리더십 공유 상태는 어떠한가? 방해가 되지 않고 다른 사람들이 빛을 발할 수 있게 해줄 방법들을 찾아보라.

3. 강도 높은 집중력을 발휘하라

강도 높은 집중을 하는 데 필요한 훈련에 도움이 될 질문 목록을 인쇄해서 잘 보이는 곳에 붙여 두라. 그 목록을 수시로 들여다보고 올바른 일들에 집중할 수 있게 하라.

결론

마지막 리더십 원칙

큰 임무에 도전하는 것을 두려워하지 말라

• • •

어두운 밤, 아주 조용한 동네에서 당신이 아무리 들으려고 해도 실내에서는 들을 수 없는 침묵이 있다. 바로 자연의 침묵이다. 만일 황무지에서 장시간 보낸 적이 있는 사람이라면, 그런 침묵을 경험해봤을 것이다. 세상이 한숨 돌리기 위해 잠시 모든 동작을 멈췄을 때 생겨날 듯한 그런 침묵 말이다. 나는 이런 침묵을 경험하고 싶을 때마다 업스테이트 뉴욕의 애디론댁 산맥을 찾는다. 태양이 바로 머리 위에 있고 단풍나무와 참나무 그림자가 쪼그라들어 거의 사라지는 뜨거운 오후가 되면, 사방이 고요해지며 피가 정맥 속을 흐르는 소리가 들릴 듯한 침묵의 순간이 찾아온다.

특수작전 자문을 위해 아프리카 케냐의 사냥 금지 구역을 방문했을 때도 그런 침묵을 경험했었다. 당시 나는 탁 트인 공간의 광대함과 자연의 아름다움에 깊은 감명을 받았지만, 영리 목적의 밀렵과 오락 목적의 사냥으로 아프리카의 야생동물 생태계가 빠른 속도로 파괴되고 있다는 사실에 비통함을 느꼈다.

몇 년 후 나는 특수부대원에서 자선가로 변신한 다미앵 맨더Damien Mander를 만났다. 그리고 그 만남 덕분에 폭력과 착취의 어두운 에너지들을 뿌리 뽑을 수 있다는 긍정적인 관점을 더 강화할 수 있었다. 당시 다미앵은 남아프리카공화국과 모잠비크에서 여러 팀들을 이끌고 밀렵꾼들을 퇴치하는 일을 하고 있었다. VUCA 환경에서 그의 팀들이 얽히고설킨 문제들을 7가지 리더십 원칙으로 해결해내는 것을 보면서 큰 임무에 도전하는 리더와 팀들은 세상을 크게 변화시킬 수 있다는 내 믿음 또한 더욱 굳어졌다.

인류의 운명은 당신한테 달렸다

● ● ●

인공지능AI과 로봇, 산만함, 실존적 위협들이 만연한 오늘날, 인간이라는 것은 대체 무슨 의미가 있는가? 미쳐 돌아가는 세상에서 우리는 다미앵처럼 큰 목적과 관련성 그리고 중요한 임무를 찾을 수 있을까?

《사피엔스 Sapiens: A Brief History of Humankind》의 저자 유발 하라리는 동물의 한 종인 인간들은 더 이상 우리가 만들어낸 위협을 다룰 수 있는 능력이 없다고 주장한다. 핵전쟁과 생태계 붕괴 그리고 기술적 혼란 등이 인류의 생존에 큰 위협이 되고 있다. 유발은 이런 위협들은 우리가 갖고 있지 못한 범세계적인 문명에 의해서만 해결될 수 있는 문제들이라고 믿고 있다. 지금 우리는 국가적·문화적·종교적 이상주의에 의해 분리돼 있으며, 경직된 자기중심적 세계관과 민족 중심적 세계관에 따라 움직이고 있다. 그래서 지금 우리가 하고 있는 일들은 제대로 효과를 내지 못하고 미래에도 계속 이런저런 고통을 불러일으킬 듯하다.

그렇다면 우리는 어떻게 이런 문제들을 해결해야 할까? 많은 사람들은 글로벌 커뮤니티 안에서 인터넷과 모바일이 가이드 역할을 해줄 거라고 기대했다. 그러나 그런 기대는 최근 몇 년 사이에 시들어버렸다. 블록체인이나 우주 탐험 또는 친환경 에너지 같은 새로운 기술이 이런 문제들을 해결해줄 수 있을까? 물론 미래에는 기술로 인해 수명이 연장되고 행성들이 개척되면서 어쩌면 가난이 끝나고 지구가 치유되기 시작할 수도 있을 것이다. 그러나 그 기술 때문에 우리는 스스로를 파괴할 훨씬 더 강력한 수단들을 갖게 될 가능성이 더 높다. 인간은 진정한 본성으로부터 분리되어 있기 때문에 점점 더 강력해지는 이런 기술들을 활용해 계속 '다른 생명체'를 해치게 될 것이다. 인간은 지금까지 전 세계적인 부정적 결과들을 만들어냈음에도 불구하고 계속 자기 이익을 위해 행동하게 될 것이다.

진정한 본성으로부터 분리되고 또 대자연으로부터 분리되는 바람에 인류는 자원과 영토 그리고 권력을 놓고 서로 끝없는 싸움을 벌이게 됐다. 고립, 인종적 판단 및 성적 판단, 절대론적 사고, 전제주의, 급진적인 행동 등이 모두 분리에서 비롯된 것들이다. 또한 분리로 인해 두려움, 탐욕, 폭식, 우울증, 슬픔, 불안, 분노, 혼란 등이 생겨난다. 분리로 인해 고통이 생겨나며, 그 고통은 전 세계에 영향을 미친다. 사람들은 외부에서 그리고 새로운 리더, 학계, 미디어 광고 또는 자기계발 등에서 필사적으로 답을 찾는다. 하지만 그들은 절대 자신들이 찾는 것을 찾지 못할 것이다. 분리를 끝내고 고통을 뿌리 뽑는 방법을 가르쳐주는 정규 교육은 없다. 그래서 계속해서 답을 찾으려 외부로부터 오는 정보를 갈망하지만 그 과정에서 깊이 뿌리내린 종교와 사회 그리고 가정의 잘못된 믿음들에 얽매어 벗어나지 못한다.

분리를 극복하기 위해서는 피어 울프에 당당히 맞서야 하며, 우리의 타고난 선량함과 다른 사람과의 연결을 깨닫고, 통합된 발전 단계인 다섯 번째 고원에 도달해야 한다. 그렇다. 그래서 결국 인류의 운명은 당신한테 달린 것이다. 전 세계가 온전해지려면 먼저 당신 자신이 온전해져야 한다.

이 책에서 나는 미래를 위해 당신에게 동기를 부여하고 리더이자 팀 동료로서의 당신의 역할을 재편하려 한다. 그 역할이란 기민하면서도 수직적으로 발전하는 팀과 조직들을 만들어서 사회 개혁 및 환경 개혁을 이끌고, 리더들의 리더로서 또 팀들의 팀으로서 그리고 또 한 가지 공통된 임무, '우리의 미래를 되찾는' 임무를 위해 필요한 모든 변화를 이뤄내는 것이다.

산업 시대의 관료주의와 거대 기업은 비록 대부분의 경우 좋은 의도였지만, 새로운 시대를 주도할 권리를 상실했다. 매스 미디어는 아마 앞으로도 계속 문화와 정치의 부정적인 측면에 집착해 사회적으로 불안한 분위기를 조장할 것이다. 그래서 우리는 초점을 긍정적이고 세계중심적인 방향으로 돌려야 하는 것이다.

앞으로 20년 이내에 인간은 달과 화성에 전초 기지를 두고 행성 간 우주여행을 하게 될 가능성이 아주 높다. 그렇게 행성을 오가며 우주여행을 하는 종으로 진화하면서 우리는 어떻게 우리 지구를 관리해야 할까? 지금과 똑같은 방식으로 행동하면서 긍정적인 결과를 기대할 수 있는가? 소수의 뛰어난 기업가들이 문제들을 해결해주길 바라는가? 개인적으로 나는 그런 접근방식들은 통하지 않을 거라고 생각한다. 나는 우리의 잠재력을 키우고 우리가 할 수 있는 것들에 대한 이해도를 높여야 한다고 생각한다. 그런 다음 그렇게 커진 우리의 힘을 팀과 조직들을 위해 써야 할 것이다. 그것이 다가오는 기술 쓰나미 속에서도 휩쓸려 내려가지 않을 유일한 방법이다.

기술 발전이 가속화되면서 지구는 아주 작게 느껴질 것이다. 또한 우리가 기울이는 노력 덕분에 우리는 앞으로 10년에서 20년 후면 분수령에 도달할 거라고 생각한다. 인구의 10퍼센트 이상이 스스로를 인간이라는 종족의 일원이면서 동시에 인류의 한 시민으로 인식하게 될 분수령 말이다. 그들은 모든 인간에 대해 동등한 권리와 자유 그리고 존경을 요구할 것이다. 그들은 모든 국가를 상대로 폭력에 대한 투자를 중단하고 지구 전체와 지역 차원에서 환경을 치유할 것도 요구할 것이다. 또한 나는 초등학교에서부터 호흡법, 명상, 시각화 등의 기술들을 가르쳐야 하며, 인류가 긍정적인 방향으로 나아가야 한다고 생각한다.

핵무기나 경제적·환경적 요인으로 인한 인류 멸망의 위협이 계속되는 한 그 어떤 미래도 기약하기 어렵다. 결핍의 날들과 '내가 너보다 낫다'는 의식은 사라져야 한다. 많은 팀과 리더들이 7가지 리더십 원칙들을 공유할 때 우리는 비로소 지배적인 리더십 역할들과 자신의 생각을 널리 알릴 수 있는 권한들을 얻을 수 있다. 이를 통해 문화 구조와 사회 구조들을 변화시켜 지구는 물론 인류 전체의 몸과 마음과 영혼의 균형을 되찾을 수 있을 것이다.

이제 당신이 변화 주도자의 역할을 맡아 앞장서서 본보기가 될 때다. 또한 당신은 7가지 리더십 원칙들을 받아들임으로써, 엘리트 팀들을 이끌면서 가장 큰 영향력을 발휘하게 될 것이다. 당신은 아카신가 여성 경비원들처럼 열린 마음과 대범한 행동으로 그 팀을 이끌게 될 것이다.

피어 울프에 당당히 맞서고 지역 사회, 지구 그리고 모든 인류를 위해 싸우자. 우리가 아무 조치도 취하지 않는 미래가 어떻게 될 것인지 생각해보고, 긍정적인 미래를 함께 만드는 일에 집중하자. 개인적인 힘을 되찾을 때 비로소 오늘날 세상을 지배하고 있는 부정적인 힘들에 당당히 맞설 수 있다. 이제 우리가 과감히 난국에 맞설 때다.

마지막으로, 젊은 세대들은 지금 자신들이 몸담고 있는 조직들이 문제 해결의 중요한 부분을 담당해서 과거의 문제들이 영구화되는 일이 없기를 기대하고 있다. 우리는 젊은 팀원들에게 동기부여가 될 만한 것을 주어야 한다. 팀과 조직을 향해 어떻게 변화할 것인지를 물어보라. 그리고 숨겨진 잠재력을 드러내기 위해 용기와 믿음, 존경, 성장, 탁월함, 회복력, 조정 능력을 키우는 데 집중하도록 하라. 함께 하면 해낼 수 있다.

당신을 가로막는 늑대에 맞서라

● ● ●

두려움은 언제나 우리의 발목을 잡는다. 7가지 리더십 원칙들 가운데 첫 번째 원칙인 용기에 집중하면 정신적 용기와 육체적 용기를 가질 수 있게 된다. 그러니 두려움에 당당히 맞서면서 동시에 용기를 키워라. 그러면 자연스럽게 나머지 6가지 리더십 원칙들에 집중할 수 있게 될 것이다. 용기는 자신의 입장을 견지하면서 위험을 무릅쓴 채 대담한 행동에 나설 때 키워진다. 사실 7가지 리더십 원칙들 모두 행동에 나설 것을 요구한다.

각 리더십 원칙은 다른 원칙 위에 구축된다. 용기가 없으면 믿음을 갖지 못하게 되고, 믿음이 없으면 다른 사람들에게 존경을 받지도 다른 사람들을 존경하지도 못하게 된다. 자신과 다른 사람들을 존경하지 못하면 성장하지 못하게 되고, 성장하지 못하면 탁월함을 발휘하지 못하게 된다. 탁월함에 집중하지 못하면 강한 회복력을 갖지 못하게 된다. 마지막으로 회복력을 갖지 못하면 팀원들이 조정 능력을 갖지 못하게 되어, 팀의 비전이나 임무에 맞출 수 없게 된다.

피어 울프에 당당히 맞서려면 매일 몸과 마음과 영혼을 진화시키려 노력해야 한다. 힘든 일이라는 것을 인정하고 불편함에 익숙해지도록 하며, 그 과정에서 성장이 촉진된다는 것을 이해하도록 하라. 우리의 이 힘든 여정에서 다음 3가지를 잊지 말도록 하라.

1. 극기는 매일 수련해야 할 과제다. 그리고 우리는 스스로 진화를 이끌어야 한다. 그 결과 용기가 커질 것이며, 나머지 6가지 리더십 원칙들에 불같은 열정을 불어넣게 될 것이다.
2. 이는 당신에게만 국한된 얘기가 아니다. 무언가에 노력할 때마다, 당신은 팀과 인류에게 긍정적인 영향을 주게 된다. 당신의 자아를 점검하고 이 모든 것을 팀을 위해 하라.
3. 당신의 독특한 소명을 찾아내서 팀과 인류에게 도움을 주어야 한다. 인류는 당신의 독특한 기술과 세계중심적인 보살핌을 필요로 한다.

리더십 원칙들은 매일 수련해야 하는 원칙들이며 살아가면서 계속 의존해야 할 강력한 지침들이기도 하다. 7가지 리더십 원칙들을 다시 한번 확인해보도록 하자.

용기

용기와 관해서라면, 보편적인 진실과 스스로에 대한 진실을 지지하기 위해 위험을 무릅쓰는 것을 두려워하지 말라. 우리가 지지해야 할 보편적인 진실은 포용성과 상호 연결성이다. 우리가 만일 세계중심적이라면, 다른 사람들의 현실을 부정하거나 비난하거나 평가할 수 없다. 독선적인 태도를 취할 수도 없다. 포용성을 키우고 남들의 가치를 존중하기 위해서는 남들에 대해 판단을 하거나 독선적인 태도를 취해선 안 된다.

또한 우리는 우리의 소명을 따를 용기를 가져야 하며, 다른 사람들이 옳다고 믿는다거나 부모가 어떤 일을 원한다거나 하는 이유로 그 일을 해선 안 된다. 용기를 갖는다는 것은 내가 코로나도 양조회사 시절에 그랬듯이 자기중심적인 목표들을 위해 움직인다는 의미는 아니다. 당시 나는 많은 돈을 벌고 평생 공짜로 맥주를 마시겠다는 목표를 위해 양조 회사를 설립했다. 그 결과가 어땠는가. 그건 진정으로 용기 있는 행동이 아니다.

에릭 올슨도 그랬지만, 우리는 용기를 갖기 위해 위험을 감수하고 마음으로 팀을 이끄는 훈련을 해야 한다. 그러려면 마음을 활짝 여는 훈련을 해야 한다. 내가 알고 있는 한 가장 좋은 방법은 매일 억지로라도 비판적이고 연민 어린 대화를 하는 것이다. 하루에 한 가지 일에 집중함으로써 그런 대화들을 나눌 용기를 키울 수 있다. 다른 사람들에게 마음을 활짝 여는 훈련을 통해 그들과 상호 연결되게 될 것이다. 위험을 감수하고 중요한 경험을 공유하는 능력이 확대되게 될 것이고, 그로 인해 사람들로부터 큰 믿음과 존경을 받게 될 것이다. 7가지 리더십 원칙들은 모두 이런 식으로 사람들을 결집시켜준다.

믿음

실패에 대한 두려움에 맞서면서 믿을 만한 사람이 되기 위해 노력하도록 하라. 내 멘토 윌리엄 맥레이븐이 그랬듯이 투명성과 겸손함을 키우고 철저히 마무리하는 훈련을 하도록 하라. 또한 일이 계획대로 풀리지 않을 때, 필요한 행동에 나서지 않고 뒤로 숨는다거나 남들 또는 상황 탓을 하지 말라. 의심은 행동과 배움을 통해 사라지게 되며, 무엇보다 중요한 것은 행동이다. 믿음을 키워주는 가장 강력한 행동들 중 하나는 자신의 잘못을 인정하는 것이다. 실수를 감추려다 보면 신뢰성에 큰 손상을 입게 되고, 그 결과 팀원들의 믿음 또한 무너지게 된다.

늘 자신의 잘못을 인정하도록 하라. 스스로에게만 인정하지 말고, 큰 소리로 또 겸손하게 팀원들에게도 알리도록 하라. "이봐, 친구들, 내가 이것을 망쳤어. 난 완벽하지 못하지만 우리에게 안 좋은 영향을 주고 싶지 않아. 바로잡으려면 모두의 도움이 필요해." 아주 간단한 일 같지만, 처음에는 이런 말을 입 밖으로 내는 것이 정말 어려울 수도 있다. 일을 망치는 건 나쁜 일이라고 배웠기 때문이다. 그러나 그것은 다 헛소리다. 일을 망치는 건 우리가 함께 배우는 길이다. 하루라도 빨리 진정성에 도달하고 싶은가? 당신이 일을 망쳤을 때 모두에게 알리고, 그런 다음 당신이 모든 것을 바로잡기 위해 애쓰고 있다는 것도 알려라. 당신이 그런 행동을 하면, 사람들은 당신을 믿기 시작할 것이다.

존경

판단의 두려움에 맞서고 그 이유와 자신의 임무를 분명히 밝혀라. 구체적이고 묵시적인 목표들을 명확히 하고 용인될 수 있는 성공과 실패도 어디까지인지 명확히 하라. 그런 다음 훈련된 진실성과 도덕적 잣대를 가지고 사람들과 소통하라. VUCA 환경에서는 그 어떤 계획도 흔들릴수 있으니, 무사히 헤쳐 나가려면 걸음을 내디딜 때마다 왜 지금 이 일을 하고 있는지를 명확히 하도록 하라. 그러지 않으면 사람들의 존경을 잃게 될 것이다. 최종적인 승리는 당신이 원래 생각했던 것과 다를 수도 있겠지만, 그래도 좋다는 것을 팀원들에게 전하도록 하라. 성공과 실패는 팀이 각종 도전과 변화에 어떻게 반응하고 또 팀원들이 그 도전과 변화에 얼마나 잘 적응하는지에 달려 있다. 네이비씰에서는 이런 일이 반복되지 않아야 한다는 것을 배웠다는 것도 성공으로 간주됐다. 늘 정해진 대로 임무를 수행해야 하는 건 아니었으며, 그래서 임무를 수행하는 데 상당한 융통성이 있었다.

리더는 사람들로부터 존경을 받아야 하며, 그러기 위해 짐 오코넬처럼 진실성 넘치는 소통을 해야 한다. 가면을 벗어던지고 다음 3단계 목표에 따라 이야기하라. 당신이 말하는 것이 사실일 것, 유용하고 대화에 보탬이 될 것, 긍정적일 것.

당신이 만일 가면을 쓰고 있다면 존경을 잃게 될 것이다. 팀원들이 그 가면을 바로 간파할 것이기 때문이다. 가장 먼저 벗어던져야 할 가면은 '완벽'이라는 이름의 가면으로, 이는 두려움에서 생겨난다. 나는 두려움이라는 가면 때문에 내 웹사이트 네이비씰즈닷컴의 운영을 다른 업체에 위탁했었다. 나는 내 능력을 믿지 못했고, 혼자 그 일을 해낼 수 없을까 봐 두려웠으며, 허점을 메우기 위해 위탁 업체가 필요하다고 생각했다. 나의 의존적인 태도는 나에게는 그럴 만한 가치가 없다는 어린 시절의 상처 입은 마음에서 비롯됐다. 그러나 어린 시절의 상처는 두려움에 맞설 용기와 자기 인식력이 생겨나면서 사라졌다. 나는 소통 능력도 부족했다. 결국 모든 것이 엉망진창이 되어버렸다. 나는 그들에 대한 존경심을 잃었고 그들은 나에 대한 존경심을 잃었다. 존경심은 서서히 생겨나지만, 사라지는 것은 순식간이다. 가면들을 벗어던질 기회를 놓치지 마라. 매일 훈련을 하면 다른 사람들이 당신을 존경하지 않을래야 않을 수 없게 될 것이다.

성장

당신과 팀 모두의 수직적 인성 발전이라는 도전을 받아들임으로써 불편함이라는 두려움에 맞서라. 팀원들과 함께 7가지 리더십 원칙들을 훈련하다 보면 믿을 수 없을 만큼 빠른 성장이 가능할 것이다. 호라가 그랬듯이 당신 역시 성장에 집중해 세계중심적인 리더로서 팀을 이끌 자격이 있는 사람이 되어야 한다. 하루에 8시간에서 10시간씩 '일하는 데' 쓰면서, 왜 당신 자신에게 성장할 수 있는 시간은 쓰려 하지 않는가? 도전과 다양성을 체계화하고 더 많은 멘토들을 찾아내야 하며, 다른 사람들의 멘토 겸 코치가 되려는 노력도 해야 한다.

대부분의 사람들은 멘토를 필요로 한다. 신체 발달을 위해서도 멘토가 필요하고, 정신 발달은 물론 정서 발달, 영적 발달 그리고 사업상의 필요를 위해서도 멘토가 필요하다. 이 모든 것을 지원해줄 수 있는 사람을 찾아낸다는 건 거의 불가능에 가까운 일이므로 각 분야에 맞는 멘토를 찾아라.

내가 성장에 집중하면서 멘토들과 함께 했을 때 느꼈던 마음의 평화와 그 결과들은 그러지 못했을 때 느꼈던 것과는 하늘과 땅 차이였다. 온갖 잡다한 일 때문에 집중력이 흩어진 나는 궤도를 이탈한 열차와 다름없었다. 나는 코로나도 양조회사, 아레나 어드벤처 그리고 네이비씰즈닷컴 등의 사업에서 모두 실패했는데, 그건 내가 내적 작업을 '일시 중단'했기 때문이었다. 그러나 이라크에서 네이비씰과 함께 많은 전투를 치른 뒤, 성장이 성취보다 중요하다는 것을 알게 되었다. 그리고 이런 원칙들을 가르치는 것이 내 천직이라는 사실을 깨닫게 되었다. 명예나 부를 추구하는 것보다는 마음의 평화를 추구하는 것이 더 좋았던 것이다.

씰핏을 설립했을 때 나는 매일 육체적·정신적·정서적·직관적·

영적 기술들을 통합 훈련하는 모델을 만들었고, 나 또한 그 훈련을 본보기로 삼았다. 나는 무술을 다시 시작했고, 명상과 요가도 다시 시작해서 매일 한 시간 동안 수련에 집중했다. 이를 통해 모든 것이 더 좋은 쪽으로 변화됐다. 만일 매일 수직적 발전을 한다면, 빠른 속도로 비약적인 발전을 하게 될 것이다. 위기는 사라지지 않겠지만, 당신은 새로운 관점과 회복력을 갖게 될 것이고, 모든 위기에 긍정적으로 대처하게 될 것이다. 훈련을 멈추는 순간 케케묵은 부정적인 패턴들이 다시 나타나게 될 것이다. 피어 울프는 당신의 머릿속을 절대 떠나지 않는다. 늑대는 숨어 있다가 다시 모습을 드러낼 기회가 오길 기다릴 것이다. 매일 리더십 원칙들을 연마함으로써 성장에 집중하되, 최선을 다하고 수시로 변화시켜라. 또한 모든 것을 새롭게 유지해 편해지는 일이 없도록 하라.

탁월함

독특하게 보이는 존재에 대한 두려움에 맞서라. 탁월함은 당신 내부에서 먼저 발견되며, 그런 다음 인성과 행동을 통해 표현된다. 당신은 호기심과 혁신 그리고 단순성을 촉진시키는 관행들과 침묵을 받아들여야 한다. 탁월함은 존재의 방식이다.

팀원들은 사무실 안과 밖에서 시간을 내 함께하면서 탁월함을 키워야 한다. 함께 무언가를 하면서 익숙해지도록 하라. 주기적으로 조용한 곳을 찾아 휴식을 취하면서 깊은 생각을 통해 통찰력을 되찾아 강화하고 새로운 관점들을 익히도록 하라. 먼저 탁월함을 키우고 그

다음에 행동을 통해 팀 전체에 이를 전파하는 것이다.

생각만 하는 것이 아니고 매일 실천에 옮김으로써 탁월함을 키우는 데 노력하다 보면, 당신의 팀도 '네이비씰 팀 식스'가 될 수 있다. 그러므로 먼저 인성을 발달시켜 용기와 믿음과 존경을 만들어내고, 그다음에 탁월함을 통해 임무를 완수하도록 하라. 매일 아침 15분에서 30분 정도를 할애해 '기본 훈련'을 쌓는 것이다. 그 시간 가운데 5분에서 10분 정도는 깊은 박스 호흡법을 하고, 이후 5분에서 10분 정도는 명상을 하며, 떠오르는 아이디어를 메모하는 것으로 마무리하도록 하라. 팀 전체가 매일 박스 호흡법과 시각화를 통해 긍정적인 늑대를 키우는 훈련을 하는 것이다.

회복력

장애물에 대한 두려움에 맞서라. 일곱 번 넘어지면 여덟 번 일어나라. 그리고 그때마다 더 강해져 얼굴에 미소를 띠어라. 우리는 적응하며 극복하라는 말을 자주 듣지만, 나는 먼저 극복하고 그다음에 적응하라고 권하고 싶다. 먼저 장애물을 극복하고, 그다음에 경험을 통해 적응하는 법을 배우면서 회복력을 키우고 현명해지는 것이다.

배우는 속도를 높여 총성이 울리는 곳을 향해 각종 장애물과 도전을 향해 달려갈 수 있도록 하라. 빨리 배우는 방법을 배우면서 당신은 스스로가 생각하는 것보다 적어도 20배는 더 능력이 있다는 것을 인정하게 될 것이다. 그런 다음 밖으로 나가 그것을 입증하라. 장애물은 언제 어디서든 나타날 수 있다. 이 책에서 다룬 위기 리더십과 우다 루프 등의 방법들을 활용해 끈기 있게 한 번에 하나씩 장애물들을 돌파하라.

나는 "매일매일, 모든 방법으로, 더 강해지고 더 나아진다. 후야!"라는 구호를 자주 외친다. 후야Hooyah는 네이비씰 대원들이 "까짓 거할 수 있어. 문제없어" 하는 기분으로 함께 외치는 구호다. 이런 구호들은 긍정적이며 낙관적인 생각을 갖게 해주고 회복력도 키워준다. 다시 흰 띠부터 시작하는 것을 두려워하지 마라. 늘 새로운 아이디어와 에너지로 자신을 채울 수 있게 하라. 그리고 매일 기꺼이 초심자의 마음으로 새롭게 출발할 수 있도록 하라.

조정 능력

당신을 완전히 공유하는 것에 대한 두려움에 맞서라. 공유할 가치가 있는 모든 것들을 공유하는 것을 배워라. 마음을 활짝 열어 팀 전체의 위험, 보상 그리고 경험을 공유하라. 정해진 틀 밖으로 나오고, 사무실 밖으로 나오고, 당신의 머릿속에서도 나와라. 마음을 활짝 열어 팀원들을 받아들이고 진정성을 갖도록 하라. 무엇이 효과가 있고, 당신이 도움을 주기 위해 무엇을 할 수 있는지를 물어보라. 다기능 팀들이나 전담팀들 또는 싱크 탱크(두뇌를 자본으로 영위되는 기업이나 연구소)들과 연결하라. 전문가인 척하지 말고 전문가에게 당신을 두렵게 만드는 것들을 이끌어달라고 청하라. 그런 다음 전문가가 돼라. 당신이 리더라면 자신의 비전과 기대치들을 공유하고, 전투 커뮤니케이션을 통해 모든 사람이 함께 임무에 집중하게 하라.

모든 사람에게는 독특한 능력이 있다. 그러니 자신의 능력을 감추거나 다른 사람들의 능력을 짓밟지 마라. 그리고 도와야 할 때는 기꺼이 도움을 주어라. "그건 내 일이 아냐"라고 생각하면서 망설이는 전문가보다 더 나쁜 전문가는 없다. 맥크리스털 장군이 자신의 '팀들의 팀'을 상대로 그랬듯, 팀원들 모두가 공유하는 의미를 개발해내는 데 집중하라. 하루를 시작하기에 앞서 먼저 마음속으로 이기게 해줄 의식을 개발해내라. 실수들로부터 배우고, 저녁 의식에서 후회를 뿌리 뽑아버려라. '한 날, 한 삶'의 삶을 살아라.

용기는 믿음을 낳고, 믿음은 존경을 낳으며, 존경은 성장에 이르고, 성장은 탁월함에 이르며, 탁월함은 회복력을 만들어내고, 회복력은 끊임없이 팀과 맞춰나갈 끈기와 조정 능력을 준다. 그런 식으로 당신은 팀원들과 함께 임무와 관련해 '무엇이'와 '어떻게'는 물론 '누가'와 '왜'에도 철저히 집중할 수 있게 된다.

팀들은 이렇게 함께 성장하고, 당신은 이와 같은 방식으로 그들이 지지할 가치가 있는 리더로 성장한다. 먼저 한 팀으로서 함께하고 싶어 하는 이유와 방법을 생각해보라. 그런 다음 어떻게 함께 세상을 변화시킬 것인지 결정하라. 우리는 한 팀으로서 함께 이 싸움에서 이길 것이다. 피어 울프에 당당히 맞서라. 후야!

감사의 글

출판사에서 내게 '네이비씰 리더십'에 대한 책을 써보라고 권했을 때, 나는 이미 잘 알려진 전사들의 리더십들에 대한 책을 다시 쓰고 싶진 않았다. 내 팀 동료 몇 명과 심지어 나도 이미 그런 책을 썼기 때문이다. 그렇다. 네이비씰은 전투 현장에서 믿을 수 없을 만큼 뛰어나다. 사방에서 총탄이 날아다닐 때 네이비씰 대원들은 그야말로 물 만난 고기 같으며, 리더가 되는 것이 쉬워 보이게 만든다. VUCA 환경에서 네이비씰 리더들이 팀을 이끄는 이야기를 읽으면 정말 흥미진진하긴 하지만 그런 이야기를 읽는다고 해서 회사 임원이나 기업가들이 하루아침에 '엘리트 리더'가 되는 건 아니다. 중요한 것이 빠졌기 때문이다.

물론 네이비씰의 조직과 문화 덕분에 VUCA 환경에서 팀을 이끄는 것이 쉬워지는 건 사실이다. 그러나 내가 네이비씰을 떠나 팀을 만들었을 때, 그리고 그 이후 기업에서 일했을 때, 나에게는 내 결점들을 가려주고 나를 지원해줄 그 어떤 특별한 조직도 문화도 없었다. 새로 만들어진 팀 안에서 나는 혼자였고, 팀원들은 내가 얼마나 뛰어난 네이비씰 리더였는지에 대해선 전혀 관심도 없었다. 곧 내에고와 그림자가 내 발목을 잡았다. 나는 그 무엇보다 먼저 기업가로서 첫발을 내딛기 시작할 무렵부터 내 그림자와 한계들을 드러낼 수 있게 도와준 팀 동료들 모두에게 고마움을 전하고 싶다. 특히 지금까지도 나를 자신들의 '적'으로 생각하는 사람들에게 고마움을 전하고 싶다. 아마 그런 시련이 없었다면, 나는 오늘날의 나의 절반에도 못 미치는 사람이 됐을 것이다.

또한 나를 믿어주고 이 책을 내가 원하는 방향으로 쓸 수 있게 해준 세인트 마틴즈 프레스의 마이클 호머에게 감사의 말을 전한다. 이 책의 제목을 정해주고, 그래서 내가 써야 할 글의 방향을 명확하게 만들어준 존 버처에게도 고마움을 전한다. 살아 있는 내 모든 스승과 멘토들, 특히 내가 나의 피어 울프에 당당히 맞설 수 있게 해준 다다시 나카무라, 켄 윌버, 댄 브라운, 개리 크라프트소, 션 에스존-하그로브, 크리스티 터너 그리고 호프만 인스티튜트 팀 모두에게 감사드린다. 윌리엄 맥레이븐 장군, 에릭 올슨 장군, 짐 오코넬 대령, 호라, 지휘관 리처드 마친코, 마커스 러트렐, 마이크 마가라시 등 내가 이 책에서 언급한 모든 네이비씰 관계자들에게도 진심 어린 고마움을 전한다. 이 책에 쓴 이야기들에 그 어떤 잘못이라도 있다면, 이

자리를 빌려 사과드린다. 스파르탄 레이싱의 조 드 세나, 스페이스X 와 하버드 의대 신경외과의 팀들, 크리스천 오버톤과 셸 GOM 딥워 터 팀, 후지쯔의 모히 아흐메드와 OIG 팀, TGG의 셸던 위조트스키 등 뛰어난 통찰력과 인용문 등에서 도움을 준 사람들과 기업들에게 도 고마움을 전한다. 이 책에 소개되는 것을 기꺼이 허락해주고 많은 도움을 준 것에 정말 감사한다.

내 엘리트 팀에 속한 짐 브롤트, 멜라니 스위카, 제프 하스켈, 마 이클 오스트롤렌크, 리처드 톰슨, 마크 크램턴, 로버트 오드, 존 앳워 터, 윌 포터, 앨리슨 글레이더, 타라 트레이너, 여러분의 놀랍고 성실 한 지원에도 고마움을 전한다. 나로 하여금 뛰어난 네이비씰 리더가 되는 데 필요한 경험들을 하게 해 준 아버지와 어머니께 그리고 브 래드와 찰리 그리고 로빈에게도 큰 사랑을 보낸다. 마지막으로 내게 영감을 불어넣어 주어 계속 성장의 길을 걷게 해주고 피어 울프에 당당히 맞설 수 있게 해준 내 가족들에게 고마움을 전하고 싶다. 내 가 매일 진정성을 가지고 살아갈 수 있는 힘을 갖게 된 것은 전부 내 가족들 덕분이다. 샌디, 신디, 캐더린, 데본, 리치, 와일더, 바이올렛, 데인저, 래리, 스타라이트, 모두 사랑한다.

네 안의 늑대에 맞서라

두려움을 이기는 네이비씰의 강철멘탈 리더십 트레이닝

초판 1쇄 발행 2022년 5월 19일

지은이 마크 디바인
옮긴이 엄성수
펴낸이 성의현
펴낸곳 (주)미래의창

편집진행 김효선 · 권서현
교정교열 정보라
디자인 윤일란
홍보 및 마케팅 연상희 · 김지훈 · 이희영 · 이보경

출판 신고 2019년 10월 28일 제2019-000291호
주소 서울시 마포구 잔다리로 62-1 미래의창빌딩(서교동 376-15, 5층)
전화 070-8693-1719 **팩스** 0507-1301-1585
홈페이지 www.miraebook.co.kr
ISBN 979-11-91464-86-3 03320

※ 책값은 뒤표지에 있습니다. 잘못된 책은 바꿔 드립니다.

생각이 글이 되고, 글이 책이 되는 놀라운 경험. 미래의창과 함께라면 가능합니다.
책을 통해 여러분의 생각과 아이디어를 더 많은 사람들과 공유하시기 바랍니다.
투고메일 togo@miraebook.co.kr (홈페이지와 블로그에서 양식을 다운로드하세요)
제휴 및 기타 문의 ask@miraebook.co.kr